文庫
27

校註 祝詞

新学社

装丁　水木　奏
カバー書　保田與重郎
文庫マーク　河井寛次郎

目次

使用テキスト　保田與重郎全集第二十一、二十二、三十三、三十八巻（講談社刊）

校註 祝詞

今上陛下御製

峯つゝきおほふむら雲ふく風の
はやくはらへとたゝいのるなり

延喜式祝詞　全

延喜式　巻第八　神祇八

祝詞

凡そ祭祀の祝詞《ノリトゴト》は、御殿《オホトノ》御門《ミカド》等の祭には、齋部《イムベ》氏祝詞申し、以外の諸《モロ〳〵》の祭には、中臣《ナカトミ》氏祝詞申すなり。凡そ四時の諸の祭に、祝詞を云《イ》はざるは、神部皆常の例に依《ヨ》りて之を宣《ノ》る。其の臨時の祭の祝詞は、所司の事

○凡四時の諸の祭に云々とは、こゝに祝詞を記さざる祭の場合の規定。

○所司とは神祇官の伯より史までを云ふ。

の隨《マニ〳〵》、祭の前に修撰て、官に進《タテマツ》り、處分《サタ》を經《ヘ》て然して後に之を行ふ。

祈年祭《トシゴヒノマツリ》

集侍《ウコナハレ》る神主《カムヌシ》、祝部等《ハフリベドモ》諸《モロ〳〵》聞《キコ》し食《メ》せと宣《ノ》る。

(神主祝部等共に唯《ヲヽ》と稱《マヲ》す。餘の宣るといふも此に准ふ。)

高天原《タカマノハラ》に神留《カムヅマ》り坐《マ》す、皇睦《スメラガムツ》神漏伎命《カムロギノミコト》、神漏《カムロミ》彌命《ノミコト》以《モ》ちて、天《アマ》つ社國《ヤシロクニ》つ社《ヤシロ》と稱辭竟《タヽヘコトヲ》へ奉《マツ》る、皇神等《スメカミタチ》の前《マヘ》に白《マヲ》さく、今年二月《コトシノキサラギ》に、御《ミ》年初《トシハジ》め賜《タマ》はむとして、皇御孫命《スメミマノミコト》の宇豆《ウヅ》の幣《ミテ》帛《グラ》を、朝日《アサヒ》の豐逆登《トヨサカノボリ》に、稱辭竟《タヽヘコトヲ》へ奉《マツ》らくと

○官とは太政官を云ふ。

○祈年祭は、毎年二月四日神祇官及び國司の廳に於て年穀の豐穰を祈る。年とは、五穀のうち専ら稻を云ふ。この祭の起原は高千穗宮時代にして、天武天皇の四年二月に始ると傳へるは儀式改革されし也と重胤は云。中世以後廢絶し明治二年に再興。(現二月十七日)

○神主は神に仕へ奉る人也。祝部は神主に次で社の事を執る者也。

○睦は、天皇の御祖神なれば御親みの稱也。神漏伎神漏彌は皇祖の男女の神達。

○命以てとはみことのりの義也。

○天つ社、國つ社とは天津神の社と國津神の社。

○稱辭竟へ奉る、供物を完全に行つて、祝詞を申上げる。お祭り申し上げること。

○御年初めとは稻作りは春種を水浸すより初め冬收るまで一年を要す。農作始を以て年初めとす。

○宇豆の幣帛は積み重ねた供物。宇豆は完全の意。

○豐逆登は豐榮登の意、旭日の大なるさま也。

宣《ノ》る。

御年皇神等《ミトシノスメカミタチ》の前《マヘ》に白《マヲ》さく、皇神等《スメカミタチ》の依《ヨ》さし奉《マツ》らむ奥《オキ》つ御年《ミトシ》を、手肱《タナヒヂ》に水沫《ミナワ》畫《カ》き垂《タ》り、向股《ムカモヽ》に泥畫《ヒヂリカ》き寄《ヨ》せて、取《ト》り作《ツク》らむ奥《オキ》つ御年《ミトシ》を、八束穂《ヤツカホ》の伊加志穂《イカシホ》に、皇神等《スメカミタチ》の寄《ヨ》さし奉《マツ》らば、初穂《ハツホ》をば、千穎八百穎《チカヒヤホカヒ》に奉《タテマツ》り置《オ》きて、瓺閉高知《ミカヘノタカシ》り、瓺腹満《ミカノハラミ》て雙《ナラ》べて、汁《シル》にも穎《カヒ》にも稱辭竟《タヽヘコトヲ》へ奉《マツ》らむ。大野原《オホヌノハラ》に生《オ》ふる物《モノ》は、甘菜《アマナ》、辛菜《カラナ》、青海原《アヲミノハラ》に住《ス》む物《モノ》は、鰭《ハタ》の廣物《ヒロモノ》、鰭《ハタ》の狹物《サモノ》、奥津藻菜《オキツモハ》、邊津藻菜《ヘツモハ》に至《イタ》るまでに、御服《ミソ》は明妙照妙和妙荒妙《アカルタヘテルタヘニギタヘアラタヘ》に稱辭《タヽヘコト》竟《ヲ》へ奉《マツ》らむ。御年皇神《ミトシノスメカミ》の前《マヘ》に白馬《シロウマ》、白猪《シロヰ》、白鶏《シロカケ》、種種《クサグヽ》の色物《イロノモノ》を備《ソナ》へ奉《マツ》りて、皇御孫命《スメミマノミコト》

○宣るは天皇の宣給ふ也との意也。
○御年皇神は稲のことをすべ知らす神。
○奥つ御年、稲。
○手肱に云々は、水田耕作の作業を云ふ也。豊作を祈ると共に進んで事依さしの勤勞を誓ふ心なり。
○八束穂、長い立派な穂。
○伊加志穂はよく稔つた穂。
○千穎八百穎、稲の多きさま。
○瓺閉云々は米より酒をかもして澤山に供へ奉る也。
○鰭の廣物は大魚。
○奥津藻菜は沖の海藻、邊津藻菜は海邊でとれる海藻。
○明妙以下は衣の種類也。
○皇御孫命、天皇。

の宇豆《ウヅ》の幣帛《ミテグラ》を稱《タヽヘ》辭竟《コトヲ》へ奉《マツ》らくと宣《ノ》る。

大御巫《オホミカムノコ》の辭竟《コトヲ》へ奉《マツ》る、皇神等《スメカミタチ》の前《マヘ》に白《マヲ》さく、神魂《カミムスビ》、高御魂《タカミムスビ》、生魂《イクムスビ》、足魂《タルムスビ》、玉留魂《タマツメムスビ》、大宮乃賣《オホミヤノメ》、大御膳都神《オホミケツカミ》、辭代主《コトシロヌシ》と御名《ミナ》は白《マヲ》して、辭竟《コトヲ》へ奉《マツ》らくは、皇御孫命《スメミマノミコト》の御世《ミヨ》を手長《タナガ》の御世《ミヨ》と、堅磐《カキハ》に常磐《トキハ》に齋《イハ》ひ奉《マツ》り、茂《イカ》し御世《ミヨ》に幸《サキ》はへ奉《マツ》るが故《ユヱ》に、皇吾《スメラア》が睦神漏《ムツカムロ》伎命《ギノミコト》神漏彌命《カムロミノミコト》と、皇御孫命《スメミマノミコト》の宇豆《ウヅ》の幣帛《ミテグラ》を、稱辭竟《タタヘコトヲ》へ奉《マツ》らくと宣《ノ》る。

座摩《ヰガスリ》の御巫《ミカムノコ》の稱《タヽヘ》辭竟《コトヲ》へ奉《マツ》る、皇神等《スメカミタチ》の前《マヘ》に白《マヲ》さく、生井《イクヰ》、榮井《サクヰ》、津長井《ツナガヰ》、阿須波《アスハ》、婆《ハ》比支《ヒキ》と御名《ミナ》は白《マヲ》して、辭竟《コトヲ》へ奉《マツ》らくは、皇《スメ》神《カミ》の敷《シ》き坐《マ》す、下《シタ》つ磐根《イハネ》に宮柱《ミヤバシラ》太知《フトシ》り立《タ》

○大御巫、神祇官の八神に奉仕する人々、カムナギはカムノコの轉音也。
○辭竟奉は神の上につきてのみ云ふ場合。稱辭竟奉は祭と神の上全般に廣く云ふ場合也（重胤説）
○神魂、以下四神むすびの種々をなし給ふ神の御名。
○手長の御世、長久の御世。手は足《タル》の意といふ。

○座摩、宮地を守る神。
○阿須波、婆比支は宮庭の神、竈の神とも云。

て、高天原《タカマノハラ》に千木《チギ》高知《タカシ》りて、皇御孫命《スメミマノミコト》の瑞《ミヅ》の御舎《ミアラカ》を仕《ツカ》へ奉《マツ》りて、天《アメ》の御蔭《ミカゲ》日《ヒ》の御蔭《ミカゲ》と隠《カク》り坐《マ》して、四方《ヨモ》の國《クニ》を安國《ヤスクニ》と平《タヒラ》けく知《シロ》し食《メ》すが故《ユヱ》に、皇御孫命《スメミマノミコト》の宇豆《ウヅ》の幣帛《ミテグラ》を、稱《タヽヘ》辭竟《コトヲ》へ奉《マツ》らくと宣《ノ》る。

御門《ミカド》の御巫《ミカムノコ》の稱辭竟《タヽヘコトヲ》へ奉《マツ》る、皇神等《スメカミタチ》の前《マヘ》に白《マヲ》さく、櫛磐間門命《クシイハマトノミコト》、豐磐間門命《トヨイハマトノミコト》と御名《ミナ》は白《マヲ》して、辭竟《コトヲ》へ奉《マツ》らくは、四方《ヨモ》の御門《ミカド》に、湯津磐村《ユツイハムラ》の如《ゴト》、塞《サヤ》り坐《マ》して、朝《アシタ》には御門《ミカド》を開《ヒラ》き奉《マツ》り、夕《ユフベ》には御門《ミカド》を閉《タ》て奉《マツ》りて、疎《ウト》ぶる物《モノ》の下《シタ》より往《ユ》かば下《シタ》を守《マモ》り、上《ウヘ》より往《ユ》かば上《ウヘ》を守《マモ》り、夜《ヨル》の守日《マモリヒル》の守《マモリ》に守《マモ》り奉《マツ》るが故《ユヱ》に、皇御孫命《スメミマノミコト》の宇豆《ウヅ》の幣帛《ミテグラ》を稱辭竟《タヽヘコトヲ》へ奉《マツ》ら

○千木、屋根の棟の上に組み違へて高く出てゐる木。高天原にといふのは高くといふ意也。こゝは柱と屋根を云ひ、御殿をたゝへる。
○天の御蔭日の御蔭、天を蔽ひ日を蔽ふ宮殿。

○御門神は御門守衛の神。

○湯津磐村、大きな岩の群、湯津は五百箇の意。また洪大の意或は齋の意と謂。
○疎ぶるとは、うとんじ親しまぬもの、皇御孫命に従はぬ邪神惡神等。

くと宣《ノ》る。

生嶋《イクシマ》の御巫《ミカムノコ》の辭竟《コトヲ》へ奉《マツ》る、皇神等《スメカミタチ》の前《マヘ》に白《マヲ》さく、生國《イククニ》、足國《タルクニ》と御名《ミナ》は白《マヲ》して、辭竟《コトヲ》へ奉《マツ》らくは、皇神《スメカミ》の敷《シ》き坐《マ》す嶋《シマ》の八十《ヤソ》嶋《シマ》は、谷蟆《タニグク》のさ度《ワタ》る極《キハミ》、鹽沫《シホナワ》の留《トド》まる限《カギリ》、狹《サ》き國《クニ》は廣《ヒロ》く、峻《サカ》しき國《クニ》は平《タヒラ》けく、嶋《シマ》の八十《ヤソ》嶋《シマ》墮《オ》つる事無《コトナ》く、皇神等《スメカミタチ》の依《ヨ》さし奉《マツ》るが故《ユヱ》に、皇御孫命《スメミマノミコト》の宇豆《ウヅ》の幣帛《ミテグラ》を、稱辭竟《タヽヘコトヲ》へ奉《マツ》らくと宣《ノ》る。

辭別《コトワ》きて、伊勢《イセ》に坐《マ》す天照大御神《アマテラスオホミカミ》の大前《オホマヘ》に白《マヲ》さく、皇神《スメカミ》の見霽《ミハル》かし坐《マ》す四方《ヨモ》の國《クニ》は、天《アメ》の壁立《カキタ》つ極《キハミ》、國《クニ》の退立《ソキタ》つ限《カギリ》、青雲《アヲクモ》の靄《タナビ》く極《キハミ》、白雲《シラクモ》の墜坐向伏《オリヰムカフ》す限《カギリ》、青海原《アヲミノハラ》は棹柁干《サヲカヂホ》

○生嶋、大八島靈。

○谷蟆のさ度る極、ひきがへるの這ひ渡る限、山奥の谷間をいふ。さは接頭語。狹きを云ふ。又別に谷蟆は靈妙のものにて速に到らぬ隈なければ、そのさ渡る極みを云ふとも謂ふ。
○鹽沫、海水の沫。波うちぎは。

○天の壁立つ極云々、天涯地際。

さず、舟艫《フナノヘ》の至《イタ》り留《トド》まる極《キハミ》、大海原《オホウミノハラ》に舟満《フネミ》ち續《ツヾ》けて、陸《クガ》より往《ユ》く道《ミチ》は、荷緒《ニノヲ》縛堅《ユヒカタ》めて、磐根《イハネ》木根《キネ》履《フ》みさくみて、馬《ウマ》の爪《ツメ》の至《イタ》り留《トヾ》まる限《カギリ》、長道《ナガヂ》間《ヒマ》無《ナ》く立《タ》ち續《ツヾ》けて、狹《サ》き國《クニ》は廣《ヒロ》く、峻《サカ》しき國《クニ》は平《タヒラ》けく、遠《トホ》き國《クニ》は八十《ヤソ》綱《ツナ》打《ウ》ち挂《カ》けて引《ヒ》き寄《ヨ》する事《コト》の如《ゴト》く、皇大御神《スメオホミカミ》の寄《ヨサ》し奉《マツ》らば、荷前《ノサキ》は皇大御神《スメオホミカミ》の大前《オホマヘ》に、横山《ヨコヤマ》の如《ゴト》打《ウ》ち積《ツ》み置《オ》きて、殘《ノコリ》をば平《タヒラ》けく聞《キコ》し看《メ》さむ。又《マタ》皇御孫命《スメミマノミコト》の御世《ミヨ》を、手長《タナガ》の御世《ミヨ》と、堅磐《カキハ》に常磐《トキハ》に齋《イハ》ひ奉《マツ》り、茂御世《イカシミヨ》に幸《サキハ》へ奉《マツ》るが故《ユヱ》に、皇吾《スメラア》が睦神漏伎《ムツカムロギ》神漏彌命《カムロミノミコト》と、宇事物頸根《ウジモノウナネ》衝《ツ》き抜《ヌ》きて、皇御孫命《スメミマノミコト》の宇豆《ウヅ》の幣帛《ミテグラ》を、稱辭竟《タヽヘコトヲ》へ奉《マツ》らくと宣《ノ》る。

○履みさくみて、踏みゆくこと。

○八十綱云々は、出雲風土記に古傳あり。

○荷前、諸國貢物の初穗。古は伊勢を初め十陵八墓に奉る例あり。

○殘をばとは、初穗を九月神嘗祭に奉り、其餘をば、天皇新嘗に聞食し、その餘天下兆民に下し賜るとの意也。

○宇事物頸根衝き抜きて、鵜が頸を倒にして水に入る如く、額を地に著けてうやまふ。

御縣《ミアガタ》に坐《マ》す皇神等《スメカミタチ》の前《マヘ》に白《マヲ》さく、高市《タケチ》、葛木《カツラギ》、十市《トヲチ》、志貴《シキ》、山邊《ヤマノヘ》、曾布《ソフ》と御名《ミナ》は白《マヲ》して、此《コ》の六《ムツ》の御縣《ミアガタ》に生《オ》ひ出《イヅ》る、甘菜《アマナ》、辛菜《カラナ》を持《モ》ち參來《マヰキ》て、皇御孫命《スメミマノミコト》の長御膳《ナガミケ》の遠御膳《トホミケ》と聞《キコ》し食《メ》すが故《ユヱ》に、皇御孫命《スメミマノミコト》の宇豆《ウヅ》の幣帛《ミテグラ》を、稱辭竟《タヽヘコトヲ》へ奉《マツ》らくと宣《ノ》る。

山口《ヤマノクチ》に坐《マ》す皇神等《スメカミタチ》の前《マヘ》に白《マヲ》さく、飛鳥《アスカ》、石寸《イハレ》、忍坂《オサカ》、長谷《ハツセ》、畝火《ウネビ》、耳無《ミミナシ》と御名《ミナ》は白《マヲ》して、遠山《トホヤマ》、近山《チカヤマ》に生立《オヒタテ》る、大木小木《オホキヲギ》を本末《モトスヱ》打切《ウチキ》りて持參來《モチマヰキ》て、皇御孫命《スメミマノミコト》の瑞《ミヅ》の御舍《ミアラカ》仕《ツカ》へ奉《マツ》りて、天《アメ》の御蔭日《ミカゲヒ》の御蔭《ミカゲ》と隱《カク》り坐《マ》して、四方《ヨモ》の國《クニ》を安國《ヤスクニ》と平《タヒラ》けく知《シ》ろし食《メ》すが故《ユヱ》に、皇御孫命《スメミマノミコト》の宇豆《ウヅ》の幣帛《ミテグラ》を稱辭竟《タヽヘコトヲ》へ奉《マツ》

○御縣、御料の地。
○長御膳の遠御膳、御膳のほめ詞。

らくと宣《ノ》る。

水分《ミクマリ》に坐《マ》す皇神等《スメカミタチ》の前《マヘ》に白《マヲ》さく、吉野《ヨシヌ》、宇《ウ》陀《ダ》、都祁《ツゲ》、葛木《カツラギ》と御名《ミナ》は白《マヲ》して辭竟《コトヲ》へ奉《マツ》らくは、皇神等《スメカミタチ》の寄《ヨ》さし奉《マツ》らむ奥《オキ》つ御年《ミトシ》を、八束穂《ヤツカホ》の伊加志穂《イカシホ》に寄《ヨ》さし奉《マツ》らば、皇神等《スメカミタチ》に初穂《ハツホ》は穎《カヒ》にも汁《シル》にも瓱《ミカ》の閉高知《ヘタカシ》り、瓱《ミカ》の腹満《ハラミ》て雙《ナラ》べて稱辭竟《タヽヘコトヲ》へ奉《マツ》りて、遺《ノコリ》をば皇御《スメミ》孫命《マノミコト》の朝御食《アサミケ》夕御食《ユフミケ》の加牟加比《カムカヒ》に、長御食《ナガミケ》の遠御食《トホミケ》と、赤丹《アカニ》の穂《ホ》に聞《キコ》し食《メ》すが故《ユヱ》に、皇御孫命《スメミマノミコト》の宇豆《ウヅ》の幣帛《ミテグラ》を稱辭竟《タヽヘコトヲ》へ奉《マツ》らくと、諸《モロ〳〵》聞《キコ》し食《メ》せと宣《ノ》る。

辭別《コトワ》きて忌部《イミベ》の弱肩《ヨワカタ》に太手繦《フトタスキ》取挂《トリカ》けて、持《モ》ち由麻波利《ユマハリ》仕《ツカ》へ奉《マツ》れる幣帛《ミテグラ》を、神主祝部等《カムヌシハフリベドモ》

○水分、山上の水源地。

○加牟加比、神穎の義、また食向の義とも云ふ。御膳に着給ふ意也。
○赤丹の穂に、龍顔を赤く美しくし給ふこと也。

○忌部、神事に使ふ器具を作り或ひは齋潔して事をなす職の名。
○由麻波利は齋侍の義。

受《ウ》け賜《タマ》はりて、事《コト》過《アヤマタ》ず捧《サヽ》げ持《モ》ちて奉《タテマツ》れと宣《ノ》る。

春日祭《カスガノマツリ》

天皇《スメラ》が大命《オホミコト》に坐《マ》せ、恐《カシコ》き鹿嶋《カシマ》に坐《マ》す健御賀《タケミカ》豆智命《ツチノミコト》、香取《カトリ》に坐《マ》す伊波比主命《イハヒヌシノミコト》、枚岡《ヒラヲカ》に坐《マ》す天之子八根命《アメノコヤネノミコト》、比賣神《ヒメカミ》四柱《ヨハシラ》の皇神《スメカミタチ》等の廣《ヒロ》前《マヘ》に白《マヲ》さく、大神等《オホカミタチ》の乞《コ》はし賜《タマ》ひの任《マニマ》に、春日《カスガ》の三笠山《ミカサノヤマ》の下津石根《シタツイハネ》に宮柱《ミヤバシラ》廣《ヒロ》知《シ》り立《タ》て、高天原《タカマノハラ》に千木《チギ》高知《タカシ》りて、天《アメ》の御蔭《ミカゲ》日《ヒ》の御蔭《ミカゲ》と定《サダ》め奉《マツ》りて、貢《タテマツ》る神寶《カムタカラ》は、御鏡《ミカヾミ》、御《ミ》横刀《ハカシ》、御弓《ミタラシ》、御桙《ミホコ》、御馬《ミウマ》に備《ソナ》へ奉《マツ》り、御服《ミソ》

○受け賜るとは、朝廷より出し給ふ幣帛を受取るを云。

○春日祭は二月十一月の上申日に行ふ。

○天皇が大命に坐せ、天皇の敕の隨に申傳へ令め給ふとの意也。

○比賣神は枚岡四座の内なる天兒屋根命の后神ならんと宣長云へり。この后神は大宮比咩命也と重胤は云ふ。

○に備へ奉り、は以上すべてを滿ち足へること。

は明多閉《アカルタヘ》、照多閉《テルタヘ》、和多閉《ニギタヘ》、荒多閉《アラタヘ》に仕《ツカ》へ奉《マツ》りて、四方《ヨモ》の國《クニ》の獻《タテマツ》れる御調《ミツギ》の荷前《ノサキ》取竝《トリナラ》べて、青海原《アヲミノハラ》の物《モノ》は、鰭《ハタ》の廣物《ヒロモノ》、鰭《ハタ》の狹物《サモノ》、奧《オキ》つ藻菜《モハ》、邊《ヘ》つ藻菜《モハ》、山野《ヤマヌ》の物《モノ》は、甘菜《アマナ》、辛菜《カラナ》に至《イタ》るまで、御酒《ミキ》は甕《ミカ》の上高知《ヘタカシ》り、甕《ミカ》の腹滿《ハラミ》て竝《ナラ》べて、雜《クサ〴〵》の物《モノ》を横山《ヨコヤマ》の如積《ゴトツ》み置《オ》きて、神主《カムヌシ》に某官位姓名《ソレノツカサクラヰナニガシ》を定《サダ》めて、獻《タテマツ》る宇豆《ウヅ》の大幣帛《オホミテグラ》を安幣帛《ヤスミテグラ》の足幣帛《タリミテグラ》と平《タヒラ》けく安《ヤスラ》けく聞《キコ》し食《メ》せと、皇大御神等《スメオホミカミタチ》を稱辭竟《タヽヘコトヲ》へ奉《マツ》らくと白《マヲ》す。如此仕《カクツカ》へ奉《マツ》るに依《ヨ》りて、今《イマ》も去前《ユクサキ》も、天皇《スメラ》が朝廷《ミカド》を平《タヒラ》けく安《ヤスラ》けく、足《タラ》し御世《ミヨ》の茂《イカ》し御世《ミヨ》に齋《イハ》ひ奉《マツ》り、常磐《トキハ》に堅磐《カキハ》に福《サキハ》へ奉《マツ》り、預《アツカ》りて仕《ツカ》へ奉《マツ》る處處家家《トコロ〴〵イヘ〴〵》の

○明多閉、多閉は妙の借字。

○御調は貢物。

○安幣帛の足幣帛、安らかで十分なる幣帛。安も足もたゝへことば。

王等《オホキミタチ》卿等《マヘツキミタチ》をも平《タヒラ》けく、天皇《スメラ》が朝廷《ミカド》に茂《イカ》し夜久波叡《ヤクハエ》の如《ゴト》く仕《ツカ》へ奉《マツ》り、榮《サカ》えしめ賜《タマ》へと、稱辭竟《タヽヘコトヲ》へ奉《マツ》らくと白《マヲ》す。（大原野枚岡《ヒラヲカ》等の祝詞も此に准ふ。）

○夜久波叡は彌木生の意。木の孫枝のさかんにはえしげるさま也。

廣瀬大忌祭《ヒロセノオホイミノマツリ》

廣瀬《ヒロセ》の川合《カハヒ》に稱辭竟《タヽヘコトヲ》へ奉《マツ》る、皇神《スメカミ》の御名《ミナ》を白《マヲ》さく、御膳《ミケ》持《モ》たする若宇賀能賣命《ワカウカノメノミコト》と御名《ミナ》は白《マヲ》して、此《コ》の皇神《スメカミ》の御前《ミマヘ》に辭竟《コトヲ》へ奉《マツ》らく、皇御孫命《スメミマノミコト》の宇津《ウヅ》の幣帛《ミテグラ》を捧《サヽ》げ持《モ》たしめて、王臣《オホキミマヘツキミタチ》等を使《ツカヒ》として稱辭竟《タヽヘコトヲ》へ奉《マツ》らくを、神主祝部等《カムヌシハフリベドモ》諸《モロ〱》聞《キコ》し食《メ》せと宣《ノ》る。

○廣瀬の大忌の祭、四月七月の四日に行ひ廣瀬の神に風雨の災害無く五穀豐饒を祈り、大忌神を主として風神を祭る。山谷の水を變じて甘水とし、苗稼を浸潤して全稔を得んことを祈る祭。天武天皇御紀四年四月に始めて見ゆ。
○御膳持たする、御膳を司る。

奉《タテマツ》る宇豆《ウヅ》の幣帛《ミテグラ》は、御服《ミソ》は明妙《アカルタヘ》、照妙《テルタヘ》、和《ニギ》妙《タヘ》、荒妙《アラタヘ》、五色《イツイロ》の物《モノ》、楯《タテ》、戈《ホコ》、御馬《ミウマ》、御酒《ミキ》は瓱《ミカ》の閉高知《ヘタカシ》り、瓱《ミカ》の腹満《ハラミ》て雙《ナラ》べて、和稲《ニギシネ》荒稲《アラシネ》に、山《ヤマ》に住《ス》む物《モノ》は、毛《ケ》の和《ニコ》き物《モノ》、毛《ケ》の荒《アラ》き物《モノ》、大野《オホヌ》の原《ハラ》に生《オ》ふる物《モノ》は、甘菜《アマナ》、辛《カラ》菜《ナ》、青海《アヲミ》の原《ハラ》に住《ス》む物《モノ》は鰭《ハタ》の廣《ヒロ》き物《モノ》、鰭《ハタ》の狹《サ》き物《モノ》、奥津藻菜《オキツモハ》、邊津藻菜《ヘツモハ》に至《イタ》るまで、置《オ》き足《タラ》はして奉《タテマツ》らくと、皇神《スメカミ》の前《マヘ》に白《マヲ》し賜《タマ》へと宣《ノ》る。如此《カク》奉《タテマツ》る宇豆《ウヅ》の幣帛《ミテグラ》を、安幣帛《ヤスミテグラ》の足幣帛《タリミテグラ》と、皇神《スメカミ》の御心《ミコヽロ》に平《タヒラ》けく安《ヤスラ》けく聞《キコ》し食《メ》して、皇御孫命《スメミマノミコト》の長御膳《ナガミケ》の遠御膳《トホミケ》と、赤丹《アカニ》の穂《ホ》に聞食《キコシメサ》む、皇神《スメカミ》の御刀代《ミトシロ》を始《ハジメ》て、親王《ミコ》等《タチ》、王等《オホキミタチ》、臣等《オミタチ》、天《アメ》の下《シタ》の公民《オホミタカラ》の取《トリ》

○五色の物。御服の五色の物也。
○和稲荒稲、籾を去つた米と籾のままの穂。
○毛の和き物、毛の荒き物、大小の鳥。祭事に獣肉を奉ること無し。尚和き物、鰭の廣き物とあるは違例にして、「き」なきが良し。

○皇御孫命より王等臣等迄の三十六字は恐らく衍ならんと宣長は云へり。
○御刀代、御年代也。即ち神領の田。
○公民の下の「取作る奥つ御歳は」衍なりと宣長云ふ。公民は大御寶の意にて大御田族《カラ》の義也。

作《ツク》る奥《オキ》つ御歳《ミトシ》は、手肱《タナヒヂ》に水沫《ミナワ》畫《カ》き垂《タ》り、向《ムカ》股《モヽ》に泥《ヒヂリ》畫《カ》き寄《ヨ》せて取《ト》り作《ツク》らむ奥《オキ》つ御歳《ミトシ》を、八束穗《ヤツカホ》に、皇神《スメカミ》の成《ナ》し幸《サキ》はへ賜《タマ》はば、初穗《ハツホ》は汁《シル》にも穎《カヒ》にも、千稻《チシネ》八千稻《ヤチシネ》に引《ヒ》き居《ス》ゑて、横山《ヨコヤマ》の如《ゴト》打《ウ》ち積《ツ》み置《オ》きて秋《アキ》の祭《マツリ》に奉《タテマツ》らむと、皇神《スメカミ》の前《マヘ》に白《マヲ》し賜《タマ》へと宣《ノ》る。

倭國《ヤマトノクニ》の六《ムツ》の御縣《ミアガタ》の山口《ヤマノクチ》に坐《マ》す皇神等《スメカミタチ》の前《マヘ》にも、皇御孫命《スメミマノミコト》の宇豆《ウヅ》の幣帛《ミテグラ》を、明妙《アカルタヘ》、照妙《テルタヘ》、和妙《ニギタヘ》、荒妙《アラタヘ》、五色《イツイロ》の物《モノ》、楯《タテ》、戈《ホコ》に至《イタ》るまで奉《タテマツ》る。如此《カ》奉《クタテマツ》らば、皇神等《スメカミタチ》の敷《シ》き坐《マ》す山山《ヤマ〱》の口《クチ》より、さくなだりに下《クダ》し賜《タマ》ふ水《ミツ》を、甘《ウマ》し水《ミツ》と受《ウ》けて、天《アメ》の下《シタ》の公民《オホミタカラ》の取《ト》り作《ツク》れる奥《オキ》つ御歳《ミトシ》を、惡《ア》しき風荒《カゼアラ》き水《ミツ》に相《ア》は

○千稻八千稻、許多の稻穗。

○秋の祭、新嘗祭也。

○六の御縣は、高市、葛木、十市、志貴、山邊、曾布。この段は、古傳をみだして殊に拙也と宣長は云へり。眞淵もこの詞は整はず、後世の作ならんと云へり。但し重胤は御縣乃山口とあるは、及の誤にして山口神は四時祭式の十四座にて、これは祈年に祭り給ふ例也と云へり。

○さくなだりに、谷川の水などの落下するさまを形容す。

せ賜《タマ》はず、汝命《ミマシミコト》の成《ナ》し幸《サキ》はへ賜《タマ》はば、初穂《ハツホ》は汁《シル》にも穎《カヒ》にも、瓱《ミカ》の閉高知《ヘタカシ》り瓱《ミカ》の腹満《ハラミ》て雙《ナラ》べて、横山《ヨコヤマ》の如《ゴト》打《ウ》ち積《ツ》み置《オ》きて奉《タテマツ》らむと、王《オホキミタチ》等、臣《マヘツキミタチ》等、百官人《モヽノツカサノヒトタチ》等、倭《ヤマト》の國《クニ》の六《ムツ》の御縣《ミアガタ》の刀禰《トネ》、男女《ヲトコヲミナ》に至《イタ》るまで、今年《コトシ》某《ソレ》の月《ツキ》某《ソレ》の日《ヒ》、諸《モロ〳〵》參出來《マヰデキ》て、皇神《スメカミ》の前《マヘ》に鵜《ウ》じ物《モノ》頸根《ウナネ》築《ツ》き抜《ヌ》きて、朝日《アサヒ》の豐逆登《トヨサカノボ》りに稱《タヽヘ》辭竟《コトヲ》へ奉《マツ》らくを、神主祝部《カムヌシハフリベ》等《ドモ》諸《モロ〳〵》聞《キコ》し食《メ》せと宣《ノ》る。

○刀禰、官人の總稱、公事に預る總ての者。

龍田風神祭《タツタノカゼノカミノマツリ》

龍田《タツタ》に稱《タヽヘ》辭竟《コトヲ》へ奉《マツ》る、皇神《スメカミ》の前《マヘ》に白《マヲ》さく、

○風神は級長津彦命級長戸邊命なり。風神を主として大忌神を祭り苗の風に傷ざらむ事を祈る祭也。祭日は大忌祭と同日。

志貴嶋《シキシマ》に大八嶋國《オホヤシマクニ》知《シ》らしし皇御孫命《スメミマノミコト》の、遠《トホ》御膳《ミケ》の長御膳《ナガミケ》と、赤丹《アカニ》の穂《ホ》に聞《キコ》し食《メ》す五《イツクサ》の穀物《タナツモノ》を始《ハジ》めて、天《アメ》の下《シタ》の公民《オホミタカラ》の作《ツク》る物《モノ》を、草《クサ》の片葉《カキハ》に至《イタ》るまで成《ナ》さず、一年《ヒトトセ》二年《フタトセ》に在《アラ》ず、歳眞尼久《トシマネク》傷《ソコナ》へるが故《ユヱ》に、百《モヽ》の物知人等《モノシリビトタチ》の卜事《ウラゴト》に出《イ》でむ神《カミ》の御心《ミコヽロ》は、此《コ》の神《カミ》と白《マヲ》せと負《オホ》せ賜《タマ》ひき。此《コ》を物知人等《モノシリビトタチ》の卜事《ウラゴト》を以《モチ》て卜《ウラ》へども、出《イ》づる神《カミ》の御心《ミコヽロ》も無《ナ》しと白《マヲ》すと聞《キコ》し看《メ》して、皇御孫命《スメミマノミコト》の詔《ノ》りたまはく、神《カミ》等《タチ》をば天《アマ》つ社《ヤシロ》國《クニ》つ社《ヤシロ》と忘《ワスル》る事《コト》無《ナ》く、遺《オツ》る事《コト》無《ナ》く、稱辭竟《タヽヘコトヲ》へ奉《マツ》ると思《オモ》ほし行《オコナ》はすを、誰《イヅレ》の神《カミ》ぞ、天《アメ》の下《シタ》の公民《オホミタカラ》の作《ツク》りと作《ツク》る物《モノ》を、成《ナ》したまはず傷《ソコナ》へる神等《カミタチ》は、我《ワ》が御心《ミコヽロ》ぞと

○志貴嶋に大八嶋國知らしし皇御孫命は崇神天皇。この祝詞前半は天皇の御代に龍田社を祭奉りし來由をのぶ。古き祝詞の一つなり。
○五の穀物。稲、麥、大豆、小豆、粟、但しこゝは專ら稲を云ふ也。
○草の片葉、一片の草葉。
○成さず、神の御心にて傷ひて成し給はざることを云ふ。
○歳眞尼久。數多の年月の重なること。
○百の物知人、多くの物知人。

悟《サト》し奉《マツ》れと宇氣比《ウケヒ》賜《タマ》ひき。

是《コヽ》を以《モ》て皇御孫命《スメミマノミコト》の大御夢《オホミイメ》に悟《サト》し奉《マツ》らく、天《アメ》の下《シタ》の公民《オホミタカラ》の作《ツク》りと作《ツク》る物《モノ》を惡《アシ》き風荒《カゼアラ》き水《ミツ》に相《ア》はせつつ、成《ナ》したまはず傷《ソコナ》へるは、我《ワ》が御名《ミナ》は天御柱命《アメノミハシラノミコト》、國御柱命《クニノミハシラノミコト》と、御《ミ》名《ナ》は悟《サト》し奉《マツ》りて、吾《ワ》が前《マヘ》に奉《タテマツ》らむ幣帛《ミテグラ》は、御服《ミソ》は明妙《アカルタヘ》、照妙《テルタヘ》、和妙《ニギタヘ》、荒妙《アラタヘ》、五色《イツイロ》の物《モノ》、楯《タテ》、戈《ホコ》、御馬《ミウマ》に御鞍具《ミクラソナ》へて、品品《クサグサ》の幣《ミテ》帛《グラ》備《ソナ》へて、吾《ワ》が宮《ミヤ》は朝日《アサヒ》の日向《ヒムカ》ふ處《トコロ》、夕日《ユフヒ》の日隱《ヒカゲ》る處《トコロ》の、龍田《タツタ》の立野《タチヌ》の小野《ヲヌ》に、吾《ワ》が宮《ミヤ》は定《サダ》め奉《マツ》りて、吾《ワ》が前《マヘ》を稱《タヽヘ》辭竟《コトヲ》へ奉《マツ》らば、天《アメ》の下《シタ》の公民《オホミタカラ》の作《ツク》りと作《ツク》る物《モノ》は、五《イツクサノ》穀《タナツモノ》を始《ハジ》めて、草《クサ》の片葉《カキハ》に至《イタ》るまで、成《ナ》し

○宇氣比。神慮を乞祈る重きわざ也。天皇宇氣比給ひて夢中に神慮のさとしを乞得給ひし也。

○天御柱命國御柱命は風神也。

○日向は、朝日に向ふ處の義。

○立野の小野に、は、立野に小野に、とある方良しと伴林光平云へり。

幸《サキ》はへ奉《マツ》らむと悟《サト》し奉《マツ》りき。是《コ、》を以《モ》て皇神《スメカミ》の辭教《コトヲシ》へ悟《サト》し奉《マツ》りし處《トコロ》に、宮柱《ミヤバシラ》定《サダ》め奉《マツ》りて、此《コレ》の皇神《スメカミ》の前《マヘ》を稱辭竟《タ、ヘコトヲ》へ奉《マツ》りに、皇《スメ》御《ミ》孫命《マノミコト》の宇豆《ウヅ》の幣帛《ミテグラ》を捧《サ、》げ持《モ》たせて、王《オホキミ》臣《マヘツキミタチ》　等を使《ツカヒ》と爲《シ》て、稱辭竟《タ、ヘコトヲ》へ奉《マツ》らくと、皇神《スメカミ》の前《マヘ》に白《マヲ》し賜《タマ》ふ事《コト》を、神主祝部等《カムヌシハフリベドモ》諸《モロ〳〵》聞《キコ》し食《メ》せと宣《ノ》る。

奉《タテマツ》る宇豆《ウヅ》の幣帛《ミテグラ》は比古神《ヒコカミ》に御服《ミソ》は明妙《アカルタヘ》、照妙《テルタヘ》、和妙《ニギタヘ》、荒妙《アラタヘ》、五色《イツイロ》の物《モノ》、楯《タテ》、戈《ホコ》、御馬《ミウマ》に御鞍具《ミクラソナ》へて、品品《クサ〴〵》の幣帛《ミテグラ》獻《タテマツ》り、比賣神《ヒメカミ》に御服《ミソ》備《ソナ》へ、金《コガネ》の麻笥《ヲケ》、金《コガネ》の椯《タ、リ》、金《コガネ》の桛《カセヒ》、明妙《アカルタヘ》、照妙《テルタヘ》、和妙《ニギタヘ》、荒妙《アラタヘ》、五色《イツイロ》の物《モノ》、御馬《ミウマ》に御鞍具《ミクラソナ》へて、雜《クサ〴〵》の幣帛《ミテグラ》奉《タテマツ》りて、御酒《ミキ》は

〇比古神、男の神。天御柱命也。

〇比賣神は女神。國御柱命也。
〇麻笥。麻を入れる桶。
〇椯。糸くりの臺。綛を懸けて績むに使ふ臺。
〇桛。綛を懸けてかせを作る器。

〇御酒は以下は、みな比古神、比賣神合せて一つに奉る幣帛也。

瓺《ミカ》の閉高知《ヘタカシ》り、瓺《ミカ》の腹滿《ハラミ》て雙《ナラ》べて、和稲荒《ニギシネアラ》稲《シネ》に、山《ヤマ》に住《ス》む物《モノ》は、毛《ケ》の和物《ニゴモノ》毛《ケ》の荒物《アラモノ》、大野原《オホヌノハラ》に生《オ》ふる物《モノ》は、甘菜《アマナ》、辛菜《カラナ》、青海原《アヲミノハラ》に住《ス》む物《モノ》は、鰭《ハタ》の廣物《ヒロモノ》、鰭《ハタ》の狹物《サモノ》、奥都藻《オキツモ》菜《ハ》、邊都藻菜《ヘツモハ》に至《イタ》るまでに、横山《ヨコヤマ》の如打《ゴトウ》ち積《ツ》み置《オ》きて、奉《タテマツ》る此《コ》の宇豆《ウヅ》の幣帛《ミテグラ》を、安幣《ヤスミテ》帛《グラ》の足幣帛《タリミテグラ》と、皇神《スメカミ》の御心《ミコヽロ》に平《タヒラ》けく聞《キコ》し食《メ》して、天《アメ》の下《シタ》の公　民《オホミタカラ》の作《ツク》りと作《ツク》る物《モノ》を、惡《ア》しき風荒《カゼアラ》き水《ミツ》に相《ア》はせ賜《タマ》はず、皇神《スメカミ》の成《ナ》し幸《サキ》はへ賜《タマ》はば、初穂《ハツホ》は瓺《ミカ》の閉高知《ヘタカシ》り、瓺《ミカ》の腹滿《ハラミ》て雙《ナラ》べて、汁《シル》にも穎《カヒ》にも、八百稲千稲《ヤホシネチシネ》に引《ヒ》き居《ス》ゑ置《オ》きて、秋《アキ》の祭《マツリ》に奉《タテマツ》らむと、王《オホキミ》卿　等《マヘツキミタチ》、百　官　人等《モヽノツカサノヒトタチ》、倭《ヤマト》の國《クニ》の六《ムツ》の縣《ミアガタ》の

○秋の祭は新嘗祭のこと。

刀禰《トネ》、男《ヲトコ》女《ヲミナ》に至《イタ》るまでに、今年《コトシ》の四月《ウヅキ》（七月には今年七月と云ふ）諸《モロ〳〵》参集《マヰウコナハ》りて、皇《スメ》神《カミ》の前《マヘ》に鵜《ウ》じ物《モノ》頸根《ウナネ》築《ツ》き抜《ヌ》きて、今日《ケフ》の朝《アサ》日《ヒ》の豊逆登《トヨサカノボ》りに、稱辭竟《タヽヘコトヲ》へ奉《マツ》る皇御孫命《スメミマノミコト》の宇豆《ウヅ》の幣帛《ミテグラ》を、神主祝部等《カムヌシハフリベドモ》被賜《ウケタマ》はりて、惰《オツ》る事《コト》無《ナ》く奉《タテマツ》れと宣《ノ》りたまふ命《オホミコト》を、諸《モロ〳〵》聞《キコ》し食《メ》せと宣《ノ》る。

○惰る事無くは、もれなく。

平《ヒラ》野《ノ》祭《マツリ》

天皇《スメラ》が御命《オホミコト》に坐《マ》せ、今木《イマキ》より仕《ツカ》へ奉《マツ》り來《キタ》れる、皇大御神《スメオホミカミ》の廣前《ヒロマヘ》に白《マヲ》し給《タマ》はく、皇大御《スメオホミ》神《カミ》の乞《コハ》し給《タマ》ひの任《マニマ》に、此所《ココ》の底《ソコ》つ石根《イハネ》に宮《ミヤ》

○平野社は山城國葛野郡にあり、大和より遷し奉る。祭神四座、今木、久度、古開、相殿比賣神。但しこの祭神については異説が多い。
○今木は大和の今木。初め今木に祭りしを平野に遷奉る也。
○皇大御神とは天照皇大神に限ることなるに、文法亂れたる也と重胤は歎きぬ。

柱《バシラ》廣敷《ヒロシ》き立《タ》て、高天原《タカマノハラ》に千木《チギ》高知《タカシ》りて、天《アメ》の御蔭《ミカゲ》日《ヒ》の御蔭《ミカゲ》と定《サダ》め奉《マツ》りて、神主《カムヌシ》に神祇《カムツカサ》某官位姓名《ソレノツカサクラヰナニガシ》を定《サダ》めて、進《タテマツ》る神財《カムタカラ》は御弓《ミタラシ》、御太刀《ミハカシ》、御鏡《ミカガミ》、鈴《スヾ》、衣笠《キヌカサ》、御馬《ミウマ》を引《ヒ》き竝《ナラ》べて、御服《ミソ》は明多閉《アカルタヘ》、照多閉《テルタヘ》、和多閉《ニギタヘ》、荒多《アラタ》閉《ヘ》に備《ソナ》へ奉《マツ》りて、四方《ヨモ》の國《クニ》の進《タテマツ》れる御調《ミツギ》の荷前《ノサキ》を取《ト》り竝《ナラ》べて、御酒《ミキ》は瓺《ミカ》の戸《ヘ》高知《タカシ》り、瓺《ミカ》の腹滿《ハラミ》て竝《ナラ》べて、山野《ヤマヌ》の物《モノ》は甘菜《アマナ》、辛菜《カラナ》、青海原《アヲミノハラ》の物《モノ》は鰭《ハタ》の廣物《ヒロモノ》、鰭《ハタ》の狹物《サモノ》、奥都藻《オキツモ》菜《ハ》、邊津藻菜《ヘツモハ》に至《イタ》るまで、雜《クサぐ》の物《モノ》を横山《ヨコヤマ》の如《ゴト》置《オ》き高成《タカナ》して、獻《タテマツ》る宇豆《ウヅ》の大幣帛《オホミテグラ》を平《タヒラ》けく聞《キコ》しめして、天皇《スメラ》が御世《ミヨ》を、堅磐《カキハ》に常磐《トキハ》に齋《イハ》ひ奉《マツ》り、茂《イカ》し御世《ミヨ》に幸《サキ》はへ奉《マツ》りて、萬《ヨロヅ》

○衣笠、長柄絹張の天蓋也。

世《ヨ》に御坐《オハ》し在《マ》さしめ給《タマ》へと、稱辭竟《タヽヘコトヲ》へ奉《マツ》らくと申《マヲ》す。

又申《マタマヲ》さく、參集《マヰウコナハ》りて仕《ツカ》へ奉《マツ》る、親王《ミコタチ》等、王《オホキミ》等《タチ》、臣等《マヘツキミタチ》、百官人《モヽノツカサノヒトタチ》等をも、夜《ヨル》の守日《マモリヒル》の守《マモリ》に守《マモ》り給《タマ》ひて、天皇《スメラ》が朝廷《ミカド》に、彌高《イヤタカ》に、彌廣《イヤヒロ》に、茂《イカ》し彌《ヤ》木榮《クハエ》の如《ゴト》く、立榮《タチサカ》えしめ仕《ツカ》へ奉《マツ》らしめ給《タマ》へと稱辭竟《タヽヘコトヲ》へ奉《マツ》らくと申《マヲ》す。

久度古開《クドフルアキ》

天皇《スメラ》が御命《オホミコト》に坐《マ》せ、久度古開二所《クドフルアキフタトコロ》の宮《ミヤ》にして、仕《ツカ》へ奉《マツ》り來《キタ》れる、皇御神《スメミカミ》の廣前《ヒロマヘ》に白《マヲ》し給《タマ》はく、皇御神《スメミカミ》の乞《コ》ひ給《タマ》ひし任《マニマ》に、此所《ココ》の

○この二神はさきの平野神社の祭神の中也。
○久度、大和の國の久度の神。
○古開、一に古關と誌す。所傳未詳なれど、重胤は、古閇の誤にて、こは可鎭《ルヘ》にて、布留御魂神、卽ち石上大神也と云へり。

底《ソコ》つ石根《イハネ》に宮柱《ミヤバシラ》廣敷《ヒロシ》き立《タ》て、高天原《タカマノハラ》に千木《チギ》高知《タカシ》りて天《アメ》の御蔭日《ミカゲヒ》の御蔭《ミカゲ》と定《サダ》め奉《マツ》りて、神主《カムヌシ》に某官位姓名《ソレノツカサクラヰナニガシ》を定《サダ》めて、進《タテマツ》る神財《カムダカラ》は、御弓《ミタラシ》、御太刀《ミハカシ》、御鏡《ミカヾミ》、鈴《スヾ》、衣笠《キヌガサ》、御馬《ミウマ》を引《ヒ》き竝《ナラ》べて、御服《ミソ》は明多閉《アカルタヘ》、照多閉《テルタヘ》、和《ニギ》多閉《タヘ》、荒多閉《アラタヘ》に備《ソナ》へ奉《マツ》りて、四方《ヨモ》の國《クニ》の進《タテマツ》れる御調《ミツギ》の荷前《ノサキ》を取《ト》り竝《ナラ》べて、御酒《ミキ》は瓱《ミカ》の閉高知《ヘタカシ》り、瓱《ミカ》の腹滿《ハラミ》て竝《ナラ》べて、山野《ヤマヌ》の物《モノ》は甘菜《アマナ》、辛菜《カラナ》、青海原《アヲミノハラ》の物《モノ》は鰭《ハタ》の廣物《ヒロモノ》鰭《ハタ》の狹《サ》物《モノ》、奥都藻菜《オキツモハ》、邊津藻菜《ヘツモハ》に至《イタ》るまで、雜《クサ〴〵》の物《モノ》を横山《ヨコヤマ》の如《ゴト》置《オ》き高成《タカナ》して、獻《タテマツ》る宇豆《ウヅ》の大《オホ》幣帛《ミテグラ》を平《タヒラ》けく聞《キコ》しめして、天皇《スメラ》が御世《ミヨ》を堅磐《カキハ》に常盤《トキハ》に齋《イハ》ひ奉《マツ》り、茂《イカ》し御世《ミヨ》に幸《サキ》はへ奉《マツ》りて、萬世《ヨロヅヨ》に御坐《オハシ》まさしめ給《タマ》へと、稱辭《タヽヘコト》竟《ヲ》へ奉《マツ》らくと申《マヲ》す。

又申《マタマヲ》さく、參集《マヰウコナハ》りて仕《ツカ》へ奉《マツ》る、親王《ミコ》等《タチ》、王《オホキミ》等《タチ》、臣等《マヘツキミタチ》、百官人等《モヽノツカサノヒトタチ》をも、夜《ヨル》の守日《マモリヒル》の守《マモリ》に守《マモ》り給《タマ》ひて、天皇《スメラ》が朝廷《ミカド》に、彌高《イヤタカ》に彌《イヤ》廣《ヒロ》に、茂《イカ》し夜具波江《ヤクハエ》の如《ゴト》く、立《タ》ち榮《サカ》えしめて仕《ツカ》へ奉《マツ》らしめ給《タマ》へと稱辭《タヽヘコト》竟《ヲ》へ奉《マツ》らくと申《マヲ》す。

○夜具波江は彌木榮也。既出。（十九頁）

六月月次《ミナヅキノツキナミ》（十二月《シハス》は之に准ふ）

集侍《ウコナ》はれる神主《カムヌシ》祝部《ハフリベ》等《ドモ》諸《モロ〳〵》聞《キコ》し食《メ》せと宣《ノ》る。

○六月月次、毎年月次に行ふべきを省き約めて六月十二月の二度十一日に神祇官に於て祭る。この祭り祈年祭に同じ。祝詞も祈年祭の祝詞と殆ど同文である。
○十二月は之に准ふ、十二月の月次祭の祝詞もこれによる也。

高天原《タカマノハラ》に神留《カムヅマ》り坐《マ》す、皇睦神漏伎命《スメラガムツカムロギノミコト》神漏彌命《カムロミノミコト》以《モ》ちて、天《アマ》つ社《ヤシロ》國《クニ》つ社《ヤシロ》と稱辭竟《タヽヘコトヲ》へ奉《マツ》る、皇神等《スメカミタチ》の前《マヘ》に白《マヲ》さく、今年《コトシ》の六月月次《ミナヅキノツキナミ》の幣帛《ミテグラ》を、（十二月には今年十二月の月次の幣帛と云ふ。）明妙《アカルタヘ》、照妙《テルタヘ》、和妙《ニギタヘ》、荒妙《アラタヘ》に備《ソナ》へ奉《マツ》りて、朝日《アサヒ》の豐榮登《トヨサカノボリ》に、皇御孫命《スメミマノミコト》の宇《ウ》豆《ヅ》の幣帛《ミテグラ》を、稱辭竟《タヽヘコトヲ》へ奉《マツ》らくと宣《ノ》る。

大御巫《オホミカムノコ》の辭竟《コトヲ》へ奉《マツ》る、皇神等《スメカミタチ》の前《マヘ》に白《マヲ》さく、神魂《カミムスビ》、高御魂《タカミムスビ》、生魂《イクムスビ》、足魂《タルムスビ》、玉留魂《タマツメムスビ》、大宮賣《オホミヤノメ》、御膳都神《ミケツカミ》、辭代主《コトシロヌシ》と御名《ミナ》は白《マヲ》して、辭竟《コトヲ》へ奉《マツ》らくは、皇御孫命《スメミマノミコト》の御世《ミヨ》を、手長《タナガ》の御世《ミヨ》と、堅磐《カキハ》に常磐《トキハ》に齋《イハ》ひ奉《マツ》り、茂《イカ》し御世《ミヨ》に幸《サキ》はへ奉《マツ》るが故《ユヱ》に、皇吾《スメラア》が睦《ムツ》、神《カム》漏《ロ》伎命《ギノミコト》神漏《カムロ》彌命《ミノミコト》と、皇御孫命《スメミマノミコト》の宇豆《ウヅ》の幣《ミテ》帛《グラ》を稱辭竟《タタヘコトヲ》へ奉《マツ》らくと宣《ノ》る。

座摩《ヰガスリ》の御巫《ミカムノコ》の辭竟《コトヲ》へ奉《マツ》る、皇神等《スメカミタチ》の前《マヘ》に白《マヲ》さく、生井《イクヰ》、榮井《サクヰ》、津長井《ツナガヰ》、阿須波《アスハ》、婆比《ハヒ》伎《キ》と御名《ミナ》は白《マヲ》して、辭竟《コトヲ》へ奉《マツ》らくは、皇神《スメカミ》の敷《シ》き坐《マ》す、下《シタ》つ磐根《イハネ》に宮柱《ミヤバシラ》太知《フトシ》り立《タ》て、高天原《タカマノハラ》に千木《チギ》高知《タカシ》りて、皇御孫命《スメミマノミコト》の瑞《ミヅ》の御《ミ》舍《アラカ》仕《ツカ》へ奉《マツ》りて、天《アメ》の御蔭《ミカゲ》日《ヒ》の御蔭《ミカゲ》と隠《カク》り坐《マ》して、四方《ヨモ》の國《クニ》を安國《ヤスクニ》と平《タヒラ》けく知《シロ》し食《メ》すが故《ユヱ》に、皇御孫命《スメミマノミコト》の宇豆《ウヅ》の幣帛《ミテグラ》を、稱辭竟《タヽヘコトヲ》へ奉《マツ》らくと宣《ノ》る。

御門《ミカド》の御巫《ミカムノコ》の辭竟《コトヲ》へ奉《マツ》る、皇神等《スメカミタチ》の前《マヘ》に白《マヲ》さく、櫛磐間門命《クシイハマトノミコト》、豐磐間門命《トヨイハマトノミコト》と御名《ミナ》は白《マヲ》して辭竟《コトヲ》へ奉《マツ》らくは、四方《ヨモ》の御門《ミカド》に湯都磐《ユツイハ》村《ムラ》の如《ゴト》く塞《サヤ》り坐《マ》して、朝《アシタ》には御門《ミカド》を開《ヒラ》き奉《マツ》り、夕《ユフベ》には御門《ミカド》を閉《タ》て奉《マツ》りて、疎《ウト》ぶる物《モノ》の下《シタ》より往《ユ》かば下《シタ》を守《マモ》り、上《ウヘ》より往《ユ》かば上《ウヘ》を守《マモ》り、夜《ヨル》の守《マモリ》日《ヒル》の守《マモリ》に守《マモ》り奉《マツ》るが故《ユヱ》に、皇《スメ》御孫命《ミマノミコト》の宇豆《ウヅ》の幣帛《ミテグラ》を、稱《タヽヘ》辭竟《コトヲ》へ奉《マツ》らくと宣《ノ》る。

生嶋《イクシマ》の御巫《ミカムノコ》の辭竟《コトヲ》へ奉《マツ》る、皇神等《スメカミタチ》の前《マヘ》に白《マヲ》さく、生國《イククニ》、足國《タルクニ》と御名《ミナ》は白《マヲ》して辭竟《コトヲ》へ奉《マツ》らくは、皇神《スメカミ》の敷《シ》き坐《マ》す嶋《シマ》の八十嶋《ヤソシマ》は、谷《タニ》蟆《グク》の狹度《サワタ》る極《キハミ》、鹽沫《シホナワ》の留《トマ》る限《カギ》り、狹《サ》き國《クニ》は廣《ヒロ》く、峻《サカ》しき國《クニ》は平《タヒラ》けく、嶋《シマ》の八十嶋《ヤソシマ》墮《オ》つる事無《コトナ》く、皇神等《スメカミタチ》の寄《ヨ》さし奉《マツ》るが故《ユヱ》に、皇御孫命《スメミマノミコト》の宇豆《ウヅ》の幣帛《ミテグラ》を、稱辭竟《タヽヘコトヲ》へ奉《マツ》らくと宣《ノ》る。

辭別《コトワ》きて、伊勢《イセ》に坐《マ》す天照大御神《アマテラスオホミカミ》の大前《オホマヘ》に白《マヲ》さく、皇神《スメカミ》の見霽《ミハル》かし坐《マ》す四方《ヨモ》の國《クニ》は、天《アメ》の壁立《カキタ》つ極《キハミ》、國《クニ》の退《ソ》き立《タ》つ限《カギリ》、青雲《アヲクモ》の靄《タナビ》く極《キハミ》、白雲《シラクモ》の向伏《ムカフ》す限《カギ》り、青海原《アヲミノハラ》は棹柁《サヲカヂ》干《ホ》さず、舟《フネ》の艫《ヘ》の至《イタ》り留《トヾ》まる極《キハミ》、大海原《オホウミノハラ》に舟《フネ》滿《ミ》ち續《ツヾ》けて、陸《クガ》より往《ユ》く道《ミチ》は荷《ニ》の緒結《ヲユ》ひ堅《カタ》めて、磐根《イハネ》木根《キネ》履《フ》みさくみて、馬《ウマ》の爪《ツメ》の至《イタ》り留《トヾ》まる限《カギリ》、長道《ナカヂ》間無《ヒマナ》く立《タ》ち續《ツヾ》けて、狹《サ》き國《クニ》は廣《ヒロ》く、峻《サカ》しき國《クニ》は平《タヒラ》けく、遠《トホ》き國《クニ》は八《ヤ》十《ソ》綱《ツナ》打《ウ》ち挂《カ》けて引《ヒ》き寄《ヨ》する事《コト》の如《ゴト》く、皇大《スメオホ》御神《ミカミ》の寄《ヨ》さし奉《マツ》らば、荷前《ノサキ》は皇大御神《スメオホミカミ》の前《オホマヘ》に横山《ヨコヤマ》の如《ゴトウ》打ち積《ツ》み置《オ》きて、残《ノコリ》をば平《タヒラ》けく聞《キコ》し看《メ》さむ。又皇御孫命《マタスメミマノミコト》の御世《ミヨ》を、手長《タナガ》の御世《ミヨ》と堅磐《カキハ》に常磐《トキハ》に齋《イハ》ひ奉《マツ》り、茂《イカ》し御世《ミヨ》に幸《サキ》はへ奉《マツ》るが故《ユヱ》に、皇吾《スメラア》が睦《ムツ》、神漏伎命《カムロギノミコト》、神漏彌命《カムロミノミコト》と、鵜《ウ》じ物頸根《モノウナネ》衝《ツ》き拔《ヌ》きて、皇御孫命《スメミマノミコト》の宇豆《ウヅ》の幣帛《ミテグラ》を、稱辭竟《タヽヘコトヲ》へ奉《マツ》らくと宣《ノ》る。

御縣《ミアガタ》に坐《マ》す皇神等《スメカミタチ》の前《マヘ》に白《マヲ》さく、高市《タケチ》、葛木《カツラギ》、十市《トヲチ》、志貴《シキ》、山邊《ヤマノヘ》、曾布《ソフ》と御名《ミナ》は白《マヲ》して、此《コ》の六《ムツ》の御縣《ミアガタ》に生《オ》ひ出《イツ》る、甘菜《アマナ》、辛菜《カラナ》を持《モ》ち參來《マヰキ》て、皇御孫命《スメミマノミコト》の長御膳《ナガミケ》の遠御膳《トホミケ》と聞《キコ》し食《メ》すが故《ユヱ》に、皇御孫命《スメミマノミコト》の宇豆《ウヅ》の幣帛《ミテグラ》を、稱辭竟《タヽヘコトヲ》へ奉《マツ》らくと宣《ノ》る。

山口《ヤマノクチ》に坐《マ》す皇神等《スメカミタチ》の前《マヘ》に白《マヲ》さく、飛鳥《アスカ》、石寸《イハレ》、忍坂《オサカ》、長谷《ハツセ》、畝火《ウネビ》、耳無《ミヽナシ》と御名《ミナ》は白《マヲ》して、遠山近山《トホヤマチカヤマ》に生《オ》ひ立《タテ》る大木小木《オホキヲギ》を、本《モト》末《スヱ》打《ウ》ち切《キ》りて持《モ》ち參來《マヰキ》て、皇御孫命《スメミマノミコト》の瑞《ミツ》の御舍《ミアラカ》仕《ツカ》へ奉《マツ》りて、天《アメ》の御蔭《ミカゲ》日《ヒ》の御蔭《ミカゲ》と隱《カク》り坐《マ》して、四方《ヨモ》の國《クニ》を安國《ヤスクニ》と平《タヒラ》けく知《シ》ろし食《メ》すが故《ユヱ》に、皇御孫命《スメミマノミコト》の宇豆《ウヅ》の幣帛《ミテグラ》を、稱辭《タヽヘコト》竟《ヲ》へ奉《マツ》らくと宣《ノ》る。

水分《ミクマリ》に坐《マ》す皇神等《スメカミタチ》の前《マヘ》に白《マヲ》さく、吉野《ヨシヌ》、宇《ウ》陀《ダ》、都祁《ツゲ》、葛木《カツラギ》と御名《ミナ》は白《マヲ》して辭竟《コトヲ》へ奉《マツ》らくは、皇神等《スメカミタチ》の依《ヨ》さし奉《マツ》らむ奧《オキ》つ御年《ミトシ》を、八束穗《ヤツカホ》の茂《イカ》し穗《ホ》に依《ヨ》さし奉《マツ》らば、皇神等《スメカミタチ》に、初穗《ハツホ》は穎《カヒ》にも汁《シル》にも、瓱《ミカ》の閉《ヘ》高知《タカシ》り、瓱《ミカ》の腹満《ハラミ》て雙《ナラ》べて、稱《タヽヘ》辭竟《コトヲ》へ奉《マツ》りて、遺《ノコリ》をば皇《スメ》御孫命《ミマノミコト》の朝御食《アサミケ》夕御食《ユフミケ》の加牟加比《カムカヒ》に、長御《ナガミ》食《ケ》の遠御食《トホミケ》と、赤丹《アカニ》の穂《ホ》に聞《キコ》し食《メ》すが故《ユヱ》に、皇御孫命《スメミマノミコト》の宇豆《ウヅ》の幣帛《ミテグラ》を、稱《タヽヘ》辭竟《コトヲ》へ奉《マツ》らくと、諸《モロ〱》聞《キコ》し食《メ》せと宣《ノ》る。

辭別《コトワ》きて、忌部《イミベ》の弱肩《ヨワカタ》に太襁《フトタスキ》取り挂《カ》けて、持《モ》ち由麻波利《ユマハリ》仕《ツカ》へ奉《マツ》れる幣帛《ミテグラ》を、神主祝部《カムヌシハフリベ》等《ドモ》受《ウ》け賜《タマ》はりて、事過《コトアヤマ》たず捧《ササ》げ持《モ》ちて奉《タテマツ》れと宣《ノ》る。

大《オホ》殿《トノ》祭《ホガヒ》

○大殿祭、宮殿の神を祭る。忌部氏の申す祝詞である。

高天原《タカマノハラ》に神留《カムヅマ》り坐《マ》す、皇親神魯企神魯美《スメラガムツカムロギカムロミ》

の命《ミコト》以《モ》ちて、皇御孫《スメミマノ》命《ミコト》を天《アマ》つ高御座《タカミクラ》に坐《マ》せて、天《アマ》つ璽《シルシ》の鏡劒《カガミツルギ》を捧《ササ》げ持《モ》ち賜《タマ》ひて、言壽《コトホ》ぎ（古語に許止保企と云ふ。壽詞と云ふは今の壽觴《サカホガヒ》の詞の如し。）宣《ノ》りたまひしく、皇我《スメラア》が宇都《ウヅ》の御子《ミコ》皇御孫《スメミマノ》命《ミコト》、此《コレ》の天《アマ》つ高御座《タカミクラ》に坐《マ》して、天《アマ》つ日嗣《ヒツギ》を萬千秋《ヨロヅチアキ》の長秋《ナガアキ》に、大八洲豐葦原《オホヤシマトヨアシハラ》の瑞穗《ミヅホ》の國《クニ》を安國《ヤスクニ》と平《タヒラ》けく知《シロ》し食《メ》せと、（古語に志呂志女須と云ふ。）言《コト》寄《ヨ》さし奉《マツ》り賜《タマ》ひて、天《アマ》つ御量《ミハカリ》以《モ》ちて、事問《コトト》ひし磐根木立《イハネキネタチ》、草《クサ》の片葉《カキハ》をも言止《コトヤ》めて天降《アマクダ》り賜《タマ》ひし食國天下《ヲスクニアメノシタ》と、天《アマ》つ日嗣《ヒツギ》知《シロ》し食《メ》す皇《スメ》御孫《ミマノ》命《ミコト》の御殿《ミアラカ》を、今奥山《イマオクヤマ》の大峽《オホカヒ》小峽《ヲカヒ》に立《タ》てる木《キ》を、齋部《イミベ》の齋斧《イミヲノ》を以《モ》ちて伐《キ》り採《ト》りて、

○天つ璽は皇位繼承の神器。こゝは左右の御手にとらせ給ふ鏡劒を云へり。

○壽觴は酒をすゝめて壽ぐ也。此の割註は言壽の註、この註あるを以て、この祝詞を古語拾遺別卷のものといふ證とす。

○皇我は天照大御神御自の御事也。うち任せて皇と申せば、大御神の御事也。

○宇都の御子、こゝはすべて天皇を申す也。

○天つ高御座、天皇の御座は、高天原なる天津高御座を天降し給ひしもの也。

○天つ御量、高天原の天つ神の御神議。

○木立、樹立。

○齋斧、潔齋めたる斧。すべて神事にわたるゆゑに齋の語を加へいふ。

本末《モトスヱ》をば山《ヤマ》の神《カミ》に祭《マツ》りて、中間《ナカラ》を持《モ》ち出《イ》で來《キ》て、齋鉏《イミスキ》を以《モ》ちて齋柱《イミハシラ》立《タ》てて、皇御孫命《スメミマノミコト》の天《アメ》の御翳《ミカゲ》日《ヒ》の御翳《ミカゲ》と、造《ツク》り仕《ツカ》へ奉《マツ》れる瑞《ミツ》の御殿《ミアラカ》（古語に阿良可と云ふ。）汝屋船《イマシヤフネノ》命《ミコト》に天《アマ》つ奇護言《クスシイハヒコト》を（古語に久須志伊波比許登と云ふ。）以《モチ》て、言壽《コトホ》ぎ鎮《イハ》ひ白《マヲ》さく、此《コ》の敷《シ》き坐《マ》す大宮地《オホミヤドコロ》の底《ソコ》つ磐根《イハネ》の極《キハミ》、下《シタ》つ綱《ツナ》根《ネ》（古語に番繩の類之を綱根と謂ふ。）這《ハ》ふ虫《ムシ》の禍無《ワザハヒナ》く、高天原《タカマノハラ》は青雲《アヲクモ》の靄《タナビ》く極《キハミ》、天《アメ》の血垂《チダリ》、飛《ト》ぶ鳥《トリ》の禍無《ワザハヒナ》く、掘《ホ》り堅《カタ》めたる柱《ハシラ》、桁《ケタ》、梁《ウツバリ》、戸《ト》、牖《マド》の錯《キカ》ひ（古語に伎加比と云ふ。）動《ウゴ》き鳴《ナ》る事無《コトナ》く、引《ヒ》き結《ムス》べる葛目《ツナメ》の緩《ユル》び、取《ト》り葺《フ》ける草《カヤ》の噪《ソヽ》ぎ（古語に蘇蘇

○天つ奇護言、靈妙の祝言。

○下つ綱根、柱の下の方を結固めた所。

○血垂は、宣長の説に、竈の上の烟の昇る所と云へり。こゝは屋根を葺かざる故に鳥などのあしきものを落す禍ある也。

○錯、建築の用材が磨れ合ふこと。

○葛目、用材を葛繩で結へたのである。

○草の噪は屋根に葺く草の亂れること。

岐と云ふ。）無《ナ》く、御床都比《ミユカツヒ》の佐夜伎《サヤギ》、夜女《ヨメ》のいすすき、いつつしき事無《コトナ》く、平《タヒラ》けく安《ヤスラ》けく護《マモ》り奉《マツ》る神《カミ》の御名《ミナ》を白《マヲ》さく、屋船久久《ヤフネクク》遲命《チノミコト》、（是は木の靈なり。）屋船豐宇氣姫《ヤフネトヨウケヒメノ》命《ミコト》と、（是は稻の靈なり、俗にうかのみたまと謂ふ。今の世産屋に辟木《サキキ》、束稻《ツカシネ》を戸の邊に置き、乃ち米を屋中に散く類なり。）御名《ミナ》をば稱《タヽ》へ奉《マツ》りて、皇御孫命《スメミマノミコト》の御世《ミヨ》を堅磐《カキハ》に常磐《トキハ》に護《マモ》り奉《マツ》り、茂《イカ》し御世《ミヨ》の足《タラ》し御世《ミヨ》に、田永《タナガ》の御世《ミヨ》と福《サキ》はへ奉《マツ》るに依《ヨ》りて、齋玉作《イミタマツクリ》等《ラ》が持《モ》ち齋《ユマ》はり、持《モ》ち淨《キヨマ》はり造《ツク》り仕《ツカ》へまつれる、瑞《ミヅ》の八尺瓊《ヤサカニ》の御吹《ミフ》きの五百都御統《イホツミスマル》の玉《タマ》に、明和幣《アカルニギテ》、（古語に爾伎氏と云ふ。）曜《テル》

○御床都比のさやぎは床の繼ぎ合せのがたつくことを云ふ。御床都比は御床之邊の意也と云ふ。
こゝは晝の御座所のことを申也。
○夜女のいすすき、夜眠つてゐる間にものにおそはれることなく、すべて禍々しいことがなく。此は夜の御殿のこと。
○いつゝしき事なく、晝夜の御殿に異變なくとの意。
○屋船豐宇氣姫命は稻の神にして又草の神なり、草は殿造に必要のもの也。

○齋玉作は齋部の玉作部。

○御吹の、御祈《ミホギ》の意。別にこれを火熱により吹いて作る硝子質の玉と考へてゐる。
○五百都御統の玉とは、數多くの玉を絲に統べ貫きて環としたもの。

和幣《ニギテ》を附《ツ》けて、齋部宿禰某《イミベノスクネナニガシ》が弱肩《ヨワカタ》に、太襁《フトタスキ》取《ト》り懸《カ》けて、言壽《コトホ》ぎ鎮《イハ》ひ奉《マツ》る事《コト》の漏《モ》れ落《オ》ちむ事《コト》をば、神直日命《カムナホビノミコト》、大直日命《オホナホビノミコト》聞《キ》き直《ナホ》し見《ミ》直《ナホ》して、平《タヒラ》けく安《ヤスラ》けく知《シ》ろし食《メ》せと白《マヲ》す。

詞別《コトワ》きて白《マヲ》さく、大宮賣命《オホミヤノメノミコト》と御名《ミナ》を申《マヲ》す事《コト》は、皇御孫命《スメミマノミコト》の同殿《オナジオホトノ》の裏《ウチ》に塞《サヤ》り坐《マ》して、參入罷出《マヰイリマカリイヅ》る人《ヒト》の選《エラ》び知《シ》ろしめし、神等《カミタチ》のいすろこび荒《アレ》び坐《マ》さむを、言直《コトナホ》し和《ヤハ》し（古語に夜波志と云ふ。）坐《マ》して、皇御孫命《スメミマノミコト》の朝《アシタ》の御膳《ミケ》夕《ユフベ》の御膳《ミケ》に供《ツカ》へ奉《マツ》る比禮《ヒレ》懸《カ》くる伴《トモ》の緒《ヲ》、襁《タスキ》懸《カ》くる伴《トモ》の緒《ヲ》を、手《テ》の蹟《マガヒ》、足《アシ》の蹟《マガヒ》（古語に麻我比と云ふ。）爲《ナ》さしめずて、親王《ミコタチ》諸王《オホキミタチ》諸臣《マヘツキミタチ》百官人等《モヽノツカサノヒトタチ》を、己《オノ》が乖乖在《ムキムキア》

○和幣、にぎたへのこと。
○直日は兇を善に轉ずる意。
○いすろこび荒び坐すを、荒びすさぶことを云ふ。
○言和し、は言靈の幸を云ふ。
○比禮、女の禮装につける布。領巾。
○伴の緒は、一部屬の長。
○比禮懸くる伴緒、襁懸くる伴緒は、大御膳に仕奉る采女、膳夫の長を云ふ。上古に於ては殊なる重職なり。
○手の蹟は御膳物をとりはづしあやまつ類の事也。
○己が乖々在らしめず、心一つならしめる也。

らしめず、邪《ア》しき意《コヽロ》、穢《キタナ》き心無《コヽロナ》く、宮進《ミヤスヽ》め進《スヽ》め、宮勤《ミヤツト》め勤《ツト》めしめて、咎過在《トガメアヤマチア》らむをば、見直《ミナホ》し聞直《キヽナホ》し坐《マ》して、平《タヒラ》けく安《ヤスラ》けく仕《ツカ》へ奉《マツ》らしめ坐《マ》すに依《ヨ》りて、大宮賣命《オホミヤノメノミコト》と御《ミ》名《ナ》を、稱辭竟《タヽヘコトヲ》へ奉《マツ》らくと白《マヲ》す。

御《ミ》門《カド》祭《マツリ》

櫛磐牖《クシイハマト》、豐磐牖命《トヨイハマトノミコト》と御名《ミナ》を申《マヲ》す事《コト》は、四方《ヨモ》内外《ウチト》の御門《ミカド》に、湯津磐村《ユツイハムラ》の如《ゴト》く塞《サヤ》り坐《マ》して、四方四角《ヨモヨスミ》より疎《ウト》び荒《アラ》び來《コ》む、天《アメ》の麻我都比《マガツヒ》と云《イ》ふ神《カミ》の云《イ》はむ惡事《マガコト》に、(古語に麻我許登と云ふ。) 相《アヒ》まじこり相口會《アヒクチア》へ賜《タマ》ふ事無《コトナ》く、

○御門祭、前の大殿祭に附屬した祭で忌部氏の申す祝詞である。

○四方内外、宮城の三重の四方の門。

○天の麻我都比、禍の神。

○相まじこり相口會へ賜ふことなく、心を交へたり口を合せたりすることなく。禍にひき入れられぬ用意である。

上《ウヘ》より往《ユ》かば上《ウヘ》を護《マモ》り、下《シタ》より往《ユ》かば下《シタ》を護《マモ》り、待《マ》ち防《フセ》ぎ掃《ハラ》ひ却《ヤ》り、言《イ》ひ排《ソ》け坐《マ》して、朝《アシタ》は門《ミカド》を開《ヒラ》き、夕《ユフベ》は門《ミカド》を閉《タテ》て、參入罷出《マヰイリマカリイヅ》る人《ヒト》の名《ナ》を問《ト》ひ知《シラ》し給 過在《トガメアヤマチア》らむをば、神直備《カムナホビ》大直備《オホナホビ》に見直《ミナホ》し聞《キ》き直《ナホ》し坐《マ》して、平《タヒラ》けく安《ヤスラ》けく仕《ツカ》へ奉《マツ》らしめ賜《タマ》ふが故《ユヱ》に、豊磐牖《トヨイハマトノ》命 櫛磐牖 命《ミコトクシイハマトノミコト》と、御名《ミナ》を稱辭竟《タヽヘコトヲ》へ奉《マツ》らくと白《マヲ》す。

○言ひ排け坐して、言語もて排し斥ける。さきの相まじこり相口會へずとあるに對應して、深く解すべきところである。

六月 晦 大祓《ミナヅキツゴモリノヒノオホハラヘ》（十二月は之に准ふ。）

集《ウコナ》はれる親王諸 王 諸 臣 百 官 人等《ミコタチオホキミタチマヘツキミタチモヽノツカサノヒトタチ》、諸 聞《モロモロキコ》し食《メ》せと宣《ノ》る。天皇《スメラ》が朝廷《ミカド》に仕《ツカ》へ奉《マツ》

○六月晦の大祓、六月晦に災禍罪科を祓ふ神事の祝詞。十二月の晦にも行はれる。凡そ六月十二月晦日の大祓には、中臣氏祓麻を上り、東西文部は祓刀を上り、祓詞を讀む。訖つて百官男女祓所に聚集し、中臣祓詞を宣べ、卜部解除を爲す。東西文部の祓詞は次に出づ。

る、比禮《ヒレ》挂《カ》くる伴男《トモノヲ》、手襁《タスキ》挂《カ》くる伴男《トモノヲ》、靫《ユギ》負《オ》ふ伴男《トモノヲ》、劒佩《タチハ》く伴男《トモノヲ》、伴男《トモノヲ》の八十伴男《ヤソトモノヲ》を始《ハジ》めて、官 官《ツカサツカサ》に仕《ツカ》へ奉《マツ》る人等《ヒトドモ》の過《アヤマ》ち犯《ヲカ》しけむ雜雜《クサクサ》の罪《ツミ》を、今年《コトシ》の六月《ミナヅキ》の晦《ツゴモリノヒ》の大祓《オホハラヘ》に、祓《ハラ》ひ給《タマ》ひ清《キヨ》め給《タマ》ふ事《コト》を、諸 聞《モロモロキコ》し食《メ》せと宣《ノ》る。

高天原《タカマノハラ》に神留《カムヅマ》り坐《マ》す、皇 親神漏伎神漏美《スメラガムツカムロギカムロミ》の命以《ミコトモ》ちて、八百萬《ヤホヨロヅ》の神等《カミタチ》を神集《カムツド》へ賜《タマ》ひ、神《カム》議《ハカ》り議《ハカ》り賜《タマ》ひて、我《ア》が皇御孫 命《スメミマノミコト》は、豐葦原《トヨアシハラ》の水穗《ミヅホ》の國《クニ》を、安國《ヤスクニ》と平《タヒラ》けく知《シロ》し食《メ》せと事《コト》依《ヨ》さし奉《マツ》りき。如此《カクヨ》依さし奉《マツ》りし國中《クヌチ》に、荒振《アラブ》る神等《カミドモ》をば、神問《カムトハ》しに問《トハ》し賜《タマ》ひ、神掃《カムハラ》ひに掃《ハラ》ひ賜《タマ》ひて語問《コトトヒ》し磐根《イハネ》樹立《キネタチ》、草《クサ》の片葉《カキハ》

○比禮は領巾。女の掛るもの也。伴男は部の長を云ふ、男は借字也。
○伴男の八十伴男、多くの部の長也。八十伴は百官をすべ云ふ也。まづ大膳奉仕の者をあげ、次に武臣舍人に及び、さらに諸他官人を云ふ。大膳は上古は重職なればなり。

○命以てとはみことのりを云ふ。

○くぬちには、國中悉くの意。

をも語止《コトヤ》めて、天《アメ》の磐座《イハクラ》放《ハナ》れ、天《アメ》の八重雲《ヤヘグモ》を伊頭《イツ》の千《チ》別《ワ》きに千《チ》別《ワ》きて、天降《アマクダ》し依《ヨ》さし奉《マツ》りき。如此《カク》依《ヨ》さし奉《マツ》りし四方《ヨモ》の國中《クニナカ》と、大倭日高見《オホヤマトヒタカミ》の國《クニ》を安國《ヤスクニ》と定《サダ》め奉《マツ》りて、下《シタ》つ磐根《イハネ》に宮柱太敷《ミヤバシラフトシ》き立《タ》て、高天原《タカマノハラ》に千木《チギ》高知《タカシ》りて、皇御孫命《スメミマノミコト》の瑞《ミツ》の御舎《ミアラカ》仕《ツカ》へ奉《マツ》りて、天《アメ》の御蔭《ミカゲ》日《ヒ》の御蔭《ミカゲ》と隠《カク》り坐《マ》して、安國《ヤスクニ》と平《タヒラ》けく知《シロ》し食《メ》さむ國中《クヌチ》に成《ナ》り出《イ》でむ天《アメ》の益人等《マスヒトラ》が過《アヤマ》ち犯《ヲカ》しけむ雑雑《クサぐ》の罪事《ツミコト》は、天《アマ》つ罪《ツミ》と、畔放《アハナチ》、溝埋《ミゾウメ》、樋放《ヒハナチ》、頻蒔《シキマキ》、串刺《クシサシ》、生剥《イキハギ》、逆《サカ》剥《ハギ》、屎戸《クソヘ》、許多《コヽダク》の罪《ツミ》を天《アマ》つ罪《ツミ》と法《ノ》り別《ワ》けて、國《クニ》つ罪《ツミ》とは、生膚斷《イキハダタチ》、死膚斷《シニハダタチ》、白人《シロビト》、胡久《コク》美《ミ》、己《オノ》が母《ハヽ》犯《ヲカ》せる罪《ツミ》、己《オノ》が子《コ》犯《ヲカ》せる罪《ツミ》、母《ハヽ》

○天の磐座、皇御孫命の高御座。

○國なかは、國の眞中也、國のまほらの意也。

○大倭日高見の國、大和の國の頌詞。

○隠り坐しは、御殿の中に御座す也。

○天の益人、殖ゑて行く人々。天のといふのは、たゞほめて云ふ也。

○畔放、耕地の畔を毀つ罪。

○頻蒔、一度蒔いた上に重ねて蒔くこと。

○串刺、田に串を多く隠し刺して、下り立ちがたからしむ。

○生剥逆剥、動物の皮を生きながら剥ぐ罪と逆に剥ぐ罪。

○屎戸、糞をして穢すまじき所を穢す罪

○生膚斷、死膚斷。死者にあれ生者にあれ、その膚に疵つける穢を罪とす。人の身を傷ふ惡行

と子《コ》と犯《ヲカ》せる罪《ツミ》、子《コ》と母《ハヽ》と犯《ヲカ》せる罪《ツミ》、畜犯《ケモノヲカ》せる罪《ツミ》、昆虫《ハフムシ》の災《ワザハヒ》、高《タカ》つ神《カミ》の災《ワザハヒ》、高《タカ》つ鳥《トリ》の災《ワザハヒ》、畜仆《ケモノタフ》し、蠱物《マジモノ》爲《セ》る罪《ツミ》、許多《コヽダク》の罪《ツミ》出《イ》でむ。始此出《カクイ》でば、天《アマ》つ宮事《ミヤゴト》以《モ》て、大中臣《オホナカトミ》、天《アマ》つ金木《カナキ》を本《モト》打《ウ》ち切《キ》り末《スヱ》打《ウ》ち斷《タ》ちて、千座《チクラ》の置座《オキクラ》に置《オ》き足《タラ》はして、天《アマ》つ菅曾《スガソ》を本刈《モトカ》り斷《タ》ち、末刈《スヱカ》り切《キ》りて、八針《ヤハリ》に取《ト》り辟《サ》きて、天《アマ》つ祝詞《ノリト》の太祝詞事《フトノリトゴト》を宣《ノ》れ。如此宣《カクノ》らば、天《アマ》つ神《カミ》は天《アメ》の磐門《イハト》を押開《オシヒラ》きて、天《アメ》の八重雲《ヤヘグモ》を伊頭《イツ》の千別《チワキ》に千別《チワキ》て聞《キコ》し食《メ》さむ。國《クニ》つ神《カミ》は高山《タカヤマ》の末《スヱ》短山《ミジカヤマ》の末《スヱ》に上《ノボ》り坐《マ》して、高山《タカヤマ》の伊穗理《イボリ》、短山《ミジカヤマ》の伊穗理《イボリ》を撥《カ》き別《ワ》けて聞《キコ》し食《メ》さむ。如此聞《カクキコ》し食《メ》してば皇《スメ》御《ミ》孫命《マノミコト》の朝廷《ミカド》を

の方を以て罪とするに非ず、其疵を穢とす也。
○白人、皮膚が白い病。穢を罪とす。
○胡久美、瘤の出來る病。穢を罪とす。
○母と子と犯せる罪は、先づ一人の女にあひて、さらに其の娘にあふ罪。
○高つ神の災、雷の如き者の災禍。災も罪とす也。
○畜仆し、家畜を呪ひ倒す罪。
○蠱物は、まじない物にて人をのろひ詛ふとて構ふるわざ也。
○天つ宮事、朝廷の儀式。高天原の御儀にならひたまふ故に天といふ。
○大中臣の中臣は中取臣のつゞまりたる也。神と君との中を取る意と云ふ。大はすべて天皇の大御事に關ることを云ふ時につく。
○金木は小木。
○千座の置座、澤山の置座。この置座は祓物をのせる臺。
○天つ菅曾、淸らかな菅をさいて祓に用ひる。
○天津祝詞の太祝詞は、眞淵宣長はこゝの大祓詞をさすと云へり。
○伊穗理、雲霧のこと。いぶるといふ語の如く、もののおぼろにして明かならぬこと。

始《ハジ》めて、天下四方《アメノシタヨモ》の國《クニ》には、罪《ツミ》と云《イ》ふ罪《ツミ》は在《ア》らじと、科戸《シナト》の風《カゼ》の天《アメ》の八重雲《ヤヘグモ》を吹《フ》き放《ハナ》つ事《コト》の如《ゴト》く、朝《アシタ》の御霧《ミギリ》夕《ユフベ》の御霧《ミギリ》を朝風夕風《アサカゼユフカゼ》の吹《フ》き掃《ハラ》ふ事《コト》の如《ゴト》く、大津邊《オホツベ》に居《ヲ》る大船《オホブネ》を、舳《ヘ》解《ト》き放《ハナ》ち、艫《トモ》解《ト》き放《ハナ》ちて、大海原《オホウミノハラ》に押《オ》し放《ハナ》つ事《コト》の如《ゴト》く、彼方《ヲチカタ》の繁木《シゲキ》が下《モト》を、燒鎌《ヤキカマ》の敏鎌《トカマ》以《モ》て、打掃《ウチハラ》ふ事《コト》の如《ゴト》く、遺《ノコ》る罪《ツミ》は在《ア》らじと祓《ハラ》ひ給《タマ》ひ清《キヨ》め給《タマ》ふ事《コト》を、高山《タカヤマ》の末《スヱ》、短《ミジカ》山《ヤマ》の末《スヱ》より、さくなだりに落《オ》ち瀧《タギ》つ速川《ハヤカハ》の瀬《セ》に坐《マ》す瀬織津比咩《セオリツヒメ》と云《イ》ふ神《カミ》、大海原《オホウミノハラ》に持《モ》ち出《イ》でなむ。如此《カクモ》持《モ》ち出《イ》で往《イ》なば、荒鹽《アラシホ》の鹽《シホ》の八百道《ヤホヂ》の、八鹽道《ヤシホヂ》の鹽《シホ》の八百會《ヤホアヒ》に座《マ》す、速開都比咩《ハヤアキツヒメ》と云《イ》ふ神《カミ》、持《モ》ち可可呑《カヽノミ》てむ。如《カ》

○科戸風、志那都比古神、志那戸邊神は風の神なれば、科戸の風といふ也。

○大津邊は八百の船の泊る大港。

○さくなだりは、水の山より落ちるさま也。
○瀬織津比咩神、皇大御神の荒御魂にて八十枉津日神と傳ふ。この説眞淵はとらず、宣長はこの古傳を尊びて、禍津日神の凶事をなすことが罪穢を祓ひ滅す始めなれば、この神がまづ罪穢を黄泉國へ推しかへさるゝことは、祓の深き意也と云へり。
○往なば云々、この往ぬに注目して、大海原を持ち往くは、氣吹戸主神なりと、宣長は云へり。
○八百道は潮道の多くあるを云ふ。
○速開都比咩神は水戸の神。

此《ク》可《カ》可《ヽ》呑《ノ》みてば、氣吹戸《イブキド》に坐《マ》す氣吹戸主《イブキドヌシ》と云《イ》ふ神《カミ》、根《ネ》の國底《クニソコ》の國《クニ》に氣吹《イブ》き放《ハナ》ちてむ。如此《カク》氣吹《イブ》き放《ハナ》ちてば、根《ネ》の國底《クニソコ》の國《クニ》に坐《マ》す速佐須良比咩《ハヤサスラヒメ》と云《イ》ふ神《カミ》、持《モ》ちさすらひ失《ウシナ》ひてむ。如此《カク》失《ウシナ》ひてば、天皇《スメラ》が朝廷《ミカド》に仕《ツカ》へ奉《マツ》る官 官《ツカサツカサ》の人等《ヒトドモ》を始《ハジ》めて、天下四方《アメノシタヨモ》には、今《ケ》日《フ》より始《ハジ》めて罪《ツミ》と云《イ》ふ罪《ツミ》は在《ア》らじと、高天《タカマノ》原《ハラ》に耳振《ミヽフ》り立《タ》て聞《キ》く物《モノ》と馬牽《ウマヒ》き立《タ》てて、今《コ》年《トシ》の六月《ミナヅキ》の晦《ツゴモリ》の日《ヒ》の、夕日《ユフヒ》の降《クダチ》の大祓《オホハラヘ》に、祓《ハラ》ひ給《タマ》ひ清《キヨ》め給《タマ》ふ事《コト》を、諸《モロモロ》聞《キコ》し食《メ》せと宣《ノ》る。四國《ヨクニ》の卜部等《ウラベドモ》、大川道《オホカハヂ》に持《モ》ち退《マカ》り出《デ》て、祓《ハラ》ひ却《ヤ》れと宣《ノ》る。

○可可呑む、がぶがぶ呑む。

○氣吹戸は、定まれる場所に非ずして、氣吹戸主神の、諸の罪穢をいぶき放ちやり給ふ處のかぎりをひろく云ふ也。

○氣吹戸主神は亦の名神直日、大直日の神。罪穢を大海原より鹽の八百會に運ばれ、さらに根國に氣吹き放たれるのは此神であると、宣長は云へり。

○速佐須良比咩神、須勢理毘賣命也と宣長は云ふ。この神が祓の驗を立給ふ也。

○高天原に耳振り云々は、耳を高くしてといふ意なり。

○夕日の降、夕日の落つる時。

○四國の卜部等、伊豆壹岐對馬の卜部十人。對馬を二國に數へた。卜部が祓つ物を流し棄てて解除を爲す。

東《ヤマトノ》文忌寸部《フミノイミキベ》の横刀《タチ》を獻《タテマツ》る時《トキ》の咒《ジュ》

（西《カフチノ》文部《フミベ》之に准ふ。）

謹《ツヽシンデ》請《コ》ふ。皇天上帝、三極大君、日月星辰、八方の諸神、司命司籍、左《ヒダリ》は東王父《トウワウフ》、右は西《サイ》王母、五方の五帝、四時四氣、捧ぐるに銀人《ギンジン》を以てし、禍災《クワサイ》を除かむことを請《コ》ふ。捧ぐるに金刀を以てし、帝祚を延《ノ》ばさむことを請《コ》ふ。咒《ジュ》して曰く、東は扶桑に至り、西は虞淵《グエン》に至り、南は炎光に至り、北は弱水に至る、千城百國精治、萬歳。

○大祓の詞に先立ちて、東西文部が金裝横刀二口を獻りこの咒を奏す。この一篇は漢風の呪言で、漢音を以て讀む。その咒の誦法不明なれば本篇には訓をほどこさない。文意は支那思想の神仙を招いて過災を除き、帝祚を延べ奉らむことを祈つた。大祓に祓刀を上ることは皇國古風に非ず。

○皇天上帝、天上の主宰神。假想神也。

○三極大君、三台星。

○司命司籍、人の壽命を司り善惡の行爲を記錄す假想神。

○四氣、暖暑涼寒。

○銀人、大祓料物に金銀塗人像二枚とあり。

○扶桑虞淵炎光弱水、東西南北の遠方にある假想の國。

鎮火祭《ホシヅメノマツリ》

高天原《タカマノハラ》に神留《カムヅマ》り坐《マ》す、皇親神漏義《スメラガムツカムロギ》神漏美《カムロミ》の命《ミコト》持《モ》ちて、皇御孫命《スメミマノミコト》は豊葦原《トヨアシハラ》の水穂《ミヅホ》の國《クニ》を安國《ヤスクニ》と平《タヒラ》けく知《シ》ろし食《メ》せと、天下《アメノシタ》寄《ヨ》さし奉《マツ》りし時《トキ》に、事寄《コトヨ》さし奉《マツ》りし天都詞《アマツノリト》の太詞事《フトノリトゴト》を以《モ》ちて申《マヲ》さく、神伊佐奈伎《カムイザナギ》伊佐奈美《イザナミ》の命《ミコト》、妹妋《イモセ》二柱《フタハシラ》嫁《ト》繼《ツ》ぎ給《タマ》ひて、國《クニ》の八十國嶋《ヤソクニシマ》の八《ヤ》十嶋《ソシマ》を生《ウ》み給《タマ》ひ、八百萬《ヤホヨロヅ》の神等《カミタチ》を生《ウ》み給《タマ》ひて、麻奈弟子《マナオトゴ》に火結《ホムスビ》の神《カミ》を生《ウ》み給《タマ》ひて、美《ミ》保止《ホト》焼《ヤ》かえて石隠《イハガク》り坐《マ》して、夜七夜《ヨハナヽヨ》、晝七《ヒハナヌ》日《カ》、吾《ア》をな見給《ミタマ》ひそ、吾《ア》が奈妋《ナセ》の命《ミコト》と申《マヲ》し

○六月十二月の晦、火災を防がんため卜部等の行ふ祭。宮城四方の外の角にて卜部、火を鑽りて火神を祭る也。

○天都詞の太詞事は、天津祝詞の太祝詞事也。鎮火の天津神語を事寄し奉りし也。

○麻奈弟子、末の子。

○美保止、保止は陰。

○奈妋命とは親しき御夫命との義也。

給《タマ》ひき。此《コ》の七日《ナヌカ》には足《タ》らずて、隱《カク》り坐《マ》す事奇《コトアヤ》しとて見《ミ》そなはす時《トキ》に、火《ホ》を生《ウ》み給《タマ》ひて、御保止《ミホト》を燒《ヤ》かえ坐《マ》しき。如是《カヽ》る時《トキ》に、吾《ア》が名妹《ナセ》の命《ミコト》の吾《ア》を見給《ミタマ》ふなと申《マヲ》ししを、吾《ア》を見《ミ》あはたし給《タマ》ひつと申《マヲ》し給《タマ》ひて、吾《ア》が名妹《ナセ》の命《ミコト》は上《ウハ》つ國《クニ》を知《シ》ろし食《メ》すべし、吾《ア》は下《シタ》つ國《クニ》を知《シ》らさむと白《マヲ》して、石隱《イハガク》り給《タマ》ひて、與美津枚坂《ヨミツヒラサカ》に至《イタ》り坐《マ》して思《オモ》ほし食《メ》さく、吾《ア》が名妹《ナセ》の命《ミコト》の知《シ》ろし食《メ》す上《ウハ》つ國《クニ》に、心惡《コヽロア》しき子《コ》を生《ウ》み置《オ》きて來《キ》ぬと宣《ノ》りたまひて、返《カヘ》り坐《マ》して更《サラ》に子《ミコ》を生《ウ》み給《タマ》ふ。水神《ミツノカミ》、匏《ヒサゴ》、川《カハ》菜《ナ》、埴山姫《ハニヤマヒメ》、四種《ヨクサ》の物《モノ》を生《ウ》み給《タマ》ひて此《コレ》の心《コヽロ》惡《ア》しき子《コ》の心荒《コヽロアラ》びなば、水神《ミツノカミ》、匏《ヒサゴ》、埴山《ハニヤマ》

○見あはたし給ひつ、見輕んじなされた。

○下つ國は黃泉國。

○伊佐奈美命の中途よりかへりて更に御子を生み給ふことはこの祝詞のみに傳る。尊き古傳也。

○川菜は川の藻。

○埴山姫は、土の神。

姫《ヒメ》、川菜《カハナ》を持《モ》ちて鎮《シヅ》め奉《マツ》れと事教《コトヲシ》へ悟《サト》し給《タマ》ひき。此《コレ》に依《ヨ》りて稱辭竟《タヽヘコトヲ》へ奉《マツ》らば、皇御孫《スメミマ》の朝廷《ミカド》に御心一速《ミココロイチハヤ》び給《タマ》はじと爲《シ》て、進《タテマツ》る物《モノ》は、明妙《アカルタヘ》、照妙《テルタヘ》、和妙《ニギタヘ》、荒妙《アラタヘ》、五色《イツイロ》の物《モノ》を備《ソナ》へ奉《マツ》りて、青海原《アヲミノハラ》に住《ス》む物《モノ》は、鰭《ハタ》の廣物《ヒロモノ》、鰭《ハタ》の狹物《サモノ》、奥津藻菜《オキツモハ》、邊津藻菜《ヘツモハ》に至《イタ》るまでに、御酒《ミキ》は𤭖《ミカ》の邊高知《ヘタカシ》り、𤭖《ミカ》の腹滿《ハラミ》て雙《ナラ》べて、和稻荒稻《ニギシネアラシネ》に至《イタ》るまでに、横山《ヨコヤマ》の如《ゴト》置《オ》き高成《タカナ》して天《アマ》つ祝詞《ノリト》の太祝事《フトノリトゴト》以《モ》ちて、稱辭《タヽヘコト》竟《ヲ》へ奉《マツ》らくと申《マヲ》す。

○一速び給はじと爲て、荒れすさぶことのないやうに。一は稜威の借字と云ふ。

道《ミチ》饗祭《アヘノマツリ》

○道饗の祭、道路にて疫神の侵入を防ぐ祭。卜部等京城の四隅の道の上に之を祭り、鬼魅の外より來るものを京師に入らしめず豫め道に迎へて、饗して遏る也。但しこの祝詞は道饗祭のものに非ずと眞淵は疑へり。宣長は、臨時祭式に見ゆ八衢祭の祝詞ならんかと云ふ。

高天原《タカマノハラ》に事始《コトハジ》めて、皇御孫之命《スメミマノミコト》と稱辭竟《タヽヘコトヲ》へ奉《マツ》る、大八衢《オホヤチマタ》に湯津磐村《ユツイハムラ》の如《ゴト》く塞《サヤ》り坐《マ》す、皇神等《スメカミタチ》の前《マヘ》に申《マヲ》さく、八衢比古《ヤチマタヒコ》、八衢比賣《ヤチマタヒメ》、久那斗《クナド》と御名《ミナ》は申《マヲ》して辭竟《コトヲ》へ奉《マツ》らくは、根《ネ》の國底《クニソコ》の國《クニ》より麤《アラ》び疎《ウト》び來《コ》む物《モノ》に、相率《アヒマジコ》り相口會《アヒクチア》へ給《タマ》ふ事《コト》無《ナ》くて、下行《シタユ》かば下《シタ》を守《マモ》り、上往《ウヘユ》かば上《ウヘ》を守《マモ》り、夜《ヨル》の守日《マモリヒル》の守《マモリ》に守《マモ》り奉《マツ》り、齋《イハ》ひ奉《マツ》れと、進《タテマツ》る幣帛《ミテグラ》は、明妙《アカルタヘ》、照《テル》妙《タヘ》、和妙《ニギタヘ》、荒妙《アラタヘ》に備《ソナ》へ奉《マツ》り、御酒《ミキ》は瓺《ミカ》の邊《ヘ》高知《タカシ》り、瓺《ミカ》の腹滿《ハラミ》て雙《ナラ》べて、汁《シル》にも穎《カヒ》にも、山野《ヤマヌ》に住《ス》む物《モノ》は、毛《ケ》の和物《ニコモノ》、毛《ケ》の荒物《アラモノ》、青《アヲ》海原《ミノハラ》に住《ス》む物《モノ》は、鰭《ハタ》の廣物《ヒロモノ》、鰭《ハタ》の狹物《サモノ》、奥《オキ》津海菜《ツモハ》、邊津海菜《ヘツモハ》に至《イタ》るまでに、横山《ヨコヤマ》の如《ゴト》

○八衢は四辻也。
○八衢比古以下道路の神なり。
○根の國底の國より云々は禍津日神をさすなり。この神は黄泉の國の穢より成ます神也。
○相率り相口會ふは、心を交はしてもことばを交へてもならぬとの教へ也。

く置《オ》き足《タラ》はして進《タテマツ》る宇豆《ウヅ》の幣帛《ミテグラ》を、平《タヒラ》けく聞《キコ》し食《メ》して、大八衢《オホヤチマタ》に湯津磐村《ユツイハムラ》の如《ゴト》く塞《サヤ》り坐《マ》して、皇《スメ》御《ミ》孫命《マノミコト》を堅磐《カキハ》に常磐《トキハ》に齋《イハ》ひ奉《マツ》り、茂《イカ》し御世《ミヨ》に幸《サキ》はへ奉《マツ》り給《タマ》へと申《マヲ》す。又《マタ》親王《ミコタチ》王等《オホキミタチ》臣等《マヘツキミタチ》百官人等《モヽノツカサノヒトタチ》、天下《アメノシタ》の公《オホミ》民《タカラ》に至《イタ》るまでに、平《タヒラ》けく齋《イハ》ひ給《タマ》へと、神官《カムヅカサ》天《アマ》つ祝詞《ノリト》の太祝詞事《フトノリトゴト》を以《モ》ちて、稱辭《タヽヘコト》竟《ヲ》へ奉《マツ》らくと申《マヲ》す。

大《オホ》嘗祭《ニヘノマツリ》

集侍《ウコナ》はれる神主《カムヌシ》祝部《ハフリベ》等《ドモ》諸《モロく》聞《キコ》し食《メ》せと宣《ノ》る。

○奉り給へといふのは、天皇に對する敬語、奉と神に對する敬語、給が重なる例にて、こは中古以後の常例なれど、さらに古き時代にはかく申さぬところもある。

○大嘗祭、大嘗を聞食すについて幣帛を神に奉る祭。毎年の薪嘗のことにして古は新嘗と大嘗の唱へに區別なし。大嘗新嘗は、天皇が新穀を聞し食すを主とし、神に奉り給ふも、天皇の聞し食さむとするにつきて、先づ奉り給ふ也。令義解に、朝諸神之相嘗祭、夕則供二新穀於至尊一也とあり。

高天原《タカマノハラ》に神留《カムヅマ》り坐《マ》す、皇睦神漏伎神漏彌《スメラガムツカムロギカムロミ》の命以《ミコトモ》ちて、天《アマ》つ社國《ヤシロクニ》つ社《ヤシロ》と敷《シ》き坐《マ》せる、皇《スメ》神等《カミタチ》の前《マヘ》に白《マヲ》さく、今年十一月中卯日《コトシノシモツキノナカノウノヒ》に、天《アマ》つ御食《ミケ》の長御食《ナガミケ》の遠御食《トホミケ》と、皇御孫命《スメミマノミコト》の大嘗《オホニヘ》聞《キコ》し食《メ》さむ爲《タメ》の故《ユヱ》に、皇神等《スメカミタチ》相《アヒ》うづのひ奉《マツ》りて、堅磐《カキハ》に常磐《トキハ》に齋《イハ》ひ奉《マツ》り、茂《イカ》し御《ミ》世《ヨ》に幸《サキ》はへ奉《マツ》らむと依《ヨ》さして、千秋《チアキ》の五百《イホ》秋《アキ》に平《タヒラ》けく安《ヤスラ》けく聞《キコ》し食《メ》して、豐明《トヨノアカリ》に明《アカ》り坐《マ》さむ皇御孫命《スメミマノミコト》の宇豆《ウヅ》の幣帛《ミテグラ》を、明妙《アカルタヘ》、照《テル》妙《タヘ》、和妙《ニギタヘ》、荒妙《アラタヘ》に備《ソナ》へ奉《マツ》りて、朝日《アサヒ》の豐榮《トヨサカ》登《ノボ》りに稱辭竟《タヽヘコトヲ》へ奉《マツ》らくを、諸《モロ〱》聞《キコ》し食《メ》せと宣《ノ》る。

事別《コトワ》きて、忌部《イミベ》の弱肩《ヨワカタ》に太襁《フトダスキ》取り挂《カ》けて、

○敷き坐せる、宮敷き坐す。鎮坐し給ふ也。

○相うづのひ奉りて、受納せられて。

○豐明に明り坐さむ、御酒宴に御頬も赤み給ふ也。夜宴を豐明といふも大御酒を聞食て、大御顔のてり赤び御座すより云ふ也。さて大嘗は殊に御酒を重く爲給也。

持《モ》ち齋《ユマ》はり仕《ツカ》へ奉《マツ》れる幣帛《ミテグラ》を、神主祝部等《カムヌシハフリベドモ》請《ウ》けたまはりて、事落《コトオ》ちず捧《サヽ》げ持《モ》ちて奉《タテマツ》れと宣《ノ》る。

鎭御魂齋戸祭《オホミタマシヅメノイハヒドノマツリ》

（中宮春宮の齋戸祭も亦同じ）

高天原《タカマノハラ》に神留《カムヅマ》り坐《マ》す、皇親神漏伎神漏美《スメラガムツカムロギカムロミ》の命《ミコト》を以《モ》ちて、皇御孫命《スメミマノミコト》は豐葦原《トヨアシハラ》の水穂《ミヅホ》の國《クニ》を安國《ヤスクニ》と定《サダ》め奉《マツ》りて、下《シタ》つ磐根《イハネ》に宮柱《ミヤバシラ》太敷《フトシ》き立《タ》て、高天原《タカマノハラ》に千木《チギ》高知《タカシ》りて、天《アメ》の御蔭《ミカゲ》日《ヒ》の御蔭《ミカゲ》と稱《タヽ》へ辭竟《コトヲ》へ奉《マツ》りて、奉《タテマツ》る御衣《ミソ》は上《カミ》下《シモ》備《ソナ》へ奉《マツ》りて、宇豆《ウヅ》の幣帛《ミテグラ》は明妙《アカルタヘ》、照妙《テルタヘ》、

○この祭は天皇の御靈を御座所に齋ひ鎭むる祭也。神祇官の齋院にて行はれる。令義解に招二離遊之運魂一、鎭二身體之中府一とあり。特に齋戸といふのは十一月の鎭魂祭と區別する爲也。十一月のものは大嘗を行んとして先づ行はるゝ也。重胤は、十一月の祭の御魂匣を十二月齋院に鎭奉るための祭と云ひ、よつて「オホミタマヲイハヒドニシヅムル祭」と訓む。

○安國と定奉りて迄は、天皇の御事を申し、以下は八神の齋院のことを申也。

○上下、御衣をすべてそろへる也。

和妙《ニギタヘ》、荒妙《アラタヘ》、五色《イツイロ》の物《モノ》、御酒《ミキ》は甕《ミカ》の邊《ヘ》高知《タカシ》り甕《ミカ》の腹滿《ハラミ》て雙《ナラ》べて、山野《ヤマヌ》の物《モノ》は甘菜《アマナ》、辛《カラ》菜《ナ》、青海原《アヲミノハラ》の物《モノ》は鰭《ハタ》の廣物《ヒロモノ》、鰭《ハタ》の狹物《サモノ》、奥《オキ》津《ツ》海《モ》菜《ハ》、邊《ヘ》津《ツ》海《モ》菜《ハ》に至《イタ》るまでに、雜《クサ〳〵》の物《モノ》を横山《ヨコヤマ》の如《ゴト》置《オ》き高成《タカナ》して獻《タテマツ》る宇豆《ウヅ》の幣帛《ミテグラ》を安《ヤス》幣帛《ミテグラ》の足幣帛《タリミテグラ》と平《タヒラ》けく聞《キコ》し食《メ》して、皇《スメラ》が朝廷《ミカド》を常磐《トキハ》に堅磐《カキハ》に齋《イハ》ひ奉《マツ》り、茂《イカ》し御世《ミヨ》に幸《サキ》はへ奉《マツ》り給《タマ》ひて、此《コ》の十二月《シハス》より始《ハジ》めて、來《キタ》らむ十二月《シハス》に至《イタ》るまでに、平《タヒラ》けく御坐所《オホマシドコロ》に御坐《オホマシマサ》しめ給《タマ》へと、今年《コトシ》の十二月《シハス》の某日《ソレノヒ》齋《イハ》ひ鎭《シヅ》め奉《マツ》らくと申す。

伊勢大神宮《イセノオホミカミノミヤ》

二月祈年《キサラギノトシゴヒ》。六月《ミナヅキ》、十二月月次祭《シハスノツキナミノマツリ》

天皇《スメラ》が御命《オホミコトモ》以ちて、度會《ワタラヒ》の宇治《ウヂ》の五十鈴《イスズ》の川上《カハカミ》の、下《シタ》つ石根《イハネ》に稱辭竟《タヽヘコトヲ》へ奉《マツ》る、皇大神《スメオホミカミ》の大前《オホマヘ》に申《マヲ》さく、常《ツネ》も進《タテマツ》る二月祈年《キサラギノトシゴヒ》の（月次祭には唯六月月次の辭を以ちて相換ふ。）大幣帛《オホミテグラ》を、某官位姓名《ソレノツカサクラヰナニガシ》を使《ツカヒ》として、捧《サヽ》げ持《モタ》しめて進《タテマツ》り給《タマ》ふ御命《オホミコト》を、申《マヲ》し給《タマ》はくと申《マヲ》す。

○伊勢大神宮、以下九篇は、伊勢神宮に用ひられる祝詞である。比及次の二篇は敕使の申す祝詞。祈年月次に特に伊勢には敕使を以て奉らせ給ふ。凡の事は其辭別の文に盡しあれば、こゝはたゞ奉幣の由のみ申さる也。

○石根云々のあたり誤脱ある如しと云はる。

豐受宮同祭《トヨウケノミヤノオナジマツリ》

天皇《スメラ》が御命《オホミコトモ》以ちて、度會《ワタラヒ》の山田《ヤマダ》の原《ハラ》の下《シタ》つ石根《イハネ》に稱辭《タヽヘコト》竟《ヲ》へ奉《マツ》る、豐受皇神《トヨウケノスメカミ》に申《マヲ》さく、常《ツネ》も進《タテマツ》る二月《キサラギ》の祈年《トシゴヒ》の（月次祭には唯六月月次の辭を以ちて相換ふ。）大幣帛《オホミテグラ》を、某《ソレノ》官位姓名《ツカサクラヰナニガシ》を使《ツカヒ》として、捧《サヽ》げ持《モ》たしめて進《タテマツ》り給《タマ》ふ御命《オホミコト》を、申《マヲ》し給《タマ》はくと申《マヲ》す。

○同祭は原本無ければ補へり。これは豐受宮の祈年祭、月次祭の祝詞也。

四月神衣祭《ウヅキノカムミソノマツリ》（九月は之に准ふ。）

度會《ワタラヒ》の宇治《ウヂ》の五十鈴《イスズ》の川上《カハカミ》に大宮柱《オホミヤバシラ》太敷《フトシ》

○四月の神衣祭、四月九月の十四日（今は五月十月の同日）神衣を内宮に獻る祭。以下三篇は神職の申す祝詞。

き立《タテ》て、高天原《タカマノハラ》に千木《チギ》高知《タカシ》りて、稱《タヽヘ》辭竟《コトヲ》へ奉《マツ》る、天照《アマテラ》し坐《マ》す皇大神《スメオホミカミ》の大前《オホマヘ》に申《マヲ》さく、服織《ハトリ》麻績《ヲミ》の人等《ヒトドモ》の常《ツネ》も仕《ツカ》へ奉《マツ》る和妙《ニギタヘ》荒妙《アラタヘ》の織《ハタ》の御衣《ミソ》を進《タテマツ》る事《コト》を申《マヲ》し給《タマ》はくと申《マヲ》す。荒《アラ》祭宮《マツリノミヤ》にも如是《カク》申《マヲ》して、進《タテマツ》れと宣《ノ》る。（禰宜内人唯と稱す。）

○服織麻績は、服部氏と麻績氏。神服部等が参河赤引の神調の糸を以て神衣を織作し、麻績連等が麻を績いて敷和衣（ウツハタノミソ）を織り、神明に供す。

○荒祭宮、倭姫命世記に荒祭宮一座皇太神荒魂也伊邪那岐大神所生神名八十枉津日神一名瀬織津日咩神是也、とあり。

六月《ミナヅキノ》月次《ツキナミノ》祭《マツリ》（十二月は之に准ふ。）

度會《ワタラヒ》の宇治《ウヂ》の五十《イ》鈴《スズ》の川上《カハカミ》に、大宮柱《オホミヤバシラ》太敷《フトシ》き立《タ》て、高天原《タカマノハラ》に千木《チギ》高知《タカシ》りて、稱《タヽヘ》辭竟《コトヲ》へ奉《マツ》る、天照《アマテラ》し坐《マ》す皇大神《スメオホミカミ》の大前《オホマヘ》に申《マヲ》し進《タテマツ》る、天《アマ》つ祝詞《ノリト》の太祝詞《フトノリト》を、神主部《カムヌシベ》、物忌等《モノイミラ》

○既出月次祭詞を御使中臣申畢つた後に大宮司が、神主部物忌等に此祝詞を宣れば、稱唯有て各々大前に其の天つ祝詞の太祝詞（天皇が御命以下の文）を申也。

○物忌等、神饌に奉仕する童男童女。

諸《モロ〱》聞《キコ》し食《メ》せと宣《ノ》る。（禰宜内人等共に唯と稱す。）

天皇《スメラ》が御命《オホミコト》に坐《マ》せ、御壽《オホミイノチ》を手長《タナガ》の御壽《オホミイノチ》と、湯津磐村《ユツイハムラ》の如《ゴト》く常磐《トキハ》に堅磐《カキハ》に、茂《イカ》し御《ミ》世《ヨ》に幸《サキ》はへ給《タマ》ひ、生《ア》れ坐《マ》す皇子等《ミコタチ》をも惠《メグ》み給《タマ》ひ、百官人等《モヽノツカサノヒトタチ》天下《アメノシタ》四方國《ヨモノクニ》の百姓《オホミタカラ》に至《イタ》るまで、長《ナガ》く平《タヒラ》けく作《ツク》り食《タ》ぶる五穀《イツツノタナツモノ》をも豐《ユタカ》に榮《サカ》えしめ給《タマ》ひ、護《マモ》り惠《メグ》まひ幸《サキ》はへ給《タマ》へと、三《ミツ》の郡國國處處《コホリクニ〱トコロ〱》に寄《ヨ》せ奉《マツ》れる神戸《カムベ》の人等《ヒトドモ》の、常《ツネ》も進《タテマツ》る御調《ミツギ》の絲《イト》、由貴《ユキ》の御酒御贄《オホミキオホニヘ》を、海山《ウミヤマ》の如《ゴト》く置《オ》き足《タラ》はして、大中臣太玉串《オホナカトミフトタマグシ》に隱《カク》り侍《ハベ》りて、今年六月十七日《コトシノミナヅキノトヲカマリナヌカ》の朝日《アサヒ》の豐榮登《トヨサカノボ》りに稱《タ》へ申《マヲ》す事《コト》を、神主部物《カムヌシベモノ》

○禰宜内人は職名にして、神主部の內也。神主は朝臣宿禰等の姓の如し。

○三の郡、伊勢の度會、多氣、飯野の三郡。
○國國處處、封戶神田等ある諸國を云ふ。
○寄せ奉れる神戶の人等の常も進る、以上原本無し。眞淵之を補ふ。
○神戶の人等、神宮所屬の部民。
○由貴、齋み清めて調へる意。
○太玉串、榊の枝に木綿をつけたもの。すべて玉串の玉といふは借字にて、手向串の意也。

忌等《イミラ》諸《モロモロ》聞《キコ》し食《メ》せと宣《ノ》る。（神主部共に唯と稱す。）荒祭宮《アラマツリノミヤ》月讀宮《ツキヨミノミヤ》にも如是《カク》申《マヲ》して進《タテマツ》れと宣《ノ》る。（神主部亦唯と稱す。）

九月神嘗祭《ナガツキノカムナメノマツリ》

皇御孫命《スメミマノミコト》の御命《オホミコトモ》以ちて、伊勢《イセ》の度會《ワタラヒ》の五十《イ》鈴《スズ》の河上《カハカミ》に、稱辭竟《タヽヘコトヲ》へ奉《マツ》る、天照《アマテラ》し坐《マ》す皇《スメ》大神《オホミカミ》の大前《オホマヘ》に申《マヲ》し給《タマ》はく、常《ツネ》も進《タテマツ》る九月《ナガツキ》の神嘗《カムナメ》の大幣帛《オホミテグラ》を、某官某位某王《ソレノツカサソレノクラヰソレノオホキミ》、中臣《ナカトミ》某官某位某姓名《ソレノツカサソレノクラヰナニガシ》を使《ツカ》ひとして、忌部《イミベ》の弱肩《ヨワカタ》に太襁《フトダスキ》取り懸《カ》けて、持《モ》ち齋《ユマ》はり捧《サヽ》げ持《モタ》しめて、進《タテマツ》り給《タマ》ふ御命《オホミコト》を申《マヲ》し給《タマ》はくと申《マヲ》

○神嘗祭、九月十七日（今は十月同日）新穀を神宮に獻る祭。此と次の二篇は敕使の讀む祝詞。
○神嘗は、六月九月十二月の三節の大御祭の中でもわけて重き祭なれば、大御使も王、中臣、忌部を遣さる也。

す。

豊受宮同祭《トヨウケノミヤノオナジマツリ》

天皇《スメラ》が御命《オホミコトモ》以ちて、度會《ワタラヒ》の山田《ヤマダ》の原《ハラ》に稱辭《タヽヘコト》竟《ヲ》へ奉《マツ》る、皇神《スメカミ》の前《マヘ》に申《マヲ》し給《タマ》はく、常《ツネ》も進《タテマツ》る九月《ナガツキ》の神嘗《カムナメ》の大幣帛《オホミテグラ》を、某官某位某《ソレノツカサソレノクラヰソレノ》王《オホキミ》、中臣某官某位某姓名《ナカトミソレノツカサソレノクラヰナニガシ》を使《ツカヒ》として、忌部《イミベ》の弱肩《ヨワカタ》に太襁《フトダスキ》取り懸《カ》けて、持《モ》ち齋《ユマ》はり捧《サヽ》げ持《モ》たしめて、進《タテマツ》り給《タマ》ふ御命《オホミコト》を申《マヲ》し給《タマ》はくと申《マヲ》す。

○豊受宮の神嘗祭は九月十六日（今は十月同日）に行はす。

同神嘗祭《オナジカムナメノマツリ》

度會《ワタラヒ》の宇治《ウヂ》の五十《イ》鈴《スズ》の川上《カハカミ》に大宮柱《オホミヤバシラ》太敷《フトシ》き立《タテ》て、高天原《タカマノハラ》に千木《チギ》高知《タカシ》りて、稱辭竟《タヽヘコトヲ》へ奉《マツ》る、天照《アマテラ》し坐《マ》す皇大神《スメオホミカミ》の大前《オホマヘ》に、申《マヲ》し進《タテマツ》る天《アマ》つ祝詞《ノリト》の太祝詞《フトノリト》を、神主部《カムヌシベ》物忌《モノイミ》等《ラ》諸《モロ〳〵》聞《キコ》し食《メ》せと宣《ノ》る。（禰宜内人等共に唯と稱す。）

天皇《スメラ》が御命《オホミコト》に坐《マ》せ、御壽《オホミイノチ》を手長《タナガ》の御壽《オホミイノチ》と、湯津磐村《ユツイハムラ》の如《ゴト》く常磐《トキハ》に堅磐《カキハ》に、茂《イカ》し御《ミ》世《ヨ》に幸《サキハ》へ給《タマ》ひ、生《ア》れ坐《マ》す皇子等《ミコタチ》をも惠《メグ》み給《タマ》ひ、百官人等《モヽノツカサノヒトタチ》天下《アメノシタ》四方國《ヨモノクニ》の百姓《オホミタカラ》に至《イタ》る

○以下二篇大宮司の宣る祝詞。此の同字は上二つを合せうけ二所大神宮を通じ申す詞の意也。

まで、長《ナガ》く平《タヒラ》けく護《マモ》り惠《メグ》まひ幸《サキハ》へ給《タマ》へと、三《ミツ》の郡國國《コホリクニ〳〵》處處《トコロ〳〵》に寄《ヨ》せ奉《マツ》れる神戸《カムベ》の人等《ヒトドモ》の常《ツネ》も進《タテマツ》る由紀《ユキ》の御酒《オホミキ》御贄《オホニヘ》、懸税《カケチカラ》千税《チヂカラ》餘《アマ》り五百税《イホヂカラ》を、横山《ヨコヤマ》の如《ゴト》く置《オ》き足《タラ》はして、大中《オホナカ》臣太玉串《トミフトタマグシ》に隱《カク》り侍《ハベ》りて、今年《コトシ》の九月《ナガツキノ》　十《トヲカマリ》七日《ナヌカ》の朝日《アサヒ》の豐榮登《トヨサカノボ》りに、天津祝詞《アマツノリト》の太《フト》祝詞辭《ノリトゴト》を稱《タヽ》へ申《マヲ》す事《コト》を、神主部《カムヌシベ》物忌《モノイミ》等《ラ》　諸《モロ〳〵》聞《キコ》し食《メ》せと宣《ノ》る。（禰宜內人等唯と稱す。）荒祭宮《アラマツリノミヤ》月讀宮《ツキヨミノミヤ》にも、如此《カク》申《マヲ》して進《タテマツ》れと宣《ノ》る。（神主部共に唯と稱す。）

○懸税、玉垣に懸けて奉る貢の新稻。田租を力と云ふ。

齋內親王《イツキノヒメミコ》參入時《ノマヰイルトキ》

○齋內親王、神宮に仕奉る內親王。此詞は神嘗祭詞の辭別。次卽申云までが題。

神嘗《カムナメ》の幣《ミテグラ》を進《タテマツ》る詞《コトバ》申《マヲ》し畢《ヲ》へて、次《ツギ》に即《スナハチ》申《マヲ》して云《イ》はく、辭別《コトワ》きて申《マヲ》し給《タマ》はく、今《イマ》進《タテマツ》る齋内親王《イツキノヒメミコ》は、恆《ツネ》の例《タメシ》に依《ヨ》りて、三年齋《ミトセイハ》ひ清《キヨ》まはりて、御杖代《ミツエシロ》と定《サダ》めて進《タテマツ》り給《タマ》ふ事《コト》は、皇御孫尊《スメミマノミコト》を、天地月日《アメツチツキヒ》と共《トモ》に常磐《トキハ》に堅磐《カキハ》に、平《タヒラ》けく安《ヤスラ》けく御座《オホマシマ》さしめむと、御杖代《ミツエシロ》と進《タテマツ》り給《タマ》ふ御命《オホミコト》を、大中臣《オホナカトミ》茂《イカ》し桙《ホコ》の中取《ナカト》り持《モ》ちて、恐《カシコ》み恐《カシコ》みも申《マヲ》し給《タマ》はくと申《マヲ》す。

○御杖代、大御神の御杖となる人。齋内親王は三年潔齋の後伊勢に赴かる。
○皇御孫尊の尊は命と誌すも同じ也。
○茂し桙、嚴矛の意。

遷奉大神宮祝詞《オホミカミノミヤヲウツシタテマツルノリト》

（豐受宮此に准ふ。）

○遷宮式日勅使の讀む祝詞。

皇御孫命《スメミマノミコト》の御命《オホミコト》を以《モ》ちて、皇大御神《スメオホミカミ》の大前《オホマヘ》

に申《マヲ》し給《タマ》はく、常《ツネ》の例《タメシ》に依《ヨ》りて廿年《ハタトセ》に一遍《ヒトタビ》大宮《オホミヤ》新《アラタ》に仕《ツカ》へ奉《マツ》りて、雑《クサ〴〵》の御装束物《ミヨソヒモノ》五十四種《イソヂマリヨクサ》、神寶《カムタカラ》廿一種《ハタクサアマリヒトクサ》を儲《マ》け備《ソナ》へて、祓《ハラ》ひ清《キヨ》め持《モ》ち忌《ユ》まはりて、預《アヅカ》り供《ツカ》へ奉《マツ》る、辨官《オホトモヒ》某《ソレノ》位《クラヰ》某姓名《ナニガシ》を差使《サシツカ》はして、進《タテマツ》り給《タマ》ふ状《サマ》を申《マヲ》し給《タマ》はくと申《マヲ》す。

○神宮を廿年目に奉遷するは、天武天皇御世に始る。光明天皇の後二十一年目。

○辨官、造營神寶幷裝束使に辨官が遣さる。

遷却祟神《タヽリガミヲウツシヤラフ》

高天原《タカマノハラ》に神留《カムヅマ》り坐《マ》して、事始《コトハジ》め給《タマ》ひし神漏《カムロ》伎《ギ》神漏美《カムロミ》の命以《ミコトモ》ちて、天《アマ》の高市《タケチ》に八百萬《ヤホヨロヅ》の神等《カミタチ》を神集《カムツド》へ集《ツド》へ給《タマ》ひ、神議《カムハカ》り議《ハカ》り給《タマ》ひて、我《ワ》が皇御孫尊《スメミマノミコト》は豊葦原《トヨアシハラ》の水穂《ミヅホ》の國《クニ》を、安國《ヤスクニ》

○遷却祟神は惡神を追ひ退ける臨時の祭の時の祝詞。定れる祭には非ず。

○天の高市、天安河邊の丘ならん。

と平《タヒラ》けく知《シ》ろし食《メ》せと、天《アメ》の磐座放《イハクラハナ》れて、天《アメ》の八重雲《ヤヘグモ》を伊頭《イツ》の千別《チワキ》に千別《チワ》きて、天降《アマクダ》し寄《ヨ》さし奉《マツ》りし時《トキ》に、誰《イヅレ》の神《カミ》を先《マヅ》遣《ツカハ》さば、水穂《ミヅホ》の國《クニ》の荒振《アラブ》る神等《カミドモ》を神攘《カムハラ》ひ攘《ハラ》ひ平《ム》けむと、神議《カムハカ》り議《ハカ》り給《タマ》ふ時《トキ》に、諸《モロ〱》の神等《カミタチ》皆《ミナ》量《ハカ》り申《マヲ》さく、天穂日命《アメノホヒノミコト》を遣《ツカハ》して平《ム》けむと申《マヲ》しき。是《ココ》を以《モ》ちて天降《アマクダ》し遣《ツカ》はす時《トキ》に、此《コ》の神《カミ》は返言申《カヘリゴトマヲ》さずて、次《ツギ》に遣《ツカ》はしし健《タケ》三熊命《ミクマノミコト》も、父《チ、》の事《コト》に隨《シタガ》ひて返言申《カヘリゴトマヲ》さず。又遣《マタツカ》はし し天若彦《アメノワカヒコ》も返言申《カヘリゴトマヲ》さずて、高《タカ》つ鳥《トリ》の殃《ワザハヒ》に依《ヨ》りて、立處《タチドコロ》に身亡《ミウ》せき。是《コ、》を以《モ》て天《アマ》つ神《カミ》の御言以《ミコトモ》ちて、更《サラ》に量《ハカ》り給《タマ》ひて、經津主命《フツヌシノミコト》健《タケ》雷命《ミカヅチノミコト》二柱《フタハシラ》の神等《カミタチ》を天降《アマクダ》し給《タマ》ひて、荒振《アラブ》

○返言は復奏也。

る神等《カミドモ》を神攘《カムハラ》ひ攘《ハラ》ひ給《タマ》ひ、神和《カムヤハ》し和《ヤハ》し給《タマ》ひて、語問《コトト》ひし磐《イハ》根《ネ》樹立草《キネタチクサ》の片葉《カキハ》も語止《コトヤ》めて、皇《スメ》御《ミ》孫尊《マノミコト》を天降《アマクダ》し寄《ヨ》さし奉《マツ》りき。如此《カク》天降《アマクダ》し寄《ヨ》さし奉《マツ》りし四方《ヨモ》の國中《クニナカ》と、大倭日高見《オホヤマトヒタカミ》の國《クニ》を安國《ヤスクニ》と定《サダ》め奉《マツ》りて、下《シタ》つ磐根《イハネ》に宮柱《ミヤバシラ》太敷《フトシ》き立《タ》て、高天原《タカマノハラ》に千木《チギ》高知《タカシ》りて、天《アメ》の御蔭《ミカゲ》日《ヒ》の御蔭《ミカゲ》と仕《ツカ》へ奉《マツ》りて、安國《ヤスクニ》と平《タヒラ》けく知《シロ》し食《メ》さむ皇御孫尊《スメミマノミコト》の、天《アメ》の御舍《ミアラカ》の内《ウチ》に坐《マ》す皇神等《スメカミタチ》は、荒《アラ》び給《タマ》ひ健《タケ》び給《タマ》ひ祟《タヽ》り給《タマ》ふ事《コト》無《ナ》くして、高天原《タカマノハラ》に始《ハジ》めし事《コト》を、神《カム》ながらも知《シ》ろし食《メ》して、神直日《カムナホビ》大直日《オホナホビ》に直《ナホ》し給《タマ》ひて、此地《コノトコロ》よりは、四方《ヨモ》を見霽《ミハル》かす山川《ヤマカハ》の清《キヨ》き地《トコロ》に遷《ウツ》り出《イ》で坐《マ》して、吾《ア》が地《トコロ》と領《ウスハ》き坐《マ》せ

○天御舍の內にの下に「入來」又は「入來坐」の文字ありしならんと宣長は云へり。その故は御殿の中にもとより惡神の坐すべきに非ず、もし又惡神に非ずとも時として祟り給ふならば、たとひ祟り給ふことありとも、もとよりいます神なら和め奉るべく、他所へ遷し却ることはあるべくもあらず、なほさることは古傳もなきことなるをや、と云へり。
○神ながらも、神に御坐すままに。
○領き坐せは原本に宇須波伎とあるはウシハキの轉訛。

と、進《タテマツ》る幣帛《ミテグラ》は、明妙《アカルタヘ》、照妙《テルタヘ》、和妙《ニギタヘ》、荒妙《アラタヘ》に備《ソナ》へ奉《マツ》りて、見《ミ》し明《アキ》らむる物《モノ》と鏡《カヾミ》、翫《モテアソ》ぶ物《モノ》と玉《タマ》、射放《イハナ》つ物《モノ》と弓矢《ユミヤ》、打《ウ》ち断《タ》つ物《モノ》と大刀《タチ》、馳《ハ》せ出《イ》づる物《モノ》と御馬《ミウマ》、御酒《ミキ》は𤭖《ミカ》の戸《ヘ》高《タカ》知《シ》り、𤭖《ミカ》の腹満《ハラミ》て雙《ナラ》べて、米《ヨネ》にも穎《カヒ》にも、山《ヤマ》に住《ス》む物《モノ》は毛《ケ》の和物《ニゴモノ》、毛《ケ》の荒物《アラモノ》、大野《オホヌ》の原《ハラ》に生《オ》ふる物《モノ》は甘菜《アマナ》、辛菜《カラナ》、青海原《アヲミノハラ》に住《ス》む物《モノ》は鰭《ハタ》の廣物《ヒロモノ》、鰭《ハタ》の狹物《サモノ》、奥津海菜《オキツモハ》、邊津《ヘツ》海菜《モハ》に至《イタ》るまでに、横山《ヨコヤマ》の如《ゴト》く几物《ツクヱモノ》に置《オ》き足《タラ》はして、奉《タテマ》つる宇豆《ウヅ》の幣帛《ミテグラ》を、皇神等《スメカミタチ》の御心《ミココロ》も明《アキラカ》に、安幣帛《ヤスミテグラ》の足幣帛《タリミテグラ》と平《タヒラ》けく聞《キコ》し食《メ》して、祟《タヽ》り給《タマ》ひ健《タケ》び給《タマ》ふ事無《コトナ》くして、山《ヤマ》川《カハ》の廣《ヒロ》く清《キヨ》き地《トコロ》に遷《ウツ》り出《イ》で坐《マ》して、神《カム》なが

○几物に、原本八物に作る。宣長、八を几に改む。

ら鎮《シヅ》まり坐《イマ》せと、稱辭竟《タヽヘコトヲ》へ奉《マツ》らくと申《マヲ》す。

遣唐使時奉幣《モロコシニツカヒヲツカハストキニタテマツルミテグラ》

皇御孫尊《スメミマノミコト》の御命以《オホミコトモ》ちて、住吉《スミノエ》に稱辭竟《タヽヘコトヲ》へ奉《マツ》る、皇神等《スメカミタチ》の前《マヘ》に申《マヲ》し賜《タマ》はく、大唐《モロコシ》に使《ツカヒ》遣《ツカ》はさむと爲《ス》るに、船居《フナズヱ》無《ナ》きに依《ヨ》りて、播《ハリ》磨《マ》の國《クニ》より船乘《フナノリ》爲《シ》て、使《ツカヒ》は遣《ツカ》はさむと念《オモ》ほし行《オコナ》はす間《アヒダ》に、皇神《スメカミ》の命以《ミコトモ》ちて、船居《フナズヱ》は吾《アガ》作《ツク》らむと教《ヲシ》へ悟《サト》し給《タマ》ひき。教《ヲシ》へ悟《サト》し給《タマ》ひながら、船居作《フナズヱツク》り給《タマ》へれば、悦《ヨロコ》び嘉《ウレ》しみ、禮《キヤ》代《シロ》の幣帛《ミテグラ》を官位姓名《ツカサクラヰナニガシ》に捧《サヽ》げもたしめて、進奉《タテマツ》らくと申《マヲ》す。

○住吉、住吉神社。なほこの祝詞は此に云ふ事ありし時に作られしを後まで用ひられしならん。

○船居、船の臺。港。

○使はいづれも遣唐使を云ふ也。

○禮代、禮拜の料物。

出雲國造神賀詞《イツモノクニノミヤツコノカムヨゴト》

出雲國造者
穂日命の後也

八十日日《ヤソカビ》は在《ア》れども、今日《ケフ》の生日《イクヒ》の足日《タリヒ》に、出雲《イツモ》の國《クニ》の國造《クニノミヤツコ》姓名《ナニガシ》、恐《カシコ》み恐《カシコ》みも申《マヲ》し賜《タマ》はく、挂《カ》けまくも畏《カシコ》き明《アキ》つ御神《ミカミ》と、大八島《オホヤシマ》國知《クニシ》ろし食《メ》す天皇命《スメラミコト》の大御世《オホミヨ》を、手長《タナガ》の大《オホ》御世《ミヨ》と齋《イハ》ふ（若し後の齋の時ならば後の齋の字を加ふ。）として、出雲《イツモ》の國《クニ》の青垣山《アヲガキヤマ》の内《ウチ》に、下《シタ》つ石根《イハネ》に宮柱《ミヤバシラ》太敷《フトシ》き立《タ》て、高天原《タカマノハラ》に千木《チギ》高知《タカシ》り坐《マ》す、伊射那伎《イザナギ》の日眞名子《ヒマナゴ》、加夫呂伎《カブロギ》熊野《クマヌ》大神《オホカミ》櫛御氣野命《クシミケヌノミコト》、國作《クニツク》り坐《マ》し大穴持命《オホナモチノミコト》二柱《フタバシラ》の神《カミ》を始《ハジ》めて、百八十六《モヽヤソマリム》

○八十日日は云々、日は多くあれど、其中に今日はよき日ぞと壽賀して云ふ也。生は生榮、足は足滿の意。

○國造姓名云々はこの詞を奏す國造が自身の姓名を申す。

○後齋の齋の字は眞淵補ふ。卽ち「手長の大御世と齋ふ後の齋として」となる。出雲國造の新任式が都であつて國に歸り、潔齋一年の後上京し神寶神贄を上り、この賀詞を奏す。又後齋一年再度上京し初儀をくりかへす。賀詞奏上、前後二回あり。

○日眞名子、愛する子。こゝは須佐之男命を申す也。

○加夫呂伎、神祖（カムロギ）也。出雲の國なれば大名持命の祖神なる須佐之男命を神祖と申す也。

○櫛御氣野神は熊野（意宇郡）に坐す須佐之男大神の御靈を稱奉る御名也。

○出雲風土記には官社百八十四所又延喜式には百八十七社とあり。

社《ヤシロ》に坐《マ》す皇神等《スメカミタチ》を、某甲《ソレガシ》が弱肩《ヨワカタ》に太襷《フトタスキ》取り挂《カ》けて、伊都幣《イツヌサ》の緒結《ヲムス》び、天《アメ》の御蔭《ミカゲ》と冠《カヾフ》りて、伊豆《イヅ》の眞屋《マヤ》に麁草《アラクサ》を伊豆《イヅ》の席《ムシロ》と苅《カ》り敷《シ》きて、伊都閉黒益《イヅヘクロマ》し、天《アメ》の瓱和《ミカワ》に齋《イ》み籠《コモ》りて、志都宮《シヅミヤ》に忌靜《イミシヅ》め仕《ツカ》へ奉《マツ》りて、朝日《アサヒ》の豐《トヨ》榮登《サカノボリ》に、齋《イハ》ひの返事《カヘリゴト》の神賀《カムホギ》の吉詞《ヨゴト》奏《マヲ》し賜《タマ》はくと奏《マヲ》す。

高天《タカマ》の神王《カムミオヤ》高御魂《タカミムスビ》神魂命《カミムスビノミコト》の、皇御孫命《スメミマノミコト》に天下大八嶋國《アメノシタオホヤシマクニ》を事避《コトヨ》さし奉《マツラ》しし時《トキ》に、出《イヅ》雲臣《モノオミ》等《ラ》が遠《トホ》つ祖《オヤ》天穗比命《アメノホヒノミコト》を、國體《クニカタ》見《ミ》に遣《ツカ》はしし時《トキ》に、天《アメ》の八《ヤ》重雲《ヘグモ》を押《オ》し別《ワ》けて、天翔《アマカケ》り國翔《クニカケ》りて、天下《アメノシタ》を見廻《ミメグ》りて返事申《カヘリコトマヲ》し給《タマ》はく、豐葦原《トヨアシハラ》の水穗《ミツホ》の國《クニ》は晝《ヒル》は五月蠅《サバヘ》如《ナ》す水《ミナ》

○某甲は姓名を云はず某甲と唱へし也、國造のこと也。
○伊都幣云々、伊都は齋み清む意。
○天の御蔭云々、その木綿鬘を頭にかゝぶること也。
○伊豆の眞屋は、齋屋か。國造が御饌御酒を調へる部屋を云ふならん。
○伊都閉黒益し、清き瓮の尻を燒き黒くする。飯などたくことを云ふ。
○天の瓱和、天のものに擬へ作つた瓱。眞屋に齋み籠るさまを御酒御饌より云ふ也。
○志都宮は、神を鎭奉る宮也。この齋の爲に國造の建てし社也。
○高天は高天原也。但し原を省き云ふ例他になし（宣長）ただ輕く天と云ひし也（重胤）神王の訓はカミロキ（眞淵）カムロギ（宣長）カブロ（篤胤）とあれど、重胤による。
○事避は事依也。
○國體見に、國の形（ありさま）を見に。
○返事は復奏也。この古傳は記紀といさゝか異れど確なる傳也。この古傳を合せ考へるに、天穗日命は出雲に久しく止りて、漸くに媚和し治め玉ひて、高天原に復奏し給ひし也。

沸《ワ》き、夜《ヨル》は火瓮《ホベ》の如光《ゴトカヾヤ》く神《カミ》在《ア》り、石根木立《イハネキネタチ》青水沫《アヲミナワ》も事問《コトト》ひて荒《アラ》ぶる國《クニ》なり、然《シカ》れども鎮《シヅ》め平《ム》けて皇御孫命《スメミマノミコト》に安國《ヤスクニ》と平《タヒラ》けく知《シ》ろし坐《マ》さしめむと申《マヲ》して、己命《オノレミコト》の兒天夷鳥命《ミコアメノヒナトリノミコト》に布都怒志命《フツヌシノミコト》を副《ソ》へて、天降《アマクダ》し遣《ツカ》はして、荒《アラ》ぶる神等《カミドモ》を撥《ハラ》ひ平《タヒラ》げ、國作《クニツク》らしし大神《オホカミ》をも媚《コ》び鎮《シヅ》めて、大八嶋國現事顯事事《オホヤシマクニウツシコトアラハニコトコト》避《サ》らしめき。乃《スナハ》ち大穴持命《オホナモチノミコト》の申《マヲ》し給《タマ》はく、皇御孫命《スメミマノミコト》の靜《シヅ》まり坐《マサ》む大倭《オホヤマト》の國《クニ》と申《マヲ》して、己命《オノレミコト》の和魂《ニギミタマ》を八咫鏡《ヤタカヾミ》に取《ト》り託《ツ》けて、倭《ヤマト》の大物主櫛𤭖玉命《オホモノヌシクシミカタマノミコト》と名《ミナ》を稱《タ》へて、大御和《オホミワ》の神奈備《カミナビ》に坐《マ》せ、己命《オノレミコト》の御子阿遲須伎高彦根命《ミコアヂスキタカヒコネノミコト》の御魂《ミタマ》を、葛木《カツラギ》の鴨《カモ》の神奈備《カミナビ》に坐《マ》せ、事《コト》

○水沸き、皆沸也。水は借字也。
○火瓮、瓮の中に焚く火。この火と前出の水と相對する如くにも考へらる。
○天夷鳥命は古事記の天鳥船命と同神。
○現事、顯事といづれも同意の言葉を二つ重ね云ふは古文の例也。神事に對する現世の事也。ここは所謂國讓りの古傳を云ふ也。
○乃ち以下は「皇御孫命は大倭國に靜り坐さむと申して」の意也。大名持命の出雲にあつて後世のことを豫め申されし也。
○大物主とは大和三輪に分鎮坐御魂の御名にて大名持命の一名に非ず。三輪に限る也。
○神奈備、神座の森。

代主命《シロヌシノミコト》の御魂《ミタマ》を宇奈提《ウナデ》に坐《マ》せ、賀夜奈流《カヤナル》美命《ミノミコト》の御魂《ミタマ》を飛鳥《アスカ》の神奈備《カミナビ》に坐《マ》せて、皇《スメ》孫命《ミマノミコト》の近《チカ》き守神《マモリガミ》と貢《タテマツ》り置《オ》きて、八百丹杵《ヤホニキ》築宮《ツキノミヤ》に靜《シヅ》まり坐《マ》しき。是《ココ》に親神魯伎神魯美《ムツカムロギカムロミノ》命《ミコト》の宣《ノ》りたまはく、汝《イマシ》天穂《アメノホ》比命《ヒノミコト》は、天皇《スメラ》命《ミコト》の手長《タナガ》の大御世《オホミヨ》を、堅石《カキハ》に常磐《トキハ》に齋《イハ》ひ奉《マツ》り、茂《イカ》しの御世《ミヨ》に幸《サキ》はへ奉《マツ》れと仰《オホ》せ賜《タマ》ひし次《ツイデ》の隨《マニマ》に、供齋《イハヒコト》（若し後の齋の時ならば後の字を加ふ）仕《ツカ》へ奉《マツ》りて、朝日《アサヒ》の豐榮登《トヨサカノボ》りに、神《カミ》の禮自利臣《ヰヤジリオミ》の禮自《ヰヤジ》と、御禱《ミホギ》の神寶《カムタカラ》獻《タテマツ》らくと奏《マヲ》す。

白玉《シラタマ》の大御白髪《オホミシラガ》坐《マ》し、赤玉《アカダマ》の御明《ミアカ》らひ坐《マ》し、青玉《アヲタマ》の水江玉《ミズノエタマ》の行相《ユキアヒ》に、明《アキ》つ御神《ミカミ》と大八嶋《オホヤシマ》

○八百丹、枕詞、多くの土を杵して築くの義といふ。出雲に鎮座しますはすべての御魂にて、大和に鎮座すは和魂也。

○次の隨に、次々の國造の仕奉る也。天穂日命は大名持命を祭り、皇朝に仕へ奉る也。

○神禮自利は天穂日命より次々の神の皇朝に奉る禮代也。（宣長）穂日命の奉りし熊野杵築兩宮の禮代也。此は國譲の時の故事にして、代々この古例に従ふものを神の禮代とす。（重胤）

○白玉の以下は獻物の神寶をよみこんでその品々を祝ふ也。

○大御白髪坐しは御壽を祝ふ。御明らひ坐しは御榮えを祝ふ。御顔色のあかく健かにますを祝ふ。

○青玉の云々は、愛づべき青玉の、緒に貫連ねたる列の瑞々しく整へるを、天下治めすかたちに比す也。水は瑞、江は愛。

國《クニ》知《シ》ろし食《メ》す、天皇命《スメラミコト》の手長《タナガ》の大御世《オホミヨ》を、御横刀《ミハカシ》廣《ヒロ》らに誅《ウ》ち堅《カタ》め、白御馬《シロミマ》の前足《マヘアシ》の爪《ツメ》、後足《シリヘアシ》の爪《ツメ》踏《フ》み立《タ》つる事《コト》は、大宮《オホミヤ》の內外《ウチト》の御《ミ》門《カド》の柱《ハシラ》を、上《ウハ》つ石根《イハネ》に踏《フ》み堅《カタ》め、下《シタ》つ石根《イハネ》に踏《フ》み凝《コ》らし、振《フ》り立《タ》つる事《コト》は耳《ミヽ》の彌高《イヤタカ》に、天下《アメノシタ》を知《シ》ろし食《メ》さむ事《コト》のしため、白鵠《シラトリ》の生《イキ》御調《ミツギ》の玩物《モテアソビモノ》と、倭文《シヅ》の大御心《オホミコヽロ》も多親《タシ》に、彼方《ヲチ》の古川席《フルカハギシ》、此方《コチ》の古川席《フルカハギシ》に生《オ》ひ立《タ》てる若水沼間《ワカクルス》の、彌若叡《イヤワカエ》に御若叡《ミワカエ》坐《マ》し、すすぎ振《フ》る遠止美《ヲドミ》の水《ミヅ》の、彌乎知《イヤヲチ》に御袁知《ミヲチ》坐《マ》し、麻蘇比《マソヒ》の大御鏡《オホミカヾミ》の面《オモ》を押《オ》しはるして見行《ミソナ》はす事《コト》の如《ゴト》く、明《アキ》つ御神《ミカミ》の大八嶋國《オホヤシマクニ》を、天地《アメツチ》月日《ツキヒ》と共《トモ》に、安《ヤス》けく平《タヒラ》けく知《シ》ろし行《メ》さむ事《コト》

○誅堅めは、御世の廣く堅く治めます大きかたちを形容す。「十握劍を提て天の下を平く」といふ意無きに非ざれど、やはり獻物中にありし太刀によつて御壽をほめ奉るのである。

○踏み堅め云々は、馬の土踏み立てるさまが御門の柱根をかためるかたちなるを云。

○振り立つる事、耳をふりたてる也。

○耳のとあるは、さきに振立つるとあるその馬の耳のいや高き如く、との意也。

○したためは、した見えにて、下地のあらはれをいふ也。

○倭文のは、大御心をたゝへて織の倭文の如くといふ意也。即ち獻物の中の倭文をよみ込む。

○多親に、は慥にの意か、或ひは和親（ナゴヤ）の誤りかと宣長は云ふ。

○古川席の席は岸の誤也と宣長云ふ。

○若水沼間も宣長の説によりて若栗栖と正す。栗栖は栗林也。獻物中に栗實ありしならんと云へり。但し眞淵はこれを御贄の土器のことに考へ、その器を作る泥のことならんとて、これをミヌマと訓んだ。

○若叡は若やぎの古言。

○すすぎ振る遠止美の水、進み振ふ勢ひで淀みつゝ上手へ上る淵の水。獻物中に神水ありしな

のしためと、御禱《ミホギ》の神寶《カムタカラ》を擎《サヽ》げ持《モ》ちて、神《カミ》の禮《ヰヤ》じり臣《オミ》の禮《ヰヤ》じと恐《カシコ》み恐《カシコ》みも、天津次《アマツツイデ》の神賀《カムホギ》の吉詞《ヨゴト》白《マヲ》し賜《タマ》はくと奏《マヲ》す。

延喜式巻第八

らん。又こゝは國造の身沐浴のこと也とも云。
○彌乎知に御袁知坐し、いよいよ御若返り遊されて。
○麻蘇比の大御鏡、澄み切つた御鏡。
○押しはるしは押晴かしの意。
○神寶を云々はさきにあげた白玉以下の品々。神寶によせて禱言を申述ぶ。
○天津次の、神代より代々奏してきた壽詞を申上るとの意。

台記別記

中臣壽詞《ナカトミノヨゴト》

現御神《アキツミカミ》と大八嶋國《オホヤシマクニ》知《シ》ろし食《メ》す大倭根子《オホヤマトネコ》天皇《スメラ》が御前《オホミマヘ》に、天《アマ》つ神《カミ》の壽詞《ヨゴト》を稱《タヽヘ》辭《コト》定《サダ》め奉《マツ》らくと申《マヲ》す。

高天《タカマ》の原《ハラ》に神留《カムヅマ》り坐《マ》す、皇親《スメラガムツ》神漏《カムロ》岐《ギ》神漏《カムロ》美《ミ》の命《ミコト》を持《モ》ちて、八《ヤ》百萬《ホヨロヅ》の神等《カミタチ》を集《ツド》へ賜《タマ》ひて、皇孫命《スメミマノミコト》は、高天原《タカマノハラ》に事始《コトハジ》めて、豐葦《トヨアシ》原《ハラ》の瑞穗《ミヅホ》の國《クニ》を、安國《ヤスクニ》と平《タヒラ》けく知《シ》ろし食《メ》し

○中臣の壽詞、大嘗會の辰日の節會に奏する中臣氏の壽詞。天神壽詞と云ふ。台記は藤原頼長の日記にて、その康治元年の大嘗會の別記中に、近衞天皇の大嘗會に、大中臣清親がこの詞を奏したことを錄してゐる。記錄されたのは新しいが、文詞は上代のものである。

○大倭根子は、皇御孫命を稱奉る辭也。

○高天原に事始めて、わが皇位皇政の起原の大御事實をいふ大き道也。

て、天《アマ》つ日嗣《ヒツギ》の天《アマ》つ高御座《タカミクラ》に御坐《マシ〱》て、天《アマ》つ御膳《ミケ》の長御膳《ナガミケ》の、遠御膳《トホミケ》と、千秋《チアキ》の五百秋《イホアキ》に、瑞穂《ミヅホ》を平《タヒラ》けく安《ヤスラ》けく、齋庭《ユニハ》に知《シ》ろし食《メ》せと事依《コトヨ》さし奉《マツ》りて、天降《アマクダ》り坐《マ》しし後《ノチ》に、中臣《ナカトミ》の遠《トホ》つ祖《オヤ》天兒屋根命《アメノコヤネノミコト》、皇御孫尊《スメミマノミコト》の御《オホミ》前《マヘ》に仕《ツカ》へ奉《マツ》りて、天忍雲根神《アメノオシクモネノカミ》を天《アメ》の二上《フタガミ》に奉《タテマツ》り上《ア》げて、神漏岐神漏美《カムロギカムロミ》の命《ミコト》の前《ミマヘ》に受《ウケ》給《タマ》はり申《マヲ》しに、皇御孫尊《スメミマノミコト》の御膳都水《ミケツミヅ》は、顯《ウツシ》國《クニ》の水《ミヅ》に天都水《アマツミヅ》を加《クハ》へて奉《タテマツ》らむと申《マヲ》せと事教《コトヲシ》へ給《タマ》ひしに依《ヨ》りて、天忍雲根神《アメノオシクモネノカミ》天《アメ》の浮雲《ウキクモ》に乗《ノ》りて、天《アメ》の二上《フタガミ》に上《ノボ》り坐《マ》して神漏《カムロ》岐《ギ》神漏美《カムロミ》の命《ミコト》の前《ミマヘ》に申《マヲ》せば、天《アメ》の玉櫛《タマグシ》を事《コト》依《ヨ》さし奉《マツ》りて、此《コ》の玉櫛《タマグシ》を刺《サ》し立《タ》てて、夕《ユフ》

○天忍雲根神は天兒屋根命の御子。
○天の二上、兩山竝び立つてゐる形の天上の山。
○受給り申しの句は、天忍雲根神をといふ詞と天の二上に奉り上げてといふ間におきて次第をかへて解すべし。
○顯し國、この現前の世界。

○玉櫛は玉串の借字也。

日《ヒ》より朝日《アサヒ》の照《テ》るに至《イタ》るまで、天都詔戸《アマツノリト》の太詔刀言《フトノリトゴト》を以《モ》て告《ノ》れ、如此《カク》告《ノ》らば、麻知《マチ》は弱蒜《ワカヒル》に由都五百篁《ユツイホタカムラ》生《オ》ひ出《イ》でむ、其《ソ》の下《モト》より天《アメ》の八井《ヤヰ》出《イ》でむ、此《コ》を持《モ》ちて天《アマ》つ水《ミヅ》と聞《キコ》し食《メ》せと事依《コトヨ》さし奉《マツ》りき。

如此《カク》依《ヨ》さし奉《マツ》りし任任《マニマ》に聞《キコ》し食《メ》す齋庭《ユニハ》の瑞穂《ミヅホ》を、四國《ヨクニ》の卜部《ウラベ》等《ドモ》、太兆《フトマニ》の卜事《ウラゴト》を持《モ》ちて仕《ツカ》へ奉《マツ》りて、悠紀《ユキ》に近江《アフミ》の國《クニ》の野洲《ヤス》、主基《スキ》に丹波《タニハ》の國《クニ》の冰上《ヒカミ》を齋《イハ》ひ定《サダ》めて、物部《モノノフ》の人等《ヒトドモ》、酒造兒《サカツコ》、酒波《サカナミ》、粉走《コバシリ》、灰燒《ハヒヤキ》、薪採《カマギコリ》、相作《アヒヅクリ》、稲實公《イナノミノキミ》等、大嘗會《オホニヘ》の齋場《ユニハ》に持《モ》ち齋《ユマ》はり參來《マヰキ》て、今年《コトシ》の十一月《シモツキ》の中《ナカ》つ卯《ウ》の日《ヒ》に、由志理伊都志理《ユシリイツシリ》持《モ》ち、恐《カシコ》み恐《カシコ》みも清麻《キヨマ》

○麻知、前兆か。弱蒜は韮の誤にて午前のことかと宣長は云。重胤は麻知に蒜と筍の生ふ也と云。

○物部、朝廷に仕奉る人を汎稱す。
○酒造兒、造酒童女。
○酒波、酒造兒の手助け。波は嘗、釀と同意。
○粉走、粉を篩ひ出す者。
○灰燒、酒に混和る藥灰を燒き、御火燒に仕へる者。
○相作、酒波に屬する手助け。
○稲實公は御飯の事に仕奉る者。
○由志理伊都志理、齋み清めた物代。

波利《ハリ》に仕《ツカ》へ奉《マツ》り、月《ツキ》の内《ウチ》に日時《ヒトキ》を撰《エラ》び定《サダ》めて、獻《タテマツ》る悠紀主基《ユキスキ》の黒酒白酒《クロキシロキ》の大御酒《オホミキ》を、大倭根子《オホヤマトネコ》天皇《スメラ》が天《アマ》つ御膳《ミケ》の長御膳《ナガミケ》の遠御膳《トホミケ》と、汁《シル》にも實《ミ》にも赤丹《アカニ》の穗《ホ》にも聞《キコ》し食《メ》して、豊明《トヨノアカリ》に明《アカ》り御座《マシマシ》て、天神《アマツカミ》の壽詞《ヨゴト》を稱《タヽヘ》辭定《コトサダ》め奉《マツ》る皇神等《スメカミタチ》も、千秋五百秋《チアキイホアキ》の相嘗《アヒニヘ》に相《アヒ》うづのひ奉《マツ》り、堅磐《カキハ》に常磐《トキハ》に齋《イハ》ひ奉《マツ》りて、茂《イカ》し御世《ミヨ》に榮《サカ》えしめ奉《マツ》り、康治元年《カウヂノハジメノトシ》より始《ハジ》めて、天地月日《アメツチツキヒ》と共《トモ》に照《テラ》し明《アカ》らし御坐《マシマサ》む事《コト》に、本末《モトスヱ》傾《カタブ》けず、茂《イカ》し槍《ホコ》の中執《ナカト》り持《モ》ちて仕《ツカ》へ奉《マツ》る中臣《ナカトミ》祭主《イハヒヌシ》正四位上《オホイヨツノクラヰノカミツシナ》行神祇大副《カムヅカサノオホイスケ》大中臣《オホナカトミノ》朝臣《アソミ》清親《キヨチカ》壽詞《ヨゴト》を稱《タヽヘ》辭《コト》定《サダ》め奉《マツ》らくと申《マヲ》す。

○黒酒白酒、黒酒は藥灰を入れた酒、白酒は入れない酒。

○赤丹の穗に、豊明に天皇の御顏の赤く美しく輝くを申す也。

○相嘗とは相共に新嘗し奉る意にて俗に云ふ相伴也。

○康治元年、御七十六代近衛天皇は永治元年十二月七日受禪、翌康治元年十月十五日大嘗會。時に御齡四歳。

○行、位高く官卑き時に云ふ。

又《マタ》申《マヲ》さく、天皇《スメラ》が朝廷《ミカド》に仕《ツカ》へ奉《マツ》る、親王等《ミコタチ》王等《オホキミタチ》諸臣《オミタチ》百官人等《モモノツカサノヒトタチ》天下《アメノシタ》四方《ヨモ》の國《クニ》の百姓《オホミタカラ》諸諸《モロ〳〵》集侍《ウコナ》はりて、見食《ミタ》べ、尊《タフト》み食《タ》べ、歡《ヨロコ》び食《タ》べ、聞《キ》き食《タ》べ、天皇《スメラ》が朝廷《ミカド》に茂《イカ》し世《ミヨ》に、八桑枝《ヤクハエ》の立《タ》ち榮《サカ》え仕《ツカ》へ奉《マツ》るべき、禱《ホギゴト》を聞《キコ》し食《メ》せと、恐《カシコ》み恐《カシコ》みも申《マヲ》し給《タマ》はくと申《マヲ》す。

○見食べは、見給へといふこと也。

凡例（刊行趣旨）

一、本書は延喜式巻第八所載の祝詞及び、台記別記所載の中臣壽詞を收錄せるものにて、原文を假字交り書下し文とし、若干の註をほどこしたのである。

一、訓註はすべて、賀茂眞淵、本居宣長、鈴木重胤の說に從ひ、選擇に若干の考慮を加へた。就中重胤の「祝詞講義」は、先人の諸說を集め整へ、わが古典學上極めて重大な著述である。本書の訓註も主としてこれにより、現代の註釋は、參照しなかつた。

一、本書を上梓するについての趣旨は、現下聖戰熾烈の時に當り、皇軍に召されたわが諸友のために、これを贈らんとの志からである。特に昨年末には學生に召集の令下され、一時に多數の諸君を送つたのであるが、それらの若い人々が、陣中にわが神國の古意を祈念し、卽ち盡忠の道を貫く源泉となる古典を考へて、古事記及び祝詞の二卷を選び、これを餞として贈りたいと思つたのであつた。されど目下の出版界の事情にては、これの入手が悉く不可能であるのを知つた。こゝに於て、まづ祝詞式一卷を、自らの力で版に起して、諸子に贈らんことを計つたのである。されど學乏しく力足らぬ者のなすことゝて、訓註に當つてはしば〳〵取捨に困じ、ために日をへて事はかどらず、辛うじて諸友同志の助を受けつゝ、こゝに本書稿本を完成したのである。

一、本書は陣中の諸子の携行を慮つて體裁を考へたため、種々未しい諸點があるが、されどこの書によつて、初めて祝詞を誦する人のことを考へ、その訓註に心を勞した點が多い。陣中の諸子が、本書所載祝詞を日夜拜誦し、わが皇神の道を奉じ、神の畏しさを知つて、皇御軍に仕へ奉らんことが、けだしわが念願である。されば寒中夜を徹して、先人の註釋書を讀み、或ひは校正の筆をとることは、わが淺學未熟によつて、さらに心疲れるものがあつたが、されど本書を諸子に贈ることは、平時の出版でなく、いまや時を爭ふものがあつたことと、自らの貧しい道と學をこの機會に修めたいと思ふ念願とから、眠りをさいて事に從つた日も多かつたのである。皇御軍の道は眞にたゞ神の道にして、神代より萬古一貫の道こそ、萬づものの根本である。陣中の諸子が愼しみ怠らずして、深くこの道を體現さるることは、本書を贈るわが根柢の念願である。されば卷頭に謹載し奉つた、今上陛下の御製を深く祈念し奉り、畏き大御心に卽し奉ることが、今日の臣草のたゞ一途である。

一、本書の出版校正に當つては、猿渡秀彥、栢木喜一、早川須佐雄、大井靖雄の諸友の厚い共力を得たものである。殊に猿渡君は、原文全部を書寫し、印刷進行中の一切の面倒に當つてきたのであるが、本書完成の直前、俄にお召にあづかつたので、校正刷を製本して、これを懷中にして門出したのであつた。陣中の諸友に贈らんために、本書を專心作りつゝあつた君が、まづ自らの陣中の書としてこれを持參したといふことは、我々一同に感慨無限のものである。猿渡君は詩人である。小生がこの刊行を計畫した時、これが遂行を助けられ、進んで祝詞式の書寫を希望したが、官廳の多忙の仕事を終つた後にこれを淨寫し、數日のうちに書き終つたのである。しかもその草稿には、訂正のあとや、誤寫さへなく、殆ど脱落もなかつた。これはむしろ常ならぬ奇異の事と思はれて、我々の等しく深く感動したところであつた。本書を手にする諸子も、このことについて深く思はれんことを、わが心より望み、諸子の陣中に贈るこの小冊子にこめられた、我々の念願を汲まれんことを祈るのである。

一、また本書の印刷に當つては、我らの心持を感じて、再度組替への勞をいとはず、朱筆おびたゞしい校正刷の版を改めてくれた、印刷の當事者に深く感謝する。諸子も亦この一本を藏して、日夜拜誦し、以て眞の皇民の道に生きられんことを念じて止まない。けだしそのことが必ず、大いに皇御軍に仕へ奉る諸子の道の根本となるのである。されば我らの無理なるを入れ、難事を嫌はなかつた諸子の勞に對し、深く謝し念ずるのである。小生が再度の校正に常に新しく朱筆を加へ、組替の勞をさへ强ひたのは、單に一著作者の恣意にあらず、實に古意を正しく傳へ、道に忠ならんとの志によるものにして、これ又文筆以て君に仕へ奉るの念に發するのである。

一、本書は形は小であるが、その完成については我ら同人及び擔當者の深い祈願と盡力のこもるものであつた。されどそれは讀者たる諸友に强ひることでなく、我ら友どちみなが、各自の仕へ奉る道の厚からんことを念じてなした事である。さればこの小冊子の上梓に當つた、すべての者らの念願と努力が、必ず皇御軍の戰場に貫徹することは、小生の信じて疑はぬところである。

一、本書を戰友諸子に贈るのは、一箇の思想を強ひるためではない。たゞ我らが道に於て、同じく皇御軍に仕へ奉るとの一念のなすところである。されば諸君が、ひそかに深く謹み畏んで、いのちの本然のものを思ひ凝らすならば、必ず我らの一念と相結ぶであらう。これは我らが一黨派の思想を強ひるのでなく、相共に歸一し奉る一點にたどりつくの意味である。この一點の大本己が心魂に確立するとき、我らの心は神意によつて生き、現實に於てわが大君に仕奉る道の確然たるに到る。卽ち私は諸君に神道の一思想を強ひるのではないのである。生死觀、世界觀、政治論、情勢論などを以て、諸君の現實を規定する思想を強制するのではない。時々刻々に、わが大君に仕奉る道に、己が本然の心を燃燒せしめよと、この祈願を諸君に貫くためには、所謂思想を與へるといふことのよくするところではない。云はゞそれをなすものは文學のみである。さればかゝる日に生きよとも死ねとも云ふのではない。わが大君に仕へ奉る道に、その日その日を輝かしく燃えしめるやうに、おのづからに心を高め清め、己がいのちを激しく昂らしめたいのが、我等の願ひである。燃えねばならぬ日であると說くことさへ、わが趣旨とするところでない。燃えてゐるわが心の火を、我も分ち、君も分つやうな、大なる日を作ることが、わが文學の皇御軍に仕へ奉る道である。こゝに於て、國土平定當時の神話に、國つ神が、その靈の分靈を各地に鎭めて、わが大君、皇御孫命の御守護に仕へ奉りし、大なるさまをしきりに思ひ起すのである。されば諸君が、戰場に於ける日夜に、まこと皇御軍に仕へ奉つた瞬間を思ひ起し、心淸らかに魂の本然にかへるなら、銃火を離れた母國に於て、しづかにかすかな朝夕の煙を立てつゝ、念ずべき大なるものを信じて生きてゐる、日の本の民のくらしに、必ず心から泣くであらう。大御命のまに〳〵仕へ奉つて、この度の人爲の大世界戰の荒廢を救ひ、來るべき文化の母胎となるものは、かゝる神を信じて生きてゐる民の中にあることを信ずるがよい。すべての世界の知識階級が、信ずべからざる思想と情勢論を信じて、現實の動亂を納める政治を考へてゐる中で、皇御軍の根柢が、かの草深い山陰に炊の煙をあげてゐる、しづかな民草にある事實は、驚嘆すべきことである。彼らは今も八百萬の神々を信じてゐる。しかも信ずるとさへ言擧げせず、その神々の天惠に萬古不動の信頼を持してゐるのである。今や世界の最高智識は、生きてゆく上で信じてきた觀念の崩壞する日の近づきを痛感せずにはをれぬのである。しかるに我々が、その動亂の斷末魔に、信ずべきものを示すといふことは、考へてせずとも必ず起ることである。我々はその信によつて、その道のまに〳〵生きてゐるからである。わが神の道は、かくて今日の競爭場裡の一思想ではない。されば我らは言擧せずに、時々刻々に皇御軍に仕へ奉るのみである。これは戰の庭に立つも立たぬも變りない民草の道である。我々は戰爭の言擧に奔走してはならぬのである。さうしたことは、崩壞する國の文化人の、その日暮しの暮し方である。我らの道は萬古の道である。我らの歷史は、わが君に仕へ奉つた祖々の代々の語りつぎに他ならぬのである。歐米の戰爭指導者は、この世界戰爭を、人爲の結論として考へ、これを一掃する人爲人工を考へることに狂亂し、しかもその一排の期間の約束によつて、必ず次々に僞瞞を暴露したのである。されど、萬山重疊する如き、この戰爭狀態を、地上より一掃する大なる掃除器は、彼等の人力の内にあるものではない。靜かに考へるがよい。歐米の今次戰爭の原因は、さきの世界戰爭の殘殃の一掃といふことから、ひき起されたのである。さればむなしい人爲人工の力をこゝに思ふ時、わが國民の出で立つ兵士たちが、戰爭の人爲的一掃を考へず、そのための英雄心さへ口にせず、ひたすら皇御軍に仕へ奉ると出で發ちゆくことは、まことに驚くべきことである。これこそ皇御軍必勝といふ、現實面の一理由とあへて申せば、申すべきところであつた。世界戰局は、必ずその戰爭構想者の人爲人工の限度をこえ、その瓦解へと進行する。その過渡期には、形容を絶した動亂の大激化をひき起し、その影響は必ずわが皇御軍の現實の面を刺戟するのである。されど我々はこゝに當つて、その激化の樣相を靜かに眺め、その根柢が人力の必ず頽廢に到る限度にあることを見凝して、神州不敗の信を一段と確立するのである。こゝに、神の道に愼しむといふことは、今日の思想といはれる思想ではないのである。されば我々は、一つの思想を信ずる例の如くに、わが神の道を思想として形相化し、これを信じよと、人に向つて强制してゐるのではない。それはわが旨とする國學の態度でないのである。

神祭るわが日の本のてぶりには神のみ國のあかしありけり

昭和十九年二月十七日

保田與重郎識

祝詞式概說

一

祝詞はわが古典の中でも、最も古い傳承をもち、その發生は神代である。こゝで普通に云はれる祝詞とは、「延喜式」に所載せられたものであつて、一般文學史でも最も上古の文學として、通常「祝詞・宣命」と竝稱する。祝詞自體の用は、元來神語にして又神に申す言葉であるといふ二面を含むが、宣命體である點で、外形上からも宣命と一に考へられるのである。宣命はその最古のものも「續日本紀」以上には遡らぬけれど、文辭に於ては祝詞に通ずる點がある。又神に申す詞と天皇の大御言とにも、本質上通ずるものがあるといふことは、わが國がらを深く考へ、重大な文章文學の性質を考へると、多いに思ひ當るところがあらう。

さらに一般に云うて、わが古代より平安朝にかけての文章のみやびの根柢は、一言一句に、神竝に天皇の大御いのちのたゞようたものであつた。これがわが「言靈」といふ信仰に他ならぬのである。さうして實に平安朝までの文學のみやびには、根本にそれがあつて、武家時代に入つてからのわが詩人文人の念願のみちも、かゝる古の道を、已の文學として如何に守りゆくかといふ點にあつた。このことが日本文學史の大綱を理解する根本である。

さらにわが文學の根柢と本質に、古の祝詞のもつものに通じたものを考へることが出來る。わが文學は、つねに神のものをうつし、神のものに仕奉ることを根基とする文學であつて、その點で古代の手ぶりを守つてゆく文學である。これは一面では類型的な美としてあらはれる平板さもある代りに、つねに一面で節度のある深い清さを描き出す。されば近代の作家で、異國の文學を學んできた文人でも、一流の人であれば、必ず後年に於て、この節度のきびしい無限に靜かな深い美しさに感銘するに到つた。この美しさは一見淡々として平靜であるが、根柢のつよさは、はかり知れぬものがある。わが朝廷の文化的な抱容力とその典雅はかゝるものの極致で、殊にわが朝廷の盛時の大御代ぶりは、世界各國の古代文物の中に比較すべきものがない。一例として云へば、東洋思想流に人間界を脱却する悟りをひらいた無の思想の藝術は、世界文化上の驚異である、しかしこれを以て、わが神樂歌の清冽にして人ごころの殘映もないさまに較べると、彼がなほ人間を虛無脫却する境地の支へとして、觀念上の人間意力をおいてゐる點で、品下つた感をうけるのである。

さらに東洋諸國の古代の素樸な傳說と、わが神話を比較するなら、彼の傳說はすでに寓話化された痕跡を多分にもつてゐて、これが品下つた感を與へる。この寓話化といふことは、その古代神話の傳承民族が中途で亡んだためといふことが、一因であつた。已が血脈的生命の根源として、又今日の生命の據所として、もたれてゐる身上についての歷史が神話である。故に他から入つた者が神話を理解するためには、何かその者らが現實に立脚してゐる思想觀念の體系によつて、現實のものの比喩とか寓話としてしかそれを解し得ぬ。これが歴史の中斷であり、神話をくづす根本である。またこれが今日の日本思想の議論で、大本を謬つてゐる原因である。日本思想を、他國人の現實思想に納得させようとすることは、必ず彼等の現實の思想や體系に立脚して、それの比喩や寓話としてわが神話を解釋する態度となり、その解釋のための觀念論を立てることが思想戰の目標だと考へるに到る。しかもそれが時局がら海外宣傳用の有效な思想と考へられるだけに怖ろしいことである。

さてこゝでわが古典を東洋のものとだけ比較したのは、精神上の文物では、未だかつて西洋が東洋にうち勝つた例がないからである。しかもこのことは、私の獨斷的見解でなく、少くとも十九世紀歐洲に於ても、無雙の大詩人や獨創のたけた世界觀の持主のつとに認めてゐるところである。しかしかういふ見解は、東洋人を思ひ上らせるために云ふのではなく、眞理を簡單に云うてゐるだけである。さうしてかういふ結論だけを、幾度くりかへして云うてみても、その限りでは何の創造力をふくむ言葉の働もせず、その人が東洋人であつても、その自身がどうなると云ふものでもない。又その信念を實行すると云うて簡單に實行できる筋のものでない。しかもこのことも、空論をやめて先づ行へといふやうな簡單な實學派の議論ではない。さらに現實問題に入つて、議論か實行か、といふやうな問題にしても、今のところは一概にいづれとも云へない。一言に申せば、さういふ議論の立方が、本質としてよくないのであつて、今日では何かの調子づけの論が多く、それによつて動いてをれば、何かをしてゐると思はれ、實踐的なやうな氣になる。この安易さがよくないのであつて、實學流に行ふことよりも、むしろさういふ見地をすてて、對象と自己を見凝すことが大切だと云へる。しかしこのことについての根本の大事は、「御門祭」の祝詞の中の、御門の二柱の神の御あり方と御はたらきによつて悟るべきである。

さらに觀點をかへて、わが文學が祭りの文學であり、祝詞に通じたものを根柢としてゐるといふことは、描く心と描く對象の上にも現れるのである。近代の市民社會以後の文學は、市民社會的個人生活の日常をうつしたものであるが、これに對しわが古來の文學は、個人を寫す場合にも、個人に現れた靈異を描いてきた。この靈異の考へ方に神のものがあるのである。つまり近代文學は、市民的なものの考へ方や物欲や享樂から、史上の大人物を己の小俗情にひき下して扱ふのであるが、わが文學は凡人を描く場合にも、その人の一期の大切に現れた道德を描き、さらにすゝんでは靈異をうつすのである。卽ち戰場の異常な體驗を寫すやうな場合、近代文學者的な報道者ならば、その異常奇異の殊勳者の還境條件人物行爲を克明にしらべ、神わざの如き行動の背景をあくまで求めた上で、最後に於てはその人の體驗の談をきいて初めて報道完成の安心に達する。わが國ぶりの文學者も亦、還境條件人物行爲などの背景から體驗談迄をあくまで深く探究するが、なほそこを以て最後の安心とせぬ。眞にこゝでわれらの文人の描かうとすることは、その後の肉眼に見えぬ世界にあるのである。卽ちこゝに於て、神を見る文學、神を拜する文學、神を描く文學、つまり神に仕へ奉る文學といふものが、今の日常にも無數にあり、いたるところで描かれるものなることを知り得るのである。さらに我々の行爲を律する上でも、このみちがあるしかしこの場合には、個人の方法はあつても、一般的な思想の方法論となるものはないのである。近代の思想や文學に謬られたものには、なか〳〵に氣づき難いところであるが、むしろ進んで云へば、近代の思想と文學の限界を見極めなかつたものに理解されぬことである。恐らく日本人ならば、近代の文學思想の限界を探究すれば、必ず道おのづから國ぶりに拓けると思ふ。

右のことは、日本の文學といふものを考へる上で、祝詞がどういふ重大なものであるか、といふことにふれたのであるが、このことは勿論祝詞の中に描かれてゐることでないし、今日の文學論でも云ふところでない。また今日の國文學の人々の祝詞の註解講義には、かういふ話は出ないやうである。

二

延喜式の祝詞式として殘つてゐるものは、平安初期に記録されたものだが、それらの祝詞の根幹には、神代のまゝの部分が必ずあるのである。しかしその部分のどこが神代のものであるか、又どこが否かといふことは、云ひうるところでない。

しかも神代のものが大分に殘つてゐると考へられることは、わが國の祭は、さういふものであつたからである。つまり祭とは、高天原で遊した神事卽ち天つ宮事のそのまゝを傳へてゆくといふ點に大本があつて、これが國のおきてとてぶりを守ることであつた。このことは、明治天皇も御製にいく度も御さとし遊ばされたところで、それを單に祭の精神を守り、神を敬する思想を守り傳へよと御教へ遊したものと拝してはならない。天皇は神祭る手ぶりと、神代のおきてを守れと教へ給うたのである。

こゝが極めて重大なところであつて、精神と思想を守るのみなら、てぶりとおきては、時々によつて變更して、さらに良いと思ふ方法をとつてもよいといふことになる。ところがこの考へ方は、實に祭の大道に反し、一つの人爲思想に立脚するものであつて、それでは萬古一貫の根本不變のものと申せぬことゝなる。即ちそれは祭でなく、近代西歐風の所謂記念行事である。更にこの思想を押しつめると天命革命の説にいたるのである。根本の不變不動なる、神代の神事のまゝを傳へるのが、祭の大精神であつて、これは實に今日も、天皇陛下の御親祭遊す國の大典にあつては、畏くも御即位に高御座に即き給ふのは、皇御孫尊の天降のまゝにて、神代ながらの神事のそのまゝに傳へられ、こゝにわが神國の大本が嚴然とあるのを拝し奉る次第である。

されば神祭をただ精神とか思想で傳へることは、不變の道を忘れ、不變の道の大なるさまを考へない者の述べる、一種の革新論につながるものである。この革新論はさらに單純になると、一層いまはしい思想につながつてゐるのである。だから神祭を云ふ者は、これが高天原の神わざを神ならひしてゐるのであるといふことを忘れず、そのまゝに行ふことを念じねばならぬ。他のよいと思ふことを、祭に附隨して行ふならそのけぢめを明らめておく必要がある。このことは、大祓の時に、東西文部が咒を唱へ、祓刀を奉るといふ例が上代よりあるが、これはすでに早く、文部の勢力の増大につれて、懇願して加へられた私家の修法であらう。祓刀を奉獻するのは、大祓だから太刀は罪を拂ふによいと考へたかもしれぬが、これは大祓の古意から云へば、非常によけいな人ごゝろで考へたものである。卽ち人爲人工の良い考へにすぎない。しかしこれも古義の失はれた時代になると、却つて良いと考へられるかも知れぬ。さらに諸他の止むなき理由があつて、彼らにもこの大典に加ることを許し給うたのであらうが、その場合にもけぢめの明かだつたことが、當時の記錄に明記されてゐる。後世の人ごころで考へたよい考へ方として、むげに混入したのではないのである。すべての場合かくの如く行はれたとは强語し得ぬが、かくならまほしいのである。かゝるわけで祭は、神代の古事をそのまゝにくりかへすものゆゑ、その祝詞に多少後世の手が加つても、主たる大切な部分は、神代の傳へ事のまゝに殘つてゐると考へられ、又事實神代の傳へ事として「古事記」「日本書紀」にも見ぬ尊い古傳が、祝詞のみに傳つた例もある。或ひは祝詞によつて、他書によつては深く知り得ぬ事實が、明らかにされてゐる例もある。「鎭火祭」や「出雲國造神賀詞」の神話の部分にそれを見るのである。さうして、これらの古傳はいづれも特別に重い傳へ事である。

かく祝詞の中には、神代のまゝの傳へ事が多いのであるが、これが現存の形に制定せられた年代については、勿論誰も知らないのである。祭は古くとも、祝詞は新しい世に成つたといふべきものもあり、新らしい祭のものは、勿論その時に作られたのである。さうして止むなく改められ改つたといふ場合にも、必ず强力な保守の力の作用があつて、殆ど祝詞の祝詞たる原型の傳つたことは諾はれる。

六人部是香などは「大祓」「大殿祭」「御門祭」を最古のものとし、その作られた時を、「古語拾遺」によつて、神武天皇の御代と考へたが、眞淵は「祝詞考」の中で「出雲國造神賀詞」を最古とし、御代は舒明天皇御宇と考へ、「遷却祟神」「大殿祭」を持統天皇文武天皇御代に、「祈年祭」「龍田祭」等は新しく奈良朝の作と考へたが、いづれも根據のおぼつかぬ判斷で、「龍田祭」の如きは、如何にも宣長の云ふ如く、非常に古代の詞の旺んな作で、一概に制作年代を斷定するのは困難である。されば現形は、神祇式の成立する時代に卽して大體に整備せられて、延喜の御代におちついたのであらうといふ、宣長の漠然とした說に從ふのが妥當である。卽ち「大寶令」の頃か、近江朝のころにほゞ成文化されたものが、やゝ變化して延喜式にのせられたが、根幹はその以前もその後も、變りなく傳つたものと考へられる。「中臣壽詞」は「台記別記」に収められたもので、これは藤原頼長が、康治元年十一月大嘗會記の中で、近衞天皇の大嘗會に、大中臣清親の奏したのを記録したもので、この時代は平安の末期である。「延喜式」より數へても遙かに後の代である。文辭には多少の變化があるであらうが、全體としてみると、非常に古代のまゝの祝詞である。大嘗會の如き重き大典の壽詞だから、殊に古を守つたのは當然であるが、それにしても驚くべきことの一つである。以て祝詞に傳へ殘された、古道の神代ながらの尊さを知るべきである。

　こゝに祝詞制立についての宣長の說として、古くして近江朝時代といふのは、儀式典禮の編撰といふ成文上から考へたものである。上代の儀式典禮を記したものでは、天武天皇十年四月に「禁式九十二條」制定云々の記事が、「日本書紀」に見えるが、この本は世に傳はらぬ。かくて普通には「大寶令」が周知である。この頃祝詞式の原型の如きものがあつたか否かは不明だが、續紀文武天皇二年七月の條には「別式」の事が見え、この中に祝詞式のふくまれしか否かも知る者はない。ついで「弘仁式」「貞觀式」と進み、この間他にも制度典禮についての著述はあつたのである。かくて「延喜式」五十巻が完成したのである。

この「延喜式」五十巻は、我國家にとつて、極めて重大な古代の典籍である。延喜の大御世の光輝の一つを擔ふやうな大著述であつて、これは弘仁、貞觀の二式を併せて整理したものだが、ともかくわが制度を學ぶ上で重大な書物であるため、復古の學をなす者の、必ず學ばねばならぬ典籍であつて、常に机邊におくべきものである。維新復古の思想に於て、延喜の大御世が理想と考へられ、近い明治維新の場合にも、殆ど最後まで延喜復古說が勢力を振つたのは、實際上の祭卽政治の復古の大典を考へた時、いつの世にもふさはしいほどの大文明を顯現する儀式を明示してゐるのが、延喜時代であり、それはこの延喜式があるからである。「延喜式」は、古い祭政についての根本の記錄である。大典を中心とする復古の場合、延喜復古が考へられたことには、色々の理由があつたのである。普通誰が考へても、さらに一段古にかへり、神武天皇大御代に復古するといふことの方が、ふさはしいことであるが、大典を行ひ奉り、仕へ奉ることは、なかなか容易ならぬことであつて、その上つ代のことは、さほどに明細の記錄がない。されば中古の典禮をしらべて、この中から古意にかなふものを選ぶといふことが、復古の學の根本であるが、これ亦なか〳〵のわざでは出來ないことである。されどわが國學の人々は、古典を次々に對照研究し、これがよみ方を了知し、古のさまを眼のあたりに見る如くに明らかにしたのである。こゝに到つて、初めて復古の大自信は有職上で立つわけである。宣長といふ人の神眼がなければ、誰一人としてかくの如くに古記録をよむといふことは出來なかつたのである。卽ち宣長の偉大さといふことは、今日單純にその思想として說かれてゐる類のことでないのである。宣長は一見すれば、覺書にすぎないやうな、古代の記錄の羅列を指して、そのよみ方を我々に教へた。それを彼の教へるまゝにたどりよめば、古の朝廷の尊貴典雅な祭典は、我らの眼前に彷彿とするのである。我々はこれによつて、肉眼で天皇の尊貴と朝廷の典雅をありありと拜し得たのである。これは古典とも、平安朝の物語とも、自ら異る形で描かれた宣長の大なる文學である。こゝに描かれたことは、畏きみかどの尊貴典雅に他ならぬ。さて「延喜式」は、藤原時平、及びその弟の忠平他四名で撰上した。初め時平、延喜五年八月敕を奉じて撰する途中に薨じ、延喜十二年二月弟忠平がうけついだ。つひに功終つたのは延長五年十二月二十六日で、この日奏上した。この間二十三年を要し、まことに國家的大事業である。かくて四十年後の康保四年七月九日に諸國に頒布せられた。

　この巻第一から巻第十までが神祇に關するもので、祝詞はこの巻第八に入つてゐる。さうして九、十が所謂「神名帳」で、全國の官社を記載し、わが上代の國土文化を研究する上の重い史料である。今もこの「神名帳」に記載された神社を式内社と呼び、これは各地に於て由緒ある社として、殊に尊崇せられるものである。この神祇關係の部は、五名の撰者中に神祇伯大中臣安則の名があるから、この人が主任に當つたものであらう。さうして古代日本の祭祀を知り、祝詞を解するについては、この「神祇式」十巻を知ることが必要であるが、今日では重胤の「祝詞講義」や「古事類苑」の「神祇部」にたよつてこれをよむのがよいと思はれる。さて自分らは子供の時代に時平が國に重大な大學者であつたことは深く印象づけられたのであるが、それを具體に了知したのは延喜式の意義を知り、そのよみ方の僅かの外相を悟つた時であつた。

この式といふのは、律令格式と呼ばれる中の式で、律は懲粛を宗とし、令は勸誡を本とし、格は時を量りて制を立て、式は卽ち闕を補ひて遺を拾ふとあつて、四者相まつて國家の垂範とした。卽ち今日の法曹に當るものである。古來の學者にあつては、國典をよみ國史を學ぶ上の基本とした學問であるが、今はさうしたことは少ない。さういふものを知らずに、されば尊敬せず、專ら近代思想で國典國書をよんでゐるのは、學術低下し邪説横行するの根源である。但し律令格式のみから國典をよむといふ政治上の思想は、近代の現實の教へとしては不備もあり、古義を明める點でも、未しいものである。

三

一般に文學上で云ふ祝詞は、この「延喜式」に收められた二十七篇の祝詞及び、神賀詞一篇、他に「台記別記」の壽詞一篇であるが、他にも祝詞の形と意をもつたものが、記紀その他に見られる。それらのものを一二あげると「古事記」の國讓りの條の末尾のところに、大國主神が、出雲國の多藝志之小濱《タギシノヲバマ》に天の御舍を造られた時、水戸《ミナトノ》神の孫の櫛八玉神《クシヤタマノカミ》が膳夫《カシハデ》となられたが、その時この櫛八玉神は禱ぎ申して、鵜に化つて、海の底に入り、底の埴を咋ひ出でて、天の八十平瓮《ヒラカ》を作られ、海布の柄を鎌りて燧臼《ヒキリウス》に作り、海蓴《コモ》の柄を燧杵に作つて、火を鑽り出した。この鑽火《キリビ》を以て大國主神の大御饌に仕へ奉るのであるが、この鑽火の時に祈つたことばが出てゐる。

　この我が燧《キ》れる火は、高天原には、神產巣日御祖命の、とだる天の新巣《ニヒス》の凝烟《スス》の八拳《ヤツカ》垂るまで燒《タ》き擧げ、地の下は、底津石根に燒き凝して、栲繩《タクナハ》の千尋繩打ち延《ハ》へ、釣らせる海人が大口の尾翼鱸《ヲハタスヽキ》、さわ〳〵に控きよせ騰げて、折竹《サキタケ》のとををとををに、天之眞魚咋《マナグヒ》獻らむ

と、申された。この詞はまことにめでたい古語であつて、大意はさかんに火を燒いて食物を作り、又海人が海より獲た澤山の魚をお供へするとの意である。この古語の中の「とだる」といふのが難解で、宣長が祝詞に出てくる「血垂り」と、ひき比べて考へたところである。ともかくこの詞は、祝詞の形の上で一つの原型と考へられてよい、古代の美文である。又「出雲風土記」には語臣猪麻呂《カタリノオミヰマロ》が、神に祈つたことばのまゝが出てゐる。これも素樸なことばのまゝを誌したものであるが、それだけに、祝詞の形式に整はぬ以前の、願望祈願の口狀を示してゐる。しかし猪麻呂は飛鳥淨御原宮御宇天皇（天武天皇）の頃の人だから、時代としては新らしく、必ずしも神代上代の人が神に祈願した場合の、唯一の典型的なものと斷定はできぬが、この祈詞も非常に尊い古文である。その話は猪麻呂の女子が

毘賣埼で和爾（鰐）に食はれて死んだ、猪麻呂はその死體を埼の上に斂《ヲサ》め、數日間は天に號ひ地に踊り、吟び居ては嘆き、その墓を去らなかつたが、かくするうちに、慷慨《イキドホリ》の心を興し、弓矢矛を選んでこれをもち、神を拜するによい場所へ出て、神に祈つた。その時の詞に

天神《アマツカミ》千五百萬《チイホヨロヅ》、地祇千五百萬、竝べて當國《コノクニ》に靜りまします三百九十九社、及び海若《ワタツミノカミタチ》等、大神の和魂《ニギミタマ》は靜まりて、荒魂は皆悉に猪麻呂が乞《コヒノ》む所に依り給へ。良《マコト》に神靈《オホマ》有しまさば、吾が傷めることを助け給へ、此を以て神靈《カミ》の神たるを知らむ、

このやうに祈つてゐる。すると、神慮たちどころに現れて、女子を嚙んだ鰐を退治し得たのである。ところでこの場合に注意すべきところは、墓の傍で悲しむこと數日にして、「然る後にいきどほりの心を興して」とあつて、いきどほりの自らたくましくなつてくるさまを、おのづからのものとして描いてゐる。悲歎から慷慨に變るところで、いきどほりといふものが人爲でなく、靈異の力なることを明らかにしてゐる。さらにその祈願の言葉の中に、願事をあきらさまにあらはに描いてゐない點も深く味ふべきであらう。卽ち願ふことは心にこめて言擧せず、たゞひたすらの心の、神に通ふことを祈つてゐるのである。これは祈願の祝詞の必しも典型と申せぬであらうが、近世の祝詞ならば、必ず多くこゝで事情や情勢情況を言擧する。これら近世の祝詞は主として有志の人が、憂國の心情より描いたものだから、情勢說明の加はるのは無理ないところであるが、これが一歩謬れば、人に說くべき言擧を、神の御前に申すといふ結果となり、困つたこととなるのである。皇神は

必ず國民の祈念の起る情況について熟知されるゆゑに、祈る神に教へ奉るかの如く申すのは不敬である。たゞひたすらわが情を申すのである。故に他人に教へるための言葉を、神に申すなどはもつての他のことである。神を前にして、人に強ひ、或は教へる言擧を敢てすることは、己の人間俗情を口にして、他人の人ごゝろに聞かせんとするものに類するから、こゝが祈願述志の大切なところで、この祈願述志を深く愼しみ考へなければ、神に教へようとする如き冒瀆に陥るおそれがある。これは心ある者の愼むべきことの一つである。それは「龍田風神祭」の祝詞の如きを考へて、よく了解すべきことである。述志と祈願は、非常に微妙な契點の差であるだけに、文學の道から考へて大切な肝心の點である。つまり人に訴へることばは、神前に申してはならぬ。しかもこれがまた、大丈夫の志す文學の根本信條でなければならぬ。人に訴へる言葉を云はず、神慮竝びに人ごゝろの底なる神意に傳ることばを云ふことが、わが國の文學のみやびに通ずる根本である。

　次に神功皇后の三韓征伐の時に、新羅王はわが皇御軍を、神國の神軍來ると怖れ畏んで、戰はずして降服したが、記に出てゐるその時の新羅王の言葉に、

　今よりゆくさき、天皇の命のまに〳〵、御馬甘《ミウマカヒ》として、年の毎に舟雙《ナ》めて、船腹乾さず、柂檝《サヲカヂ》乾さず、天地のむた、とことはに仕へまつらむ。

と、申した。これも神を祭ることばに他ならぬのである。「日本書紀」にも大體同じことばで、

　今より以後、長く乾坤とともに伏《シタガ》ひて、飼部《ミマカヒ》となり、その船柂を乾さずして、春秋に

馬の梳《クシ》及び馬の鞭を獻らむ。復海の遠きに煩《イタツ》かずして、以て年毎に男女の調を貢らむ。則ち重ねて誓ひて曰く、東にいづる日更に西より出づるは且《シバラ》く除《オ》く、阿《ア》利《リ》那《ナ》禮《レ》河の返りて以て逆に流れ、及び河の石の昇りて星辰《アマツミカホシ》に爲るに非ずして、殊に春秋の朝《マヰデ》を闕き、怠りて梳鞭の貢を廢めば、天神地祇共に討《ツミナ》へたまへ、

と、このやうに申した。畏き神なる天皇に仕へ、天神地祇に誓ふといふ形に於て、形こそ降服であつても、神と一つとなるのである。天神地祇に誓つて、天皇に仕へ奉る日に、誰人と云へども、初めて神國と一つとなるのであつて、これをゆめ忘れてはならぬ。さうしてこれは、政治權力などに立脚する聯合や同盟といふ人爲人力間の約束でなく、さらに高尙な神の約束であるといふことを十分に知る必要がある。この間の事情に通ずることが、今日の國際間の政治外交の動きに對して、皇道を確定し、これに生きる根本の安心となるのである。

なほ壽詞、祭文、といふのも大體祝詞と同種のものであつたが、祭文では「宮咩祭」が名高い。しかしこれは後世平安時代になつてからのもので、滑稽をさかんに加へてゐて、藝能發生の源を知りうるものである。この藝能と滑稽の根柢は、神を喜ばしめ奉らうとの意に出るものである。宣長は「後世のいと拙きものなり」と云うてゐる。その文言を云ふと「橘の忽に、餅の持て栄に、鯛の平に、鱒の彌益々に、鯔《ナヨシ》の好しに好しに、鮑の片思ひ、蠣の掻寄せて」といつた拙い類のものである。「出雲國造神賀詞」中にも、これにや、似た用法のものがあるが、よくひきくらべて古文のみやびの極めて高いあり方をさとるとよい。

また「延喜式」巻十六の「陰陽寮式」に「儺祭《ナマツリ》」の祭文といふのが出てゐる。これは陰陽師のよんだもので、前文は祝詞式に出てゐる咒のやうな漢文體で、後半は宣命體である。平安初期に出來た新しいものだから、あへてこゝにひく必要はないと思ふ。

祭文と祝詞といふ言葉とは、殆ど同一に扱はれてゐて、平安時代にはすでに同じやうに用ひられた。しかし告文といふのは、同じ性質でも、平安時代以後のもので、上代の文學と關係はない。

それに較べると壽詞といふのは、多少性質が異るやうにも思はれるが、祝詞の中で宣祝詞と申祝詞を分ち、申祝詞として激しく願望祈願を申すなどのことは、後代の風で太古はひたすら神意を畏み、神意の照覽を信じてゐたから、申祝詞は「ほぎごと」としてほがひの吉言《ヨゴト》といふ性質が多い。しかし祈願述志で、古意か近代心理かといふけぢめは、形の上で云うても仕方ない。これを一讀して判斷する眼を養ふことが、古學の目的である。かくて祝詞は、神、天皇の「のりごと」であることを主幹とする一面、神や天皇に返事《カヘリゴト》の祝詞を上つて、仕へ奉る道を壽ぐといふ意に出たものも多いのである。しかし祭典の場合は、それも祖業のまゝをうけつぐことが根本である。祝詞式中の「出雲國造神賀詞」は、かゝる意味では、ほぎごとと祝詞の兩意をかね、國造家の神祖が、皇祖神に仕へ奉つたまゝを、後の國造が代々の天皇に仕へ奉る祭である。さうして之が祝詞の古文の典型と考へられる。特別にあげた「中臣壽詞」は、天つ神の大御命を受傳へ奏し、吉言の性質が多い。大體に祭文吉言は同性質のものである。しかしひつきやうするに、神を祭ることと、天皇に仕へ奉ることは、根本一つである。天皇に仕へ奉る道の根本として、高天原の古事のまゝを傳へ、その形を守つてゆく行事が祭であるから、祭は又仕へ奉る道と一體である。卽ち歴史といふのもこの傳承であり、つまり「勤皇相續」が歴史の道である。さうして代々の天皇に仕へ奉つた形のまゝを傳へることが、卽ち又祭である。これの最も近い例は、明治天皇の御巡幸を御迎へ申上た日のまゝの行事を、その日以來毎年同日にくりかへし行つてゐる土地があるが、これが實に祭の本意である。天皇親臨遊して閲兵さるる御好例は祭である。しかるに宋國の式典を元國でうけつぎ、又明國でうけついだといふことは、つながるものがないから祭ではない。祖神を對象とする祭でなく、看客を相手とする式典の一種である。

さて壽詞といふのは、今では餘り傳つてゐないが、多數あつたらしく、萬葉集の歌にも現れてゐる。又卽興に吉言を誦する例もあつて、その一二例は殘つてゐる。萬葉集巻十六の乞食者《ホガヒビト》の歌も、卽興の吉言が、すでに職業化した例ではないかと云ふ。普通知られてゐるのは、顯宗天皇御紀に出る弘計《ヲケ》王の室壽の祝言である。

築《ツ》き立つる稚室葛根《ワカムロツナネ》、築き立つる柱は、此の家長《イヘキミ》の御心の鎭《シヅマリ》なり。取擧ぐる棟梁《ミネウツハリ》は、此の家長の御心の林なり。取り置ける椽橑《ハヘキ》は、此家長の御心の齊《トヽノホリ》なり。取り置ける蘆《エ》萑《ツリ》は、此の家長の御心の平《タヒラギ》なり。取結べる縄葛《ツナネ》は、此の家長の御壽の堅《カタメ》なり。取葺ける草葉《カヤ》は、此の家長の御富の餘なり。出雲は新墾《ニヒハリ》なり。新墾の十握《トツカ》の稲の穗を、淺甕《アサラケ》に釀める酒を、美飮喫哉《ウマラニヲヤラフルカネ》、吾が子等《ヒコヒトタチ》。脚日木の此の傍山《カタヤマ》の、牡鹿の角擧《サヽ》げて、吾が儛はれば、旨酒《ウマサケ》餌《ヱ》香市《カノイチ》に直以《アタヒ》て買はず、手掌憀亮《タナソコモヤララ》に、拍上げ賜へ、吾が常世等《トコヨタチ》。

かく壽ぎ終られて「稲むしろ川そひ柳水ゆけばなびき起き立ちその根は失せず」と歌つて立出儛《タツツマヒ》を遊ばされた。當時弘計王は御身をかくしてゐられたが、こゝで始めて御身柄を明されたのである。弘計王は顯宗天皇の御名である。

この室壽はまことに古文のみやびをつくしたやうな美しい文である。この祝言の遺風は、ずつと最近まで、藝能の面にも殘つてゐて、正月などには行はれた。貧しい藝人の技となつてゐたが、最もみすぼらしいものが祝言を云ふのがふさはしいといふことも考へられるが、みすぼらしい者が一朝に輝き、靈異のものや貴人がみすぼらしい形をしてゐられるといふことも、よくある物語である。さうして一度身をあらはすと光輝あたりに輝くのである。これは身をかくす謀略の方でうけとれば、こゝで靈異がなくなるし、實際にさういふ場合には、必しも謀略の韜晦と云へぬものがある。

さて祝詞や壽詞の中に、神の詔勅が宣られ、こゝに國の大法があり、又まことの生命をふくむ文章の道と、一方では仕へる道より出る藝能の根源があつたといふことが、大略わかつたと思ふ。さうして畏き神に仕へる神職が、初め怖れられつゝ、敬遠され、やがて輕んじられ、藝能者の方へおちぶれてゆくのが、遺憾ながらわが國の生活面の歴史をなしてきたのである。

四

祝詞といふ語は、古くは「のりとごと」と云ひ、これは「のりごと」とも云はれ、「のりと」は後には「のつと」「のと」とも云はれた。のるは宣、又告に當り、「宣説言」と宣長は解してゐる。しかし「のりとごと」の「のり」を典と解し、禮法、典範の意と考へ「と」は「津」の意の接辭にて、「こと」は「言」と考へる者も多い。

さて神の畏さといふことは格別言外のもので、それは神罰といふやうな考へ方ではつひに理解されぬものである。こゝに於て申祝詞と宣祝詞を別ち考へるやうな場合でも、「申す」方の祝詞にも、人爲のものはないのである。また「天つ祝詞の太祝詞」といはれる類のものには、眞銘の皇祖神の詔命であるものがある。又神代高天原より傳つたから「天つ」と呼ぶのもある。さらに天皇の敕もかく申した。「大祓詞」の中の天つ祝詞は、さういふものとして神代より傳へられた天つ祝詞が、別に唱へられたとも考へられるが、自分は大體この大祓詞をさして天津祝詞の太祝詞事と呼んだと考へる。「鎭火祭」の中の「天つ祝詞」も同様に、この祝詞の中に出る神代より傳へられた神語である。「道饗祭」の例も、この祝詞自體をさしてゐる。かくて「中臣壽詞」に出る天津祝詞については、重胤は「大同本記」に出る御祖命の教へ給うた「天忍水と云て」とあるのが、この場合に當るものだと申してゐる。これは天神の詔命であるが、それによつて祝詞の語義をうちつけに詔詞とのみ解することには無理もある。たゞ古代の祝詞は大たいに詔命と解され、詔命を祝詞としたところに、我が古人の祭の本質があり、又信仰の尊さも現れてゐるのである。なほ重胤は、太祝詞の太は美辭といふ説を排し、くりかへし唱へる意味が、太の意だとしてゐる。

いづれにしても、申祝詞と宣祝詞とは形の上の區別であつた。「大祓詞」に對し、私人の奏する「中臣祓」の形が出來る頃に、神を畏む情や信ずる情が言擧げされねばならぬ事情に人心到り、多少中祝詞の意が變化してきた。しかしこれは武家時代以後さかんになることで、中と云ひ宣と云うて別つても、本質は神意のみで解されるのである。

かくて祝詞の根柢は言靈の信仰であつたことは申すまでもないことで、言靈の信仰は古もあり、勿論今もあるものである。これは單に今日の意味でことばに靈異力があるといふ形だけでは理解されぬ。だから善いことを云へば、善くなるとの信仰が言靈の信仰であるといつた、淺い言ひ方で終つてはならぬのである。君に仕へ奉り、神を祭るといふ道が、明確になれば、必ず文章文學に、天皇や神のみいのちが現れてくる。これは文章文學の道として容易ならぬことであるが、その極致を多少おぼろげにでも解するに到れば、これが言靈と云へるのである。

しかしこのことは、なまじひに智識を學んだものには、容易ならぬことと思はれる代りに、一方では、今でも素樸な日本の土俗を生きてゐる人の、言葉への思ひの根柢には、必ずこれがあるのである。

だから古代の信仰といふ形に國史を切つて、古道のことを述べる學者の多いことは我々の非常に遺憾とするところである。しかし文章の中に神のみちを見なくてはならぬと強ひて云はせる組織を作ることも、決して我々の態度ではない。こゝでは思想を作ることも、組織を作ると同じである。我々は人々がそれを即座直接に見るやうな状態になるやうに、そのことに資するための文學をなしてゐるのである。だから神を信ずることが大切だといふ思想を強制することは我々の任務でない。さういふ思想で天下を制するためには、權力によることが最有效だが、我々はこゝで權力によらず文學によるといふ眞意は、我々の使命は強制することでないからである。

しかしかういふ一面で、太古の人々の道を、今の道として見るすべを知らず、又その心のない近代の學者が、すべての古の道をたゞ「太古日本人の信仰」といふ形で智識化し、理解したと考へてゐることが、結果として困るものである。しかしその人々は日本人の萬世一系の道に生きてゐないのだから當然のことである。その學問も萬世一系に生きる心から生れ出たものでなく、異國の學術によつてわが道を納得しようとする。卽ち異國の俗に生きてゐる學問である。これが卽ち今日の漢ごゝろである。このことを結果から云へば、彼らは神話からつゞく國史を中斷するのである。時代的には歷史に於て神話を中斷し、祖々と我々子孫の生命をうちきるのであるが、現實的には神にまします大君と民の間を、あなかしこ、離斷奉ることとなる。さういふ形で、天皇の尊貴を如何に言擧しようとも、その考へ方は天皇機關說の一類となるのである。このことは、あきらかに云ふことが、すでにいまはしいことであるから、同憂の深く考へて欲しいところである。

さういふ人々の場合には、祭を觀念的に解することとなり、天皇の尊貴をも、觀念的にしか解し得ないこととなる。こゝに於て、例へば近代の國家論や哲學によつて、天皇の尊貴を理窟づけ、絕對最高として、天皇を奉つても、その絕對とか最高といふことが、近代國家論や近代哲學の體系の中の絕對最高であるに他ならぬ。かくて近代の體系のために要請した神や絶對が、日本國では天皇にましますといふやうな邪説をなし、しかもその本人はそれによつて、國家に忠であると考へてゐるから眞に困るのである。あまつさへ、さやうに云はねば異國人が納得せぬから、便法としてかくの如く説くのだといふことは、當の本人に納得できないといふみじめさを示すものである。しかし近代の思想を學んだ者はともかくもあれ、國文學者とか古典學者とかいふ人々が、神話や太古の道を云ふ上で、これを古代人の信仰といふ形で、今日より切離してあげつらひ、現代人の生命や常識と隔離して、此を論じてゐるといふ事實は、さらに怖るべきことである。のみならずそれらの人々は、さういふ言論によつて、目下日本人の信條としての大切なものを、教へてゐると考へてゐることが、實に慨しいことである。日本人に大切なことは、國際學問上から、太古日本人の信仰を知るといふことでなく、我々が生きてゐる神話の生命を、現實にさかんにたくましくするといふことにあるのである。しかるに今日では、神話より一貫する道を切斷する古典研究をなして、國民精神の振興に從つてゐると考へてゐる古典學者が多い。敢て名をあげて申さぬが、この點を考へて欲しいと思ふのである。

かういふ意味から、祭政一致といふやうな思想にしても、殆ど漠然と感じられた時には、必ず人心古ぶりのよいことが根本にあるのだが、それが言擧げされると、その間にしばしばあらぬ議論となることが多い。つまりこれを道として明らかにせぬゆゑに、漠然と知つた時には道によつて味つたものであつても、これを言擧して人を納得せしめようとする時に、道ならぬものとし、つひに生命の原理を覺えず、生存の上で必要のものと考へるに到る。

これが本末顚倒論の相である。

古く我が國の「まつり」といふ言葉は「まつりごと」と同じものであつて、宣長の說に、天皇が神を祭られるのが「まつり」であり、「まつりごと」は臣下が天皇に仕へ奉ることだと解した。これは「まつろひごと」と同意と考へてゐる。「まつる」（奉）「まつる」（獻）「まつらふ」（服従）みな同一の語と考へてゐる。天皇、神はもとより御一體にて、代々の天皇は、すべて高天原の古事をふみ給うて、又神祖皇祖神の事依さし給ひし皇御孫命に御坐す故に、こゝに「まつり」と「まつりごと」とを、宗教と政治といふ風に、今の世の觀念で分つのはよくないことである。「まつり」「まつりごと」はいづれも、天皇と神に仕へ奉る意味である。

普通に云ふ祭政一致は、わが國體、國史のよるところであつて、これはこと良かれかしとして考へた人爲の思想でない。われらの生存の根柢となつてゐるものである、ゆゑにわが生存に立脚して、その思想的の良否有效を、あげつらふべき類のものではない。されば神祭りを思想の大切なものとして云ふのでなく、神の畏さにふれるやうに、日本人おのづからの生活に立ち返ることを、我々は自他に努めるのである。さうしてわが國の神の畏さは、必ずしも世間尋常の、宗教的狂信の雰圍氣の中にのみ出顯するのではなく、つねにおのづからな民のくらしの中にも現れるといふことを、我々は己の歴史に於て回想したいし、又國史に於て回想したい。さうしてそれを回想しうる本然の國民生活をなさねばならぬのである。今日神祭りの一時に復興する現象を見ると、たゞ思想觀念が先行し、これを以て思想政策の具たらしめんとするかの觀さへあるが、これは神の畏さが祭の根本になつてをらぬからである。されど形思想はともあれ、おのづから神の畏さの回想が起るといふことを、自分は勿論信じてゐるのである。これ神州の理にして、神敕の證であり、これなくて神國不滅の必勝信念もあり得ぬからである。

五

祭の本體は、高天原の手ぶりをそのまゝ行ふことである。神代の手ぶりとおきてをそのまゝ傳へるのが根本である。皇御孫命の天降りが、そのまゝ世々の皇位繼承にくりかへされることは、祝詞を見てもわかる通りであるが、民も亦その時に仕へ奉つたまゝをくりかへすのが、わが神祇の祭である。卽ち祭は具體の手ぶりにあるわけである。これは今日も、祭を精神とか觀念とかに抽象し、或は何かの寓意として見てはならぬ根本の意味である。もしかゝる方法で見れば、祭を、時宜に合せてさらに有效な鍊成や娯樂にかへ、その精神觀念を口で唱へればよいと考へるに到るのであるが、さやうなことは、傳はる祭でない。人爲の革新論の着想は、しば〳〵かゝる形に陷つて、わが古の道の實體をくらくするのである。祭は「神代」のおきてを傳へる手ぶりである。たゞ後の世の止むを得ない事情で、附け加はつたものがあり、良いと考へて加へられたものもある。これが文明の一樣であるが、本質は不變にして、しかも不變のものに於て、その仕へ奉る形を深く考へねばならぬ。かりにいへば佛陀の教へも、電氣といふからくりも、これが神に仕へる名分を正しくしてくれば、問題はないのである。普通に民はさういふ形で何も考へずに、文明の利を御代の恵みとしてうけてゐるのである。しかるに今日では電氣を起すからくりの方を旨として、これを増強するために、人も神もこれに仕へさせようとする傾向がかなり濃厚である。これは愼しみ怖れねばならぬことだし、又さう云ふことは、からくりの増强とはならぬと思はれる。

さて祭の形式は、必ずしも一つではないが、大體に於て、おのづからの中に決つた形がある。これも神代の古事を傳へるからである。まづ神を招くものを建てて、神を招き、幣物を置足はして、稱辭竟へてのち、饗宴に移るのである。神代に於ても祭は多々あつたが、今傳つてゐるのは、天岩戸より皇大御神の出御を迎へるための祭である。皇大御神が天岩戸に御籠り遊されたので、忽ち天地は常夜《トコヨ》ゆき、萬の妖が起つた。

是を以て八百萬の神、天安河原に神集ひ集ひて、高御産巣日神の子思金神《オモヒカネノカミ》に思はしめて、常世《トコヨ》の長鳴鳥《ナガナキドリ》を集へて鳴かしめて、天安河原の天堅石《アメノカタイシ》を取り、天金山の鐵を取りて、鍛人《カヌチ》天津麻羅《アマツマラ》を求ぎて、伊斯許理度賣命《イシコリドメノミコト》に科《オホ》せて、鏡を作らしめ、玉祖命《タマノヤノミコト》に科せて八尺の勾璁《マガタマ》の五百津の御統の珠を作らしめて、天兒屋命布刀玉命《フトダマ》を召びて、天香山の眞男鹿《マヲシカ》の肩を内抜《ウツヌ》きに抜きて、天香山の天波波迦《アメノハヽカ》を取りて、占合《ウラヘ》まかなはしめて、天香山の五百津眞賢木を根掘《ネコジ》にこじて、上枝《ホツエ》に八尺の勾璁の五百津の御統の玉を取り著け、中枝に八咫鏡を繋け、下枝に白和幣青和幣を取り垂《シ》でて、この種々の物は、布刀玉命太御幣と取り持たして、天兒屋命太祝詞言禱《ネ》ぎ白して、天手力男神戸の掖《ワキ》に隱り立たして、天宇受賣命、天香久山の天之日影《アメノヒカゲ》を手次《タスキ》に繋けて、天の眞拆《マサキ》を鬘として、天香山の小竹葉《サヽバ》を手草に結ひて、天之石屋戸《イハヤド》に覆槽《ウケ》伏せて蹈みとゞろこし、神懸《カムガヽ》りして、胸乳《ムナチ》を掛き出で、裳緒《モヒモ》を陰《ホト》に押し垂れき。かれ高天原動《ユス》りて八百萬神共に咲《ワラ》ひき。

これは古典の重い文章中でも大切なものの一つであるが、また非常によい文章である。

この祭典の順序は、わが祭りの根本となるもので、まづ長鳴鳥（鷄）を鳴かせて邪氣を祓ひ、次に祭典の器具を作る。そののちに太卜にトつて日時奉仕者祭の器具を定め、次に榊を立てて鏡玉をかける。これは神を招くために建てるのである。この榊の蔭にゐて神主が祝詞をよむ。こゝに神主とは神と神を祭る大衆との中介の役をなし、即ち中を執りもつ役である。上代は中臣、忌部兩氏の所管であつた。かくて次に神樂が奏される。これは女性の役で笹を手にして舞ふ。「古語拾遺」にこの時の神樂のことを、「庭燎《ニハビ》を擧て、俳優《ワザ》を作して相與に歌ひ舞ふ」とある。「古語拾遺」もこの記の文章と大略同じ記述であるが、多少詳細な古傳を誌してゐて、祭りの器具の品目を多くあげてゐる。記には大刀のことが出てないが、拾遺を見ると、天目一箇神《アメノマヒトツノカミ》が、多くの刀斧《タチ》、鐵鐸を作られたとあり、又瑞殿《ミツノアラカ》を作られた神のことも誌してゐる。この天岩戸の祭に仕へ奉つた神々の子孫が、神武天皇の肇國の大祭に同じ職掌で仕へ奉つた。これが天職である。さてこの文章はいづれも上代の祭典の典型である。この形で祭は行はれ、此が古今一貫して今も行はれてゐるのである。天鈿女命の神樂を見て群神がどつと笑はれたといふところは、まことに上つ代の淸けく明らかなところであつて、これは今の觀念ではあり得ぬところである。

神武天皇大和御平定の時の記事は、「古語拾遺」に非常によくうつされてゐる。天皇中國を御平定遊ばされた後、

達《タテ》㆓都橿原㆒、經㆓營帝宅㆒。仍令㆓富命㆒、率㆓手置帆負《テオキホオヒ》、彦狹知《ヒコサシリ》、二神之孫㆒、以㆓齋斧、齋鉏《イミスキ》㆒始採㆓山材㆒、構㆓立正殿《ミツノアラカヲツクリタツ》㆒。所謂底都磐根宮柱布都之季立《ソコツイハネニミヤバシラフトシキタテ》高天乃原爾榑風高之利《チギタカシリ》排《オシヒラキ》㆓皇孫命乃美豆乃御殿乎《ヲ》㆒造奉仕也。（中略）又令㆓天富命㆒、率㆓齋部諸氏㆒、作㆓種々神寶㆒、鏡、玉、矛、盾、木綿、麻等。櫛明玉命之孫、造㆓御利玉《ミホギノタマ》㆒（中略）仍令㆓天富命㆒、率㆓日鷲命之孫㆒、求㆓肥饒地㆒、遣㆓阿波國㆒、殖㆓穀麻種㆒、其裔、今在㆓彼國㆒、當㆓大嘗之年㆒、貢㆓木綿麁布及種々物㆒（中略）天富命更求㆓沃壤㆒、分㆓阿波齋部㆒、率往㆓東土㆒、播㆓殖麻穀㆒、好麻所㆑生、故謂㆓之總國㆒（中略）

この記述を見ると、わが上代に於ける職掌とその分布が知られるが、これがまたさきの天岩戸の時の祭典奉仕の神の前例を子孫が傳へて、卽ち高天原のまゝを傳へた天職の意味が明かである。しかもこの記事は、中國平定大典執行の前提としての意味があり、卽ち祭の執行が、所謂政治經濟の根柢たると同じ意味を知るのである。かくてこゝにいよ〳〵祭が始る。

爰仰從㆓皇天二祖之謂《ミコトノリ》㆒、達㆓樹神籬《ヒモロギ》㆒、所謂高皇產靈、神皇產靈、魂留產靈、生產靈、足產靈、大宮賣神、事代主神、御膳神（已上は今も御坐の奉齋する所也）櫛磐間戸神、豐磐間戸神、生島、坐摩、

皇天二祖神と申すのは、畏き天照皇大神と高皇產靈神である。こゝに御名を擧げられた

神は、宮中八神殿の神を御始めとし、宮中の御巫の奉齋した神たちで、これが後世祭祀の根源であるから、祝詞を理解する上で、知つておくべきところである。かくてつゞけての記述をみると、

日臣命、帥㆓來目部㆒、衞㆓護宮門㆒、掌㆓其開闔㆒、饒速日命、帥㆓內物部㆒、造㆓楯矛㆒、其物既備、令㆓天富命㆒、率㆓諸齋部㆒、捧㆓持天璽鏡劍㆒、奉㆑安㆓正殿㆒、幷懸㆓瓊玉㆒、陳㆓其幣物㆒、殿祭祝詞（祝詞文別卷にあり）次祭㆓宮門㆒（其祝詞亦別卷にあり）然後、物部乃立㆓矛盾㆒、大伴、來目、建㆑仗、開㆑門令㆑朝㆓四方之國㆒、以觀㆓天位之貴㆒、當㆓此之時㆒帝之與㆑神、其際未㆑遠同㆑殿共㆑床㆒、以㆑此爲㆑常。故神物官物亦未㆓分別㆒、（中略）又令㆓天富命㆒率㆓供作諸民㆒、造㆓作大幣㆒、訖。令㆓天種子命㆒解㆓除《ノリトゴトヲモテマツリタテマツル》天津罪國罪事㆒（中略）爾乃、立㆓靈時於鳥見山中㆒、天富命、陳㆑幣、祝詞、禋祀。

こゝに於て中國平定の大典は完了したのである。しかもこの時に神祇に仕奉つた職掌は、高天原のまゝを、その日に仕へ奉つた氏族がうけつぎ、さらにこの日をうけついで中世に到つた。これがわが天職相續の意味である。卽ちこの一切が祭であつた。

さて「古語拾遺」の神武天皇卽位大典の御記は、古典中でも重大な文章である。さうしてこゝに記された部分にも、同殿共床など、いふ大切な言葉が交り、「當此時帝之與神其際未遠」などいふ重大な國史上の言葉もある。この「古語拾遺」は、大同二年齋部廣成が、平城天皇の敕を奉じて、我家の古傳を記して奉つたものであるが、他の古傳に見ぬところもあり、國學上重要な典籍である。しかもその志の厚く深いことについては、平田篤胤な

どは、此書をよんでその撰者の志に泣かざるものは、皇國の人でないと云うたほどである。

さてこゝにあげた二つの記事は、わが祭典の原始を知る上で、極めて重大な文獻である。こゝは祭政の大旨、天職相續の眞義、或はわが生産經濟の根柢をつくしてゐるのである。しかし「祝詞式」の祭典については、「延喜式」を中心として知り、これは重胤の「祝詞講義」に子細をつくしてゐるが、今日なら「古事類苑」によつて讀むことが、やさしいやうである。延喜式祭典のさまを知ることは、單に祝詞を理解する上で必要なるのみでなく、ひろく日本の平安朝及びその以前の古典文學を味ふ上でも必要の一事である。さらに天皇の尊貴に御坐すことや、神の畏きさまは、單にこれを情勢論や思想として知るのみでは、如何ともならぬことであつて、眞にその畏く尊きさまは、これらの典禮や、祝詞その他古典の言靈によつて初めて、切々と味へるところである。私が一箇草莽の文人として、乏しい力を以て祝詞式を上梓しようと志したことは、この點について思ふところあり、我らのたど〳〵しさによつてさへ、これをよみ味ふうち、殆ど天皇と神の、尊く畏きさまを彷彿と拜したからであつた。さうしてこの情を一般の人の心に起さしめたい念願からである。

されば祝詞によつて、神祇思想の重大性を語ることは、私の願望でも又目的でもない。私はこれを拜誦するうちに、わが日本の文學の本髓を彷彿と知り、わが言靈の眞義を身を以て感ずる人の多數あることを期待するからである。その本髓や言靈について、論ずる人は世上に多いが、身を以て味つてゐる者はなほ少いのである。我々はこれらのことを口にして云ふ人は無くなり、それをわが心にひし〳〵ともつやうな人の出ることを願ふのである。

たとへば天皇の尊貴に御坐すことについては、重胤の「中臣壽詞講義」の如きを克明によめば、實に云ひ難いさまとして切々に味へるのである。か丶る書ぶりが、わが國學の文學の本髓であつて、か丶る文章を描き、又味ふところに國學の文學上の最高の目標がある。しかるに今日の人々は、觀念として天皇の尊嚴については了知してゐるけれど、か丶る文學よりこれに通じてゐないために、尊貴を說いて觀念論となり、或は哲學となり、不知の間に、あなかしこ天皇機關說に墮落するに到つた。これは不敬であるが、本人の心事に於ては、時にはその人の不幸として、氣の毒に感じられるものが少くないのである。

天皇の尊貴に御坐すことや、神の畏きことについて知るには、わが古典の中でも祝詞式が最もふさはしいと自分は味つてゐる。されど祝詞と照應しつ丶、大嘗會の御記事などの克明にしるされたま丶をよむといふことが竝行せねば、肝心の印象は未しいと思ふ。現在に於てかうした文學は必要であるが忘れられてゐる。神祇國典の博士たちが、これらを一片の國民常識の解說書として描くのみであるから、それらの文章には全身全靈のこもるものなく、文學と申せぬのである。私は解說を要求する代りに文學を求めるものである。通俗解說のめざすところは、一類の思想上の群衆的大衆を考へるのであるが、さういふ群衆的な大衆は、輕率な政治的動員勢力となつても、つひに烏合の衆、皇御軍に仕へ奉る歸一の團結とはならぬ。

されば祝詞をよんで味ふ神の畏さは、多少「古事記」の場合とも異り、現前なる神の畏さと、仕奉る人の心のさながらの神ながらが、ありくと現れるのである。つまり神の靈が天地に充滿する感である。さうして天皇の尊貴を記した古典では、こゝに描かれた以上のものはない。我國人の信仰は、尋常の宗教でもなく信念でもない。さうした形式と組織と秩序とで束縛される窮窟さはないけれど、かたさは巖に匹敵する。この日本人の信仰の情を、上古の人の文學によつて確めることも、大切なことの一つである。こゝにたしかめるといふことは、已の今の生命觀や人生觀を、その古心が占めてゐる事情をたしかめるといふ意味である。

六

延喜式祝詞式所載の二十七篇と「台記別記」中の一篇は大體上古の作で、さきにひいた「古語拾遺」の神武天皇の御記などをもととして、現存の「大祓詞」「大殿祭」「御門祭」などは、當時そのまゝの形の、いとも古い神代の佳言と考へてゐる學者がある。しかしその形全部はともかくとして、根幹の部分は神代のまゝのものと考へられるのである。されば「大祓詞」の「天つ祝詞の太祝詞事」が、この詞をさすと考へる人は、この詞が神代の古言ゆゑ、天つ祝詞だといふのである。この「天つ」といふのは、元來天上の意にて、ひいて稱辭とされた場合と、高天原の故事のそのまゝを行ふ場合に云ふ。多少こゝに區別ある感もするが、結局に於ていづれにしても同じ意味となり、天上のことに卽るとの意味である。しかし大祓詞に云ふ天つ祝詞は、何か上つ世の咒言めいたものでなからうかとも考へられてゐる。しかし大祓の性質より受ける感として、この祝詞をさすと考へらる。「延喜式」の祝詞は、神祇官の政務の一部として、神祇官より神主に指定した祝詞を集めたものだから、かく稱へよといふ形になつて誌されてゐるが、勿論本來の祝詞をこゝに見ることが出來る。

これを大略に見れば、すべてが天皇を御中心にしてゐるもので、農に關するもの、宮殿に關するもの、御代御壽の壽詞、外戚家の祖神を祭るもの、皇大神宮に關するもの等がふくまれてゐるが、中心はすべて天皇に御坐します。これは天皇の大御祭政に仕へ奉る上から申して當然のことである。

「祈念祭」は形式も完備して整然とした祝詞である。この初めの「集侍れる神主祝部等諸聞し食せと宣る」といふのは、神祇官の行事として述べたもので、神祇官に全國の神主を集めて、祈年の祝詞を傳宣する意味の詞である。故に神主等がそれを受賜つて、「唯」と返事を申上る。これは次に申し渡す祝詞を各自の社に歸り奏上せよとの意味である。

ところでこの祈年祭は、五穀の天恵に關する殊に大切な祭であるから、祈年祭十二段の祝詞の中には、一切の祭の綜合した感があるのである。「四時祭式」には、仲春の二月四日(今は初春になほ早い二月十七日)祭神三千百三十二座とある。これほどに祭神の多い大祭はないのである。又この日には、朝廷の幣物を多く賜つたが、すでに平安初期には、神職の墮落激しく、幣物を賜つて宮門を出ても、自分の社にも持ち歸らず、直ちに商人に渡した、そのため祈年祭の當日は賈人が郁芳門外に待ちうけて幣物を購つたと云はれてゐる。

それでも彼等は神に仕へる者として、上下民衆から怖れられてゐたので、いよ〳〵神職の怠慢を助長したが、元寇の當時の龜山天皇の文永年間にはその極に達した。さうしてすでに國の神道の本髓は職掌の神職を離れてゐた。かうして神職の墮落は、神を名目として行はれるから、手のほどこしやうなく、敬遠する他なかつたが、次第にさげすまれるに到つた。敬遠から輕蔑へ移つて忘れられるのである。しかし平安時代の學界思想界では、これらの神職の墮落にあきたらぬ氣持が佛教を學び、その最高を形成したのであるから、上下の信望が新しい學僧の人格的な努力に集るのは當然であつた。

さて「高天原に神留り坐す」以下が祝詞本文で、この一段の終りに「稱辭竟へ奉らくと宣る」とある。これは祝詞に特殊な言葉で、幣物を獻げて祝詞を奏す、これによつて祭を完全に竟へるといふ意味である。この祝詞の中には、この「稱辭竟」といふのと「辭竟」の二つの用法があり、この用法は同一のやうであるが、重胤はあるひは差別があつたのでなからうかと考へ、「辭竟」の方は、たゞ神のみに關はる意にて、「稱辭竟」は神と祭を合せて云ひ、幣物をとゝのへ祭を全く備に仕へ奉る意として區別してみたが、勿論斷言はしてゐない。

次の御年皇神のことを稱へた段に、「皇神等の依さし奉らむ奥津御年」といふ語があり、この「依さし奉る」といふ語は、政道國典からは大切なことであつて、こゝの場合は天下公民の農作の所爲は、天皇に天つ神の附與しましますことなるゆゑ、天皇がまづ農作の初めをなし給ふのである、この寄とか「依」（よさし）といふのは、「授」といふのとは異り、授くといふのは、主客の間で任を總て人に附け、それを附した上は己は與らぬのであるが、「依さす」の方は、主客の相違はどこまでもあつても、依す側も依された側もあくまで相離れぬのである。卽ち農作のことは御年神の神業ながら、公民をして代らしめ、しかもその本意は神の爲し給ふといふ意味になる。されば次の條に、農民の勤勞をのべて、天下公民が「手肱に水沫かき垂り、向股に泥かき寄せて」働くことも、神の「依」の上から解さねばならぬ。これはまことに誓ひの意である。しかし誓ひの眞意は「事依さし」に卽して考へねばならぬ。かくの如く働くために皇神のめぐみもあるといふのでなく、「依さし」のゆゑにかくは働くのである。卽ちかく働くことが「事依さし」である。この「事依さし」の眞意は、國の大典政道の上で重大なことである。わが國では大小のことみな「事依さし」給ふので「授け委ねる」といふことはない。さればこれを體することを、政治經濟一切の根本として考へられねばならぬ。人力をつくせば神助があると思ふのは、この意味でなほ人爲のさかしらごとであつて、人力を盡すことが「事依さし」に仕へ奉るみちである。こゝの本末を顚倒してはならぬ。これも今の世の中で、深く思ひあたるところであらうし、我々の生き方を決定すべき教へともなることである。卽ちその意味は詔命を奉じるといふことは、全身全靈を以て神、天皇を奉じてゆくことである。これを念々に念ずることがわが仕奉るの道であり、この詔命をことばと心で念ずることの現れが祭りの本義である。けだしその根本は高天原の故事に源をもつから、高天原の故事を行ふ式典を以て、國の大祭とするのである。この「事依さし」が「かへりごと」に於て完了する意味を考へ、わが臣道がこゝにあることを思ふなら、私人に於ても朝廷の官位を拜する時、祭政一致の原理の貫いてゐることを必ずさとるであらう。この「事依さし」の中で私心を介入させることが、幕府的なものの根據となるのである。

次の段の「大御巫の辭竟奉る」の大御巫は宮中の八神殿に仕へ奉る巫のことで、この八神のことについては、肇國の御例としてさきにも申した。この段の終りに「皇吾睦神漏伎命・神漏彌命と皇御孫命の宇豆の幣帛を」云々とあつて、この「と」について宣長の說によると、この八神の中には皇祖神ならぬ神もあるが、厚く尊んでみな皇祖神として祭り給うたのだと說いてゐる。それはこの祝詞の天照皇大御神の辭別にも同型の辭があり、皇大御神を「神漏伎神漏彌命と」稱へるとあるのに、ひき合せて考へた上での議論である。しかし重胤はこゝの「と」は「にて」の意に解し、卽ち「古語拾遺」の「皇天二祖の詔に從ひて」といふ意味をくんで、この辭はいづれもこの祝詞の本文の初めの方の「神漏伎命神漏彌命以て」の文章に對應するものと考へてゐる。つまり八神とわけても皇大御神は、殊に畏き神に御坐すゆゑに壯重に辭を重ねたわけであらうか。けだしこの重胤の解釋は凡眼の氣づくところではない。

次の「春日祭」は、藤原氏と深い關係があり、外戚の家の祭神であるから、大いに威力があつた。この祝詞の作は比較的新らしく思はれるが、作者が古語を巧みに用ひてゐて、平明な作である。さうして末段で、春日の神たちに、かく仕へ奉るに依りて今も將來も、天皇の朝廷は御榮えゆき、己らも朝廷にます〳〵誠實に仕へ奉り得るやうに齋ひ給へと願つてゐる點が、仕へ奉る道に於て、初めて私家の榮えがあるといふ古の意味を現はしてゐる。これも注意したいと思ふ。これは相互繁榮の關係でなく、仕奉る關係で、家の榮えを云うてゐるのである。ところがこの祝詞の中では、春日四神を「皇大御神」と稱へてゐて、こゝは舊來の學者の慨嘆したところである。皇大御神は伊勢に御坐す天照皇大御神のみを稱へ申す最も畏き重き御名であるが、いつとなく外宮をかく稱へ奉つてより、藤原氏が權勢を振つた時代に入つて、いよ〳〵かゝる點で語法が紊れたのである。これは深く愼しむべきところである。しかしこの祝詞では、藤原氏は、朝廷の御繁榮を祈り、併せて自家の繁榮を祈つたやうに一見見えるが、さすがに古代の人心は正しかつたので、「併せて」祈るといふことはない。「併せて」は祈らず、我家のこととして祈つたのは、仕へ奉る道の榮えと惠みを祈つたのである。この點なほ道の紊れてゐないことを深く考へねばならぬ。これを今の人が「併せて」祈つたと解釋してはならぬのである。

「龍田風神祭」は、「廣瀨大忌祭」と同時に行はれたもので、この龍田の祝詞は、前半が祭神の由來と神語よりなり、つまり御鎭座と祭の歷史があつて、後半が幣帛をさゝげて祭る時の、祭祀のこゝろを述べる形となつてゐる。大體これが祝詞の本格的な形である。この龍田祭詞は實に古さながらのよい文章である。

「平野祭」の祭神のことについては、古來不明なところであるが、伴信友が「蕃神考」の中で卓說をなし、今日ではその考へ方を進めて、大略四神の由來を考へ得るが、その說はこゝでは申さぬ。しかし重胤の「古問」の說も卓然たるものと思はれる。石の上布留の地は、古も今も重大な聖地である。なほ「春日祭」の冒頭にも出たことばだが、「天皇が大命に坐せ」といふ辭は、古代の太く旺んなことばである。この坐せは「勅にませば」といふ意で、天皇の大御命のまゝを申傳へ令め給ふとの意だが、語調がまさしく太々しく旺んで、この種の祝詞の語の中では、殊に壯重なひゞきをもつてゐるのが有難い。この辭は宣命にも例が多いが、いづれも國ぶりの古の旺んな言靈である。「六月月次」の詞は十二月も同文にて、これは月次祭を年二度に行はせられたもので、祝詞は祈年祭と變りなく、又祭式も殆ど同一であつた。勿論趣旨も同じである。まことに米作は國の根幹であつて、神に仕へ奉る道の根本であつた。中つ臣は中執りもつ中臣氏の天職で、以て神主となつたが、大御寶の神に仕へ奉る道は、すべてが具體の形で生産に現れ、とりわけて米作りが大切なものだつたのである。「大殿祭」は、その文中に註がある點で、「古語拾遺」別巻所載といふ祝詞でないかと云はれてゐる。卽ち初めに申した、橿原宮の遠つ宮事のまゝに傳つたものと考へられてゐる。この文中に「天津璽の鏡劍」といふのは、三種の神器の鏡劍を申すもので、玉については、これは大御身に備へさせ給ふゆゑにこゝにのべないのである、と眞淵は說いてゐる。ところが「古語拾遺」の本文の天降の條には、やはり鏡劍をあげて、「爲二天璽一、矛玉自從」とあり、玉を輕く傳へてゐる。しかるに記紀はいづれも「八尺勾璁、鏡、及草薙劍」とあるやうに、玉を第一なるかのやうに誌してゐて、古より玉を第一に尊ぶ考へ方が多かつたが、これはなほ「古語拾遺」が正しい古傳なることは、神勅と神話によつて明かである。しかるに記紀の傳の出來たのは、鏡劍は早く宮中の他に祝齋せられ給うたから、宮中に傳つた神代の玉を特に宮中では重んじられるに到つた。これが記紀の記述となつた原因かと、宣長を初め國學の人々は考へてゐる。三種の神器として鏡劍玉をいふのは、神代より三種の神寶といはれてきたのに倣つたものである。故にこの祝詞などによつて、鏡劍は神の御靈寶にて重く、玉は傳統の御璽として次に考へ、神寶二種と說くのは宜しくない。三種いづれも神代自然の靈寶で、かりに輕重を申すべきでないが、早く鏡劍が宮中を出られて、玉のみが大殿內に留められて後は、宮中にて申される時、玉が宮中の最も貴い寶として、いつとなく第一に申されるに到つたのであらう。なほ三種の神寶について、あれこれと寓意の說を立て、諸々の德をこれに象るのは、後世の人爲邪心の現れで、よくないことである。

次に「皇我宇都の御子皇御孫之命、此の天津高御座に坐して」云々は、皇大御神の御神敕である。こゝは前に天忍穗命に詔ひ、後には邇々藝命に詔うたのである。皇と一般に申す時は、天照皇大神の御事であつて、古くは外宮さへ皇と申さなかつたが、外宮の神に皇の字を奉つてより、春日、平野、賀茂にも此を稱奉る事となつた。なほ皇神と稱へ奉ることは、一神を申す例は少く、多くの神たちの集りました全體をさして申した。しかし特定の神を申した例も祝詞中にあつて、これを以てみれば皇神とはおしなべて申したらしいが、皇大御神、或は皇大神とは、天照大御神のみを稱へ申すといふのが古例である。こゝの「宇都御子」といふ稱へ方は、御子にも御孫にも御曾孫にも、百繼八十繼と傳ります皇大御神の御子孫の御末々に到る御呼名である。しかるにこゝで、重胤は皇御孫尊とは、世中を治すの意の稱と、たつて云うてゐるのは如何であらうか、皇御孫命初めて天降りて瑞穗國を治めされし故事を、代々に傳へ給ふのが、天皇高御座に卽き給ふ大典であるから、この意を體して「皇孫」と字解し申してもよいと考へられる。次の「此の天津高御座」とある「此」は、上に「天津高御座に坐せて」とあるのをうけ、その御座を申し、其の高御座を天より降して、此御國に於ても、その天より持降れる高御座を用ひ給ふ意である。されば「大祓詞」の「天磐座放れ」とあるのは、皇祖天神の磐座を放れて天降られる意であるから、こゝとは趣は異り、こゝは天降り持降らるゝ大御座との意である。

　この「大殿祭」に出る、「屋船久久遲命、屋船豐宇氣姬命と御名をば稱へ奉りて」とあるのは、前に出た屋船命の全體の御靈を稱へ別けて、その御功用を申すのである。なほこの「天津奇護言」を、さきに誌した弘計王の室壽と對照して考へるとよい。

「御門祭」も齋部氏と關係深いもので、やはり古語拾遺別卷所載のものでないかと云うてゐる。この櫛磐牖命、豐磐牖命、二柱の神が、つねはゆつ磐むらの如くに重々しく塞り坐して、四方八方からくる禍津日神の呪言に對して、「相まじこり相口會へ給ふことなく」といふのは、相手の言を聞いて心に影響をうけ、相手に心をひかれるといふことがないとの意味で、相手が云ふ惡いことを、こちらからも云ふのはよくない。例へば敵國が日本のことを惡くしようと考へて惡く云つた場合、それを信じないなら、その惡く云つたことばを、こちらで口にせぬといふことである。口にしたらいけないといふことである。これは今日痛感するところである。神の教へを謬まることは必ずよくないといふ例は、無數にあるし、それの悪くなる原因を、近代のことばで云つても、いくらも云へるのである。さらに進んで先方の論理に對抗する目的の論理を立てて、先方の考へ方にひきずりこまれるといふことが、この神にはないといふ意味である。これは非常に重大なことであるから深く考へて欲しい。かく堂々と重く位して、相手に對して不動であるといふことは、御國の文武兩面に通ずる千古の教へである。しかしたゞ默つてゐるのでなく、「待ち防ぎ」「掃ひ却り」又は「言ひ排け」坐すといふことは、實に一貫した堂々たる重さである。

今の世の中に、ゆつ磐むらの如き重さで御國を守る學者文人がいづこにあらうか。自分は文人としてこの神をうやまひ、その恩惠を禱ひ祈つてゐるのである。今日思想戰謀略戰などといふ徒には、大體が初めから「相まじこり相口あへる」ことを以て、その任務だと考へてゐるやうな連中が多い。これが困つたことであつて、さういふ人が出るのはこれら二柱の神を祭ることを知らないからである。

しかし此の神は、かゝる强力な威力を振はれつゝ、その任は御門守《ミカドマモリ》であつて、朝夕に門を開閉し、出入の宮人の名を問ひ知らされ、それらの者に咎過あれば、神直備大直備に見直し聞直し坐して、とあつて、この功用は實に民草のなつかしい仕へぶりである。さらに見直し聞直しなどといふことの思ひや、その活用のやさしさは、深く念じねばならぬところである。普通の俗語で「見直す」とか「聞直す」といふことは、實に大した働きで、これは合理的な理窟以上の大きい力の働きである。これは主としては卽ち大直日神の御靈の働きである。今日ではこの「見直す」「聞直す」といふやうな例が殆どないのである。これは今日、日本の道を云ふ人が、大體に大直日神の祭や直毘靈の信を失つてゐるからだと自分は考へてゐる。

しかしこの悠々とした御門の神が、一度活用されるなら、虚空に昇り地下にもぐり、四方八方に立ちあらはれて、まことに奇しく靈しき神である。私は今日かういふ神の威力が、一日も早くわが言論文化宣傳などといふ面にも、現れることを祈つてゐるのである。さてこの「御門祭」も、神武天皇御卽位の御時に、皇天二祖の敕教によつて祭られた祭りを傳へるものである。そしてこの祝詞はその時の祝詞のまゝであると考へてきた學者もあつた。「大祓詞」はわが神道の根本經典視され、武家時代以後は、これの信奉を中心にして、國體明徴の大道が立つたやうな觀さへある。日本にとつて大切な近古以來の大思想家で、これの註釋を書かなかつた人はないほどに、その解説も多く行はれ、近世維新思想の源流は實にこゝにあつたのである。

思想上の研究とともに、信仰上にも亦非常な力を及ぼしたが、何分にもこの詞は日本の文章中の最高のものであつた。しかし天然自然の現象を敍す文中に、あり〳〵と畏き神の威力の示され現れてくるさまは、まことに言靈の極致である。我々はこの思想的研究を第二義として、こゝに現れた畏き神の國の實相を、よく〳〵味ひたいと思ふ。しかしこの「大祓詞」に對する考へ方を中心にして、近世の歴史を考へると、最も中核をついた近世日本思想史がなり立つといふことを、一般の讀者につげておきたい。これを構想する好學の士を期待するからである。さうして舊來の註釋本の集註本と、古來の註釋の大全集の出現することを、自分は日本の國家文化のために願つてきたのである。まして大祓復興に拜し奉る明治天皇の大御心や、はたまた今上陛下の大御心を體し奉るときには、今日國體を念ずる學者文人に、必ずこの事業あらねばならぬと思ふのである。けだし大祓の輕い解釋だけでは、眞のその精神も、大御心の深さも、切々と身内を貫かぬと私は思ふ。もしこれによつて身を貫かれるなら、神國必ず顯現するのである。神國とは修辭でも、標語でも、想像でも、又理想でもない。神國の理は手輕に聞いて知ることでなく、身を以てしみじみ深くするものである。しかるに近代の學問では、手輕に聞いて悟れることしか考へぬ。神異はあるか否かと彼らは問ふのである。けだしさういふ問ひ方をする態度は、學問でも何でもないといふことを、まづ悟らねばならぬ。さういふ問の恥しさを悟り、それがひいて人倫の根柢をけがすものなることを、まづ悟らねばならぬのである。この人倫根柢といふことは、神を信じねばならぬといふ情勢論に立脚して云ふのではない。神を信じねばならぬと思ふ人を作ることも、我々の目的でない。我々は文章を政治運動に仕へさせるのでなく、神ながらの文學をたてようとしてゐるのである。我々は人の心に、神の御座すあかしを味はせる文學を爲さうとめざしてゐるのである。

「大祓詞」の中には「天の益人」の犯す「天つ罪國つ罪」のことがある。この「天の益人」の天といふのは、こゝは大體美稱であるが、美稱といふのは、みな神話古傳をふまへたものので、天上のことにならふ意味があり、勿論こゝも神話の心をふんで、人口の増加を、神の御心と同じとして尊ぶのである。次に「天つ罪と法り別け」といふのは深い意味でなく、そこに示された罪が、天上で素戔嗚尊の御所行になつたものといふ意味である。人民の犯した罪の中に、天上でこの神の遊した罪と同じものがあつたので、それを別けて云ふとの意である。大祓の起原は、此の神が天上にて、祓を負せられ給うたのが始めであるから、こゝでも特にその時の罪に當るものを別け云はれたのである。禊祓の方では、伊邪那岐命の日向の橘の小戸の檍原《アハギハラ》の禊祓を云ふのであるが、大祓詞後段の祓の段が、この神話のまゝに進行してゐることは、宣長が苦心の上で明らかにしたのである。

さてこの「大祓詞」は朝廷の儀式に宣るものであるが、これが民間信仰の經典になつてからは、「中臣祓」といふ名で、民間個人の祈願體の中祝詞の形に改められ、卽ち一部が變型されて、吉田家が中心となつて全國に流布した。さうして神道を宗教化した教團では、この祝詞をいくつかの段に別ち、その條々に祈願の目的と場合を當てて、旅立にはどこを奏するといふやうな俗風さへ作つた。今日民間で神前に奏してゐる「大祓詞」は、大體この吉田流のもので、初めの宣命體の部分を省き、後尾も宣命體を中祝詞にかへてゐる。その他文中にも多少の變化があり、古語の上から云うても、いかがと思ふところがある。

祝詞の學問は、近世ではやはり眞淵、宣長、篤胤と力をこめ、重胤が完成したものだが、その信條は、古傳を古代のまゝの言葉にかへすといふ點にあつた。卽ち祝詞のよみ方に於ても、古代のみやびのまゝに美しくなければ、神は受納されぬと考へた。心正しいだけではいけない。詞美しくなければ神が受納にならぬと考へ、清濁さへ一々に深く慮つた。これは後世の人爲を一切廢して、本當の古代のことばにかへらうといふわけである。これが

「古事記傳」を中心として、古語を明らめ、古意を悟るといふ行き方をした國學の根本信條であり、その大業の根源力であつた。つまり神に仕へ奉る心の成果である。

この根本の思想から、眞淵などは、吉田流で「中臣祓」を變形し、俗耳に入り易く手を加へてゐる點を、道に忠ならざるものと排したのである。さらに個人が恣意に「大祓詞」を變型して、神前に日夜奉誦する如きは、佛徒の經文よみや讀經をまねた俗神道者流の陋風だと排斥した。しかし宣長は、それが佛徒の風から起つたもので、たとへわが神道の古風でなくとも、その心持を考へるなら、排する必要がないと、おだやかに云つてゐる。こゝで宣長が個人で「大祓詞」を奏上することの是非をあへて云はなかつたやうに、その利を特に云ふ必要はない。またそのよつて來る因によつて名分を正すといふ論も、かうした場合必要ないと自分も考へる。であるから必ず日夕に奉誦せねばならぬといふことを、形の上で求める必要はない。わが神道はさういふ宗教でなく、自ら朝夕に神の天惠を祈るやうに、たゞ神に仕へ奉る心に生きる道に他ならぬのである。だからわが神道は、近代の教團的雰圍氣を必要とせぬのである。

東西文部の咒は、もと東西文部の者が私に行つてきた俗風が、大祓に混入したか、又はこれを加へねばならぬ理由から出來たものであらう。しかしそれもすでに大寶令以前の古い時代のことであつた。この咒に出る神は、勿論皇朝の神でなく、神話を失つた民の觀念神であり、たゞ神を祭るといふ一思想の現れに他ならぬ。しかしわが神の道では、仕へ奉り來る者を、あへて拒まぬといふ理が、こゝに現れてゐるのである。しかしこの漢人の俗風を大祓の大典そのものの中へとり入れることは、天つ宮事をかへるといふ意味で許されぬから、この東西文部が祓刀を奉る行事は、大祓と別箇に行はれたものである。

大寳二年十二月の御紀に、太上天皇の崩御によつて、大祓を廢したが、東西文部の解除だけを行つてゐるのは、この間の事情を示してゐる。もしこれが大祓と一體の重大な行事ならば、同じく廢される筈である。さてこの咒の詞には、何らひがごとはない。辭としてはむしろ最大限のものであつた。しかるにわが祝詞に較べて、その人爲觀念の最高の語の羅列が、少しも生色をもたないのは、文中に神の歴史が脈うつてをらぬからである。神と人とにいのちが通つてゐないのである。しかしこれは當時の漢學者が皇國の神話を、觀念上の信仰として飜案したもので、その努力はよく現れてゐる。神話を觀念論で説くといふことは、かくの如くまことにとりとめない結果となるのである。この祓刀を捧げるのは、さきにも云うた如く、大刀がものを切り拂ふといふ聯想からきたものであらう。これも人爲の觀念である。大刀は神寶の重きものであるが、このものの活用《ハタラキ》について云々することは、古の祝詞にはない。大刀が成立つについて働く神の御働きを以て、御壽御世をほめ奉つたのである。されば大刀を振つて服はぬものをうつ作用は、わけても畏き神意であるから、これについてはあへて人ごころから云々しなかつた。神劍神意の發動は、心から畏み祈つたが、これは大刀を獻じて御代をたゝへる祈言の中に、言靈としてあらはれるのである。大刀の徳用をうかつに云ふことは、人爲人工に陷るのである。しかしさすがにこの咒言では、皇朝の壽詞の思想を汲んで、この祓刀の太くたくましい如くに、「帝祚を延べむ」

と吉言申してゐる。刀をうつ時に延びる意味であらう。「鎮火祭」は重大な祝詞であつて、こゝに出る古傳は、記紀の傳と異つてゐる。即ち水神以下四神の御誕生に關する古傳がそれである。篤胤はこれを尊んでゐる。この祝詞に出る天津祝詞は、明らかに天津神の神敕であつて、これによつて、神を祭る時に申す祝詞が、これと同じ性質をもつものなることが知られるのである。さうしてこの神敕は、天降りの日に、天下政治の大本に火を清くすることの大事なることから、鎮火をさとされたのであるが、これは見逃してならぬことである。

七

「大嘗祭」の祝詞は平明簡潔である。大嘗會は一途に天皇を御中心にした大典である。古は今と異り、大嘗と新嘗に區別がなかつた。この詞は勿論區別のないころの例年の祝詞である。大嘗は大御酒を重くし給ふものである。けだしこの式典の御記録だけは國民必ず一讀すべきものであらう。

天惠生産を中心とするのが、わが國の思想の根本である。これは人爲貯藏を中心とする經濟と相反するものである。日本人の物に對する思想は、最近殊に惡化してゐるが、物を神の天惠と知ることを、祝詞をよむ人に期待するのである。近來は一般に物を大切にし、感謝するやうになつたといふが、その現象を見ると、物を肉體の一部として大切にしてゐるのであつて、こゝで肉體は物になり下つて了つてゐる。天惠としての物、即ち神の事依さし・とし・て物を感じる時でなければ、皇道の經濟の根本は確立せぬのである。天惠に對する感謝でなく、貯藏の不安や矛盾よりくる貴重感では、わが國の道でない。この矛盾とは貯藏を可能にした人智人工のもつ限界である。人智人工の貯藏には必ず限界があるからである。古代皇室に於ては、大膳に奉仕する官人を特に重みされ、「大祓詞」に於ても、武臣文官の前に、彼らを擧げられてゐるが、このことも深く考へたいと思ふ。これは物質面を重んずるといふこととは、全々別箇のことである。さうして「事依さし」といふ考へ方と、授・くとか受・くとか委・ぬといふ感覺の差もこゝで考へねばならぬ。さらに云へば、神意の生き方と物欲ないし野望の生き方の異りである。又云へば天惠と贅澤の區別である。わが朝廷には、諸外國王室や幕府にあつた贅澤奢侈といふものがなかつたのである。贅澤は人智人工の組織に立脚するが、豐滿は生れ出るものやわき起るものの天然である。けだし珍貴を喜ぶより靈異を感ずるのである。上代の朝廷は太く旺んな豐滿であつたが、奈良平安の朝廷では美であつた。それも天造の泉のわく如きものであつた。この美は贅澤奢侈風の考へ方の物欲では成立せぬのである。美には必ず物欲心を削るはげしい働きが根柢にある。しかしこゝで云ふ贅澤は多少世間の言葉と異つてゐて、近代資本主義の一根柢に於けるやうな物欲的贅澤である。精神上の贅澤が物欲面を變へるといふことは、勿論我國にもいくらもあり、これは一概に否定し得ぬことである。しかし天下國家の組織根柢をゆさぶつてゆくやうな贅澤といふものは、さすがに我・國・では行はれたためしがない。大體に於て今でも日本人は、近代文化の根柢となつた贅澤を知らないのである。もしこの實相とその組織や體系を知れば、一段と飛躍して、現在の小物欲に立脚した虚榮的贅澤を一排する素質が、わが智識人にはなほ十分にあると自分は考へてゐる。これは毒を以て毒を制する議論のやうであるが、文化觀を一新する上での一つの着眼點と考へうるものである。

「鎭御魂齋戸祭」も、天皇の御事に關して、非常に重大な祭典である。畏き神に御坐す天皇の尊貴の拜せられる御行事の一つであつた。信友の「鎭魂傳」には、鎭魂といふことの起原よりあまねく誌されてゐるが、これはさらに進んで、言靈の道と歌の道といふものの根柢にふれて、關係深いものと考へられる點がある。しかし自分のその考へが果して古傳に卽するか、多分に近代の生理を加味してゐるかといふ點では、今の自分にはなほ十分に申しきれぬものがある。

伊勢大神宮及び豐受宮に關する祝詞は一括してあげられてゐる。伊勢は最も畏く貴い社であるから、特にねんごろに御行事遊すわけである。その次に「遷却崇神」の詞がある。これは祝詞の性質についても諸説のあるものであつた。道の神を祭る例は多いが、その一つの却送神といふのは、外國人に屬來る蕃神を却送つて、京城に入らざら令める神と云はれてゐる。古よりかういふ神が御坐したのである。古人は外國人は必ず穢多く、蕃神を伴つてくると考へたのであるが、これも眞理である。しかし蕃人は自分についた蕃神のゐることを知らぬのである。さればこの却送神が活動されるわけである。この次に「遣唐使時奉幣」の詞がある。これはこの詞に描かれた出來事のあつた時の祝詞が、そのまゝくりかへし遣唐使の時の奉幣に使はれたものである。これはわが祭の大旨である。しかも事ある時の祭文や、辭別にしても、あまりに事を露骨に云はず、まして人の顔を見、聞く者の耳の方へ祝詞をいふといふ如き不敬はなかつた。畏き神の大御前では、神をかざして人を強ひ說くといふことさへ出來ないのである。これは位牌を前にして無賴の子を訓戒する父が、理論鬪爭を始める代りに、必ず無口になるのと同一である。されど位牌にも先祖のいますことを信じない父ならば、決して無口にならぬのである。

「出雲國造神賀詞」も大切な古典で、これは天皇に臣下が家に傳る古事を奏す賀詞である。これを見ても判るやうに、賀詞も祝詞も性格は一つである。さうしてこの賀詞に現れた出雲國造家に傳つた古傳には、他の古典と違ふところがあるが、國造家で神代より傳へた古傳なる上に、殊に國造家一代の盛儀に當つて、賀詞として奏上するものであるから、確かな神話である。それは天穗日命の古傳に關することで、異るといふよりも、むしろ詳細なところと考へられる。この神の「國體見《クニカタミ》」の復奏のことを「古事記」に書き脫してゐるのは、この神が復奏までに八年以上も要せられたからであらう。記紀の傳よりおちたところは、この賀詞が正しく、この神は久しい努力によつて、國讓の下地を作られたのである。これがこの賀詞に出る「媚び鎭める」の意味である。されば穗日命の復奏は、布都怒志命御進發の殆ど直前であつたらしく、その頃に高天原に歸られた。こゝの文に「己命の兒天夷鳥命に布都怒志命を副へて天降し遣して荒ぶる神等を撥ひ」とつゞいてゐるが、この「副へて」の語法は、二神の重さから申して奇異に感ずるが、これはこの賀詞の文の下の惡ぶる神を副として見ると、天夷鳥命は既に國讓の約のある大國主神を「媚び鎭め」にゆかれるのであるから、出雲國造家として、この間の關係を明らかにした語法である。卽ちこゝは大國主神を主として描いた語法だから、この「副へて」の主客をかへると、布都怒志命が大國主神を媚和す主格と見られるおそれがある。ないし大國主神がまつろはぬ神と解される古傳上の危惧も生ずるからである。故にこれは出雲國造が、わが祖神をことさら重くしようとした下心に出たものでなく、事を正しく傳へる心の深いところである。

次にこの賀詞で見ると、國譲の時すでに、大國主神は、後に神武天皇が大和に東征遊すことを豫め知られて、皇御孫命を守護し奉る御靈と神々を、大和の各地に鎭座し置かれたといふ古傳がしるされてゐる、これによつて考へると、神武天皇が、日向にましまして大和の國のことを知り給はず、あれこれ考へ給ひつゝも、苦難を超えて、たどりつきましたことについては、神代の幽契の深さが拜されて、まことに畏くも尊き神量と知られ奉るのである。かゝる幽契あるにもかゝはらず、天皇が東征の路々に御苦難遊し給うたことは、これこそ神の「事依さし」の大御旨にて、かりそめに考へてはならぬことである。神助をかりそめに口にすることは、これを思つてつゝしむべきであつて、こゝに仕へ奉る道を悟るべきである。しかしかゝる例は他にもあつたことで、趣きは異るが、天照皇大御神の御靈代を、倭姫命が伊勢に御奉遷になつたについても、神代の幽契があつたにかゝはらず、倭姫命御自身は何ら御知りあらず、神慮のおさとしのまゝに、苦難の旅を遊したのである。けだし肇國の御東征の御時にしても、また日本武尊の御東征の御例にしても、苦難といふものを、とかく考へて修錬として與へ給ふといふものでなく、こゝに「事依さし」の道を拝さねばならぬ。これとことは異るが、大御寶が、事依さしの農事に仕へ、必ず激しい力仕事をした後に稔りを賜ることも、心は同じである。「事依さし」はやさしい道ではないのである。しかしやさしくない道とも云ひきめてはならぬのである。

なほこの賀詞の文では、大國主神の和魂のみが、大和三輪に鎭座する由を申され、荒靈のことにふれてゐないが、これは社記によると、荒靈はつねに天皇の大御身に服ひ、大殿の内に在つて、寶器を衞護遊ばされたと記されてゐる。この意味で賀詞から省かれてゐるのであらう。

さてこの賀詞の意味は、出雲の國造が、新任して大國主神に仕へるに當つて、神代國譲の時のまゝを今の現に行ふのである。これがわが道の本髓であつて、國造は朝廷より任命を受けて、二度に返事《カヘリゴト》を申し上るのも、神代の天穗日命の復奏の古事のまゝを行ふのである。

「神の禮白、臣の禮白」について、神の禮白が、大國主神の禮白か、穗日命以來の神々の禮白かといふことは、宣長と重胤で見解を異にしてゐる。なほ「天つ次で」といふのは、神代より傳へてきたとの意味である。皇祖神に禮白を奉つて復奏したのが、この壽詞の起原であらう。

「中臣壽詞」は平安後期に記録せられたものであるが、正しい由緒の天つ神の壽詞である。これは大嘗祭の時の壽詞で、この中で天皇が黑酒白酒を召されるさまを稱へてゐるところなどは、殊にめでたくありがたい古文であつて、これと前半の天津水を乞ひ禱る時のさまとの相對してゐるところが、まことに尊いみやびをなしてゐる。多少難しい文脈もあるが、くりかへせば必ず意通ずるのである。かゝる天つ文章をよみて、みやびの極致を感じ得ぬ者は日本人の文學の道の本髓に入り難いものとして、氣の毒だがつひに文も美も解し得ぬ者である。しかしさやうな者はあり得ないと私は信じてゐる。

八

祝詞の大旨は天つ神の神語にて、これが天下のおきての中で、最も重いものであることは、わが國體を考へると直に判ることである。重胤は祝詞を說くに當つて、「祭祀は本なり、毀譽は末也」と斷じてゐる。この毀譽といふのを今日の語で云へば、糺彈批判斷伐等の政策論的立言である。この末は本によつて立つのである。さらにつゞけて「此祝詞を說くこと、宇宙の大道を研窮め、造化の神理を推索り、神皇授受の因起を明らかにし、帝道唯一の實事を悟りて、後に此擧有るに非れば、恐らくは洋溟を測るに一滴瀝を以てし、崑崙を察るに一撮土を以て爲るの患有むか、如此く深遠にして凡庸の徒の能く爲る所に非ずと雖、凡庸を導くの捷徑此を除て何か有む。眞に天下に比なき古語にして、朝家の政令民用の綱紀此祝詞に悉く備はれり、實に萬國に類なき寶文なりかし」と云うてゐる。

自分がこの概說を稿したのは、此の意を御軍の今日に通ぜしめんとの微意に出たものであつて、祝詞式本文を複刻し、この概說を草して、陣中の同志舊知に贈らんとするものであり、文を草して御代に生きる者が、文によつて御軍に仕へんとの微意である。されど人に教へるよりも、むしろわが身世にあつて、君に仕へ奉る道をかためんとの志に發するものが多かつたのである。されば燭乏しい寒夜を徹して古典をよみ合せ、眼をはらして疲勞をあへてしたことも、すべてわが未熟を、いさゝかでもかゝる機會に合せて補ひたいとの念願からである。これをよむ者は、わが足らざるを補ひ、わが志を志とすべきである。

さらに重胤の言をひけば「祝詞とは皇御孫命を天降し奉給ふ時に、皇親神漏岐神漏美命の詔命以て、天下の大御政を知食し敷行ひ給はむ規則を授傳へ給へるを因據と爲て、今其事を物爲給ふに就て、皇神等に白させ給ふ詞と云ふ義」とのべてゐる。重胤は皇親神漏岐神漏美命とは、廣く皇祖神を申し給ふに非ずして、高皇產靈神神皇產靈神なりと云ひ、特に「出雲國造神賀詞」の二段三段の相應よりこれを云うてゐる。これはともかくとして、こゝで轉じて宣長の語をひいて、「鈴屋大人の說に、すべて祝詞のるゐは、神に申すことばなれば、勉て其言を美麗くすべき業なる故、古き祝詞ども孰れも皆言に甚しく文《アヤ》を爲して、愛たく麗しく綴りたり、其は如何なる故ぞと云ふに、大凡人も神も、同く申す事も、其詞の美麗きに感ては、受給ふ御心こよ無ければなり。善歌に神の感じ給ふも、詞の美麗きに依てぞかし、然れば情は如何に深きも惡き歌には受給ふ事無し」と云うてゐる。

重胤は祝詞言について、すべてこれは天皇祖神等の詔賜し詔命を、祭政いづれに當つても中上ぐる意にて、これを以て國の大道の根源と考へたのである。さればかゝる祝詞が、そのまゝ返事《カヘリゴト》（復奏）の意になることを考へるなら、これは實に現實にあつての嚴肅の道である。詔命は復奏に、詔のまゝを返事中奉るとき、神ながらみち足りるのである。詔命承詔必謹の謹・のまゝを申上げ得る時に完了する。これが「事依さし」の根本義であつて、されどこの嚴肅もその眞義は、この神ながらに於て考へるべきものと自分は信じてゐる。神のおほらかさが畏まれる。神の道はおほらかにして、強制として現れてゐないところに、神の道のおほらかさが畏まれる。神の道はおほらかにして、世間俗情に於てみちは狹いのである。さて重胤の説とする祝詞の語義は、宣長の説と外相やゝ異るやうであるが、大本一つである。この意味は深く考へねばならぬことであつて、その云ひ方の違ふところは、近代の學問の觀念から、異見を立てたものでなく、時代を生きて君に仕へ奉る道を推し進めた點から出たものである。されば我々はこの意味の異見を期待し、そこに道の顯現を思ふのである。かゝる異見は政策的政論や、煽動的な黨派理論を考へる者にとつては、決して行はれぬことである。

祝詞の學問は、眞淵、宣長、篤胤とへて、重胤に於て頂きに到つた觀があるが、されどこゝでも最も重大な神眼は、宣長のものであつた。宣長の偉大さはまことに神に近いものであり、この人によつて、我が國の古典古記録は、大むね初めてよみとられたのである。けだしこの意味は、神典古典を尊び、その古義を知る點でいふのである。宣長が神の如しといふのは、この人によつて神典古典が、我らも深くよみ味へるに到つた點にあるのである。一般に我らは人の思想を尊ぶのでなく、たゞ神典古典を尊べばよいのである。人を信ずる時もたゞ道・に於て信ずるものであるといふことを、今日はいよ〳〵明らかにせねばならぬ。これを明らかにせねば激化する時代に信ずるところを自ら失ふにいたるであらう。觀念の先行を離れて、ひたぶるに古道を學ぶ者は、まづ「古事記傳」をつねに坐右にせねばならぬのである。なほ重胤の思想については、かなり深く時代相のかげが加つてゐるが、さういふことを云ふよりも、この「祝詞講義」の一篇を精讀せよといふことが、大切だと信ずる。精讀すれば、先人の靈は、必ず後人の心眼をひらくのである。先人の自ら云ひ落し、云ひそこねたことを、必ず其靈が教へに來るのである。これはことさら奇異を云ふのでなく、已の實に験うけたところであつて、虚心に思ふことの出來る人なら、必ず思ひ當るところであらう。これをさして學恩といふのである。學恩は自ら悟るところでなく、先人の靈の教へ諭すところである。

昭和十九年の祈年祭の夜に記し始めて、二夜休まず、廿日朝に初稿記し終る。引き文は、覺えのまゝに大意を云ふところ多ければ、文辭は原典のそのまゝならざるところあり。三月二十八日校了す。

祝詞式概説　大尾

関連諸篇

御門祭詞解

——文人の教へ——

延喜式巻第八に載せられた廿七篇の祝詞の中でも、御門祭詞は制定の古い方に屬すると考へた學者が少くない。卽ち「古語拾遺」の記述に現れてゐる、肇國の御時の宮門祭の祝詞にこれを當て、現にこの祝詞についた註などによつて、同書に別巻に載すとあるものを證すると考へられたからである。

祝詞の語義については、これを詔辭と解するものと、宣說言と解する者が多いが、又典津言と解する近代の風もある。されど趣旨內容は一樣に、天つ神の詔辭、ないしその大御旨を受け給ふ天皇の大詔の意をふくんでゐる。されば天つ神の詔辭のそのまゝに仕奉つて、返事《カヘリゴト》としてその詔辭のまゝを奏上し、その節に幣帛を奉ることが、わが祭の大本である。

かくの如く祝詞は、祭祀政治の根本であるから、大むねは文書以前より傳り、神代から傳へられた尊いものが中心である。若干語句の變化改訂の後あつても、主節はすべて神代の古語のまゝである。現存の形に定つた年代については、學者間に諸說あるが、大本は太古神代の傳へと信じられてゐる。かくて萬葉集時代ないし平安初期に成つたものが、こゝでは新しい時代の作と云はれるのである。

かくの如く現在祝詞の制定については、その時代が大凡に推定し得るが、しかしそれらは正確と申せず、又作られた年代を推定することよりも、古意をよむことが大切である。故に國學の祝詞の學問に於ては、あらゆる知識學問を動員し、補助して、祝詞の古意をさぐらうとしたのである。

但し祝詞は、皇國の古典として、實に萬代不磨の大典であるが、國本の根基、國法の根柢である故に、つねに人心の重大な關心の赴くところ、却つて時代々々の情勢思想によつて、そのよみ方を立てるとの名目で、多少これを變更し、思想的に解説實行せんとした。これは一概に善意であるが、こゝには多少の人爲のものと時代的情勢觀が加はる。故に國學に於て、これを拜するに當つては、已の一切の人爲思想と時代の情勢觀を壓へ排し、ひたすら古意をさぐり、古意に仕へんとしたのである。これを第一義の根本とした。

しかるに内容精神の解釋の問題でなく、その訓讀《ヨミカタ》に於ても、すでに時代の風儀によつて、大いに異同がある。こゝに於て自分が今日にとりたいと思ふ訓讀は、大略幕末維新のころの、一般の好學の志のある人のなしたと思へる訓讀として、最も穩健細心で、しかし學者的我意の少いものを再現したいと考へたのである。さればこのために、眞淵、宣長、及び鈴木重胤の三者の説より、その長を集めて、これを校註し、先ごろ私版として梓にのせ、聖戰貫徹と將士の武運長久祈念のために、諸社に奉納し、陣中知友に配布したのである。

けだし訓法に於いては維新直前の一般的文人志士の祝詞のよみ方に從ふのが、我らの拜誦の立脚點として、最も穩當と信じたからである。維新直後に於ては、既にその神祇官當時者が、かなり激しい形で、神道を思想化してゐる。その思想化に於て、自分は遺憾の意多いのである。あへて不遜の評をいとはずに申せば、そのことの中に文明開化の色彩の濃厚なるものを見、それを先人のために悲しむ次第である。

さてこゝにあげた三者の中で、重胤は篤胤の門人である。この人が祝詞の學問の上では實に國學の集大成者であつた。

ある思想を立てるために祝詞を語るといふことは武家時代以後の國の學問の一つの大道を示し、その場合の中樞が大祓詞であつたが、これについての中世以後の文人志士の名家の説解を系統づけるなら、こゝに最も本質的な日本思想史が成立するわけである。しかもこの思想史こそ、武家封建の時代を通じて、革新論と維新道の間をゆきつもどりつしながら、おもむろに御一新へきた大道である。されば將來ある好學の青年は、この系統づけを成就し、以て日本人の道への願望祈念と、時代や人心との關係を明らかにし、かくてこゝにわが古の道の一歩一歩恢弘してゆく機微を悟るべきである。それらの個々の人々の史蹟は簡單明白でない。我らに何倍か傑れた偉人烈士が、みな現世諸問題と深刻な對決をなしつゝ、道の恢弘に仕へてきたことは、迂餘あり、未完成であつても、かりそめに思つてはならぬことである。當節の風として、輕々に先人の學問を輕んずる風があるが、故人は絶對の危機と現實の絶崖に身をおいて、道を正す上から、學問に生命を考へたのである。如何に精神正しくとも、その身を以て幕府に仕へたならば、萬事は休するのである。如何に心正しくとも、幕府出現に加擔する言狀行動をなせば、その罪萬死に當り、けだし無爲の勝るものである。自分は史上に於て、又現實に於て、本心に不忠をいだく者は、殆どないと信ずる者である。我らの文筆言論の上に於て怖れるのは、大江廣元となる運命であり、細川賴之となる不幸である。けだし自分はその性拙くて、楠正儀の場合の如き疑點は、自ら避け得るからである。

祝詞の學問に於ては、古意を求め古道に仕へる念願が根柢であつた。しかしこれを拜誦することによつて、我らが實生活の道の教へをうるといふことは當然である。たゞ祝詞の抱藏するものは、これを例へるなら宇宙の大である。神意は過現未を抱括した世界である。されば、こゝから我々は各々の志と心によつて、萬般人生の教へをよみとり得るわけである。さうしてそれは同時に神助神護としても感得されるのである。神助の信じられぬ者は、又神を信じ得ないものである。神威神助が、けだし我らの祭りを傳へる根本である。これはわが公の祭典中で、最も重大な祈年《トシゴヒ》と大嘗の祭の詞を拜すればよい。祭の準備として、祭の中心となる重大なことは、神饌幣帛の生產である。かくて祭が完了することは、國全體の生產が神前に供へられ、それより萬民が生命を養ふ糧として改めて賜はる。祈年祭に現はれる農が國の祭の根柢となるのである。此は農を國本として建つ國がらを示すところでもある。祭の最も主要部をなす準備は、生產である。たゞこの中で注意すべきことは、祈年祭祝詞に「事寄さし」といふことばがあり、農夫の辛苦勞働することを、神の事寄さしであると說かれてゐる。私は今日の勤勞觀や、錬成觀が、このところの心持にかへらねばならぬと思ふのである。農夫の辛苦は、神恩に對する報謝でなく、それ自體が神の事寄さし給ふ道に卽するといふ意味である。これは自然に神を拜した古人の心もちの現れである。又今日も眞に天の道に生きをるものの實相を示すのである。

　これと共に大切な思想は、天職といふ意識である。意識といふよりも儼然たる大事實である。天職といふのは、高天原の神事にならひ、これを傳へる具體相である。それは生産の本義である。幣帛神饌は生産によつてとゝのへる。これを商業によつてとゝのへる例はないのである。しかもこの生産といふ點で、祭の準備がつながるのである。卽ち生産と祭が一體のものとなり、神恩と神の事寄さしが一體となる。卽ち神に謝すことと祈ることと仕へ奉ることが不可分のものとなるのである。天職があつて祭の傳承があるといふのが、わが古典の現實である。しかもこのことは今なほ各地の土俗の狀態に殘され、一般的に云うて、宮座などがこれを傳へてゐる。何百年も何千年も昔から傳つたまゝが、かうして我々の實生活の中に殘つてゐる。しかもこれらは精神を云ふ代りに、手ぶりを云ふのである。實際問題としてその意味は誰も知らぬが、それをすることによつて、神恩を確信し、漠々として心をつよくし、魂を旺んにするといふのが、我國の土俗の祭の德用の一面である。けだし一年の生産と生計は實に祭を中心にして存在するからである。今日國に大事起つて、我々の同胞はかやうな土俗傳統の祭のことを旺んに思ひ出し、それによつて魂を旺んにしたことは限りない。實に必勝信念の根本はこの他にないのである。

　もつとも祭りといふことは、極めて重いことで、單に神を拜するといふこととはちがつてゐる筈である。かういふ肝心の點で、新觀念論が横行して、このけぢめをまぎれさすことが、私にはにが〲しい。今も土俗の祭りは、農を根基とするが、その祭の準備に祭の主要部分と萬代不朽の實感とがある。それは生産生活である。しかし大きい郷祭だと、その準備が早くから演出の方に傾いてゐる。それでもよく注意すると、演出準備、つまり道具方のすることに、古は祭の準備が完然に生産だつたといふ痕跡をみとめると思ふ。神饌幣帛の集貨と祭の演出の方の贅澤のみを競ふ都會人の祭りは、必ずしも生活と一體一如でないのは一年の生産生計と祭りが一如でないからであり、この一年が無窮を意味する實感も彼らにはない。

　こゝに「古語拾遺」に、肇國大祭までの準備が誌されてゐるが、これはすべて生産の問題である。祭のための物産を産み出す準備、器具を作る準備である。さうして實にこの生産に於て神恩を拜するのである。かうして鳥見山の祭りの準備のために四年を要し、全國を開發してしまつたのであつた。我々の村の生活の擴大につれて、都會生活や機動生活が始ると共に祭の準備としての生産の方を、大體簡便な商業ないし支配關係にたよる形になつた。しかし神饌幣帛を商業や徴發でとゝのへるといふこととなると、神恩を謝する祈年祭を主とするやうな祭の氣持が、大へん遠方の方へゆく。つまり觀念論がかはつて現れてくるより他ないのである。さうして都會生活からは祭はなくなり、觀念的神祇崇拜が事ある時に思ひ出されるといふこととなる。肇國當時は國全體としてさうでなかつた。幣帛神饌の一つ〲には、我身で味つた事寄さしへの奉仕と神助がこもつてゐるのが感じられたのである。かうして祭の準備としての生産が、つねに以前の祭と後の祭をつなぐ具體物であつた。しかも神恩によつて得た幣帛神饌は、祭のあとでは已に下さる。神の賜として、これが生命を養ふのである。さらに祭の根柢をなす生産生活が亦一年の生計である。かくて一年は祭のためにつゞき、祭りはこの生産に於て、無限につゞいて、萬代不易である。これは觀念でなく、ありくした具體觀であり、實生活であつた。

今でも我らの鄕國には、村の組合や所謂座といふもので、この祭とその準備生活の遺習が殘つてゐる。しかも一般國民生活では、必ずしも祭とその準備によつて一年がつゞくといふもをなしてゐない。又その感覺もない。しかし肇國の鳥見の大祭の例を考へると、祭りを中心にした生産經濟といふことや、祭政一致といふことの眞意がわかると思ふ。けだし國家の根本はこゝにかへるべきだと私は思ふ。一切の國民がそのやうな生活を志さねばならぬ。農唯一といふ意味ではない。祭祀が根本だと云ふのは、具體的にはこの意味である。

それでなくして、我々の生計や生産と遊離した形で祭りが行はれ、それをつなぐものとして新觀念論と、その演出が行はれるといふのでは、無意味だし、神道でないと思はれるのである。しかし都會的な近代生活に最も生命の激しさと危機感に於て生活をつづけてゐる人々の一種異常な信仰の觀念論が、近來では一般宗派の基礎になつてゐる。これは神信心の國ぶりと大方に異つてゐるものである。そこでまことに畏きことであるが、六月十日今上陛下には吹上御苑の水田に御自降立せ給ひて、親しく御田植ゑを遊してゐる。これを都下の新聞紙は「稲作御奬勵の畏き思召をもつて」と誌し奉つてゐる。私はこの報道を恐多いと思つたのである。我々はこの大御所作を、わが神事最高の政治と拜してゐるからである。神國祭祀の根本にして、萬世一系の大事實を拜してきたからである。禁中の祕事については民草知るところないのである。しかし至尊御自農作に御手を下し給ひ、しかも一年の農耕を御自行はせ給ふことは、御自に大御祭を行はせ給ふ神敕事寄さしの天つ宮事の御傳と拜するからである。こゝに祈年祭の國本をなす所以を拜してきたからである。

祭と生産と生計の關係は、祈年祭詞を拜すれば明らかである。しかしさういふ祭りの生活を離れた者らが、この三者の關係を觀念論でつながねばならないやうになれば、萬世一系の實感と大事實とをおいて、これを抽象信念として强調する方へ向ふ。天孫降臨の時の三神敕は、祭に於て緊密に一つにつながり、萬代にくりひろげられるのである。さうしてそれがそのまゝ行はれるのが、國土の農とその祭に於てである。この祭は申すまでもなく祈年祭である。故に祈年祭は建國以來最大の祭とされてきたが、明治以後の祝祭日としては、第一位に考へなくなつてゐる。その理由を自分は知らない。すでに武家時代に入つて、祈年祭に於て農を考へるより、大祓詞を尊崇する氣風がまし、神道思想では大祓が中心となつた程の感のあるのは、武家時代知識階級の趣好の作用するところであらう。武士には農の祈年より、大祓がふさはしく思へたのであらう。されどわが國の祭祀の根源は實に祈年と大嘗にあるのである。生産と祭りを切りはなすと、多方面で缺點が出る。

古に於ては祭りの準備の中に、政治經濟といつた人民の全生活があつたが、今はそれが完然に分離してゐる。さうしてさらに惡いことは、神拜敬神と祭を分離し、祭をいよ〳〵の演出技術の方で解決しようとするのも、かういふ狀態では止むを得ない結末である。卽ち祭の大切さをいふことが、祭自身の具體的進行中にあるより、觀念論として說かれるやうになつて了つたから、それを現す演出が重要事となるのである。都會生活の祭はかうした祭である。そこで我々の今の配給下の都會生活であり、仲間集ひの祭りには、せめて家刀自の手料理を供するといふことにでもなるのかもしれぬが、大體に於て、生產生活と祭の緊密に一體となつた生活は、元來より都會地になかつた。都會育ちの人や特權人には、祭りのこの感覺が生活生計として判らぬから、結局演出の方だけを云ふか、ないしそれを思辨的に淨化した觀念的敬神を說く傾向が多いわけである。さうしてさういふ人々は、一種の祭の看客であり、特權階級であり、批評家といふわけである。後期封建の武家もこの點では看客にすぎなかつた。けだし國民生活上から云うても、國史國體から云うても、祭は祈年と大嘗が中心だつたからである。

何のために祭が大事で、樂しいかといふことは、爲政者支配者の側の者や特權階級にはわからぬわけである。それは觀念論でなく、體感のやうなものだからである。さうした反面で、さういふ祭りに生きてきた生活者には、祭と生活の關係や、祭の大切さは云ふ必要さへなかつた。たゞ彼らはその生活の天職と無窮を漠然と信じてゐたのである。この天職の實際の本相と、祭りに仕奉る根本となる生產經濟のことについては、やはり「古語拾遺」に丁寧にしるされてゐるのを讀んで悟るより他に方法はない。卽ち肇國大祭の時の記錄として出てゐるものである。この卽位後大祭の行はれてから、今年は二千六百年に當つてゐる。卽ち四年春鳥見山中に靈畤を建てられてより、今年昭和甲申の歲は二千六百年に當るわけで、申せばこれわが建國人代に入つての大祭の源流である。

鳥見山はわが鄕里である。故に春四月の神武天皇祭に畝傍に詣で、同じ月、故鄕の鳥見山下にゐて、この大祭の日に會したわけである。國の上下に、神道復興の聲のさかんなること、前代未聞なる今日、定めし帝都に於ても、一二その回想の私祭典もあつたことと思はれるが、その情況については、まだ私は知らない。神武天皇の大祭が卽位後四年をへたのは實に旺んな祭典に、久しい準備を遊したからであらう。卽ち準備といふのは拓開生産をなして神饌幣帛をとゝのへる。この場合は政治全體の問題である。この生産が祭に當つて最も大切な神敕奉行である。土俗で行ふ宮座や當屋の當番のものも、一年の潔齋をなし、神饌の調達に仕へる。これが生産の生活である。祭といふのは神を拜することとは違ふのである。しかも當番の一年の間は喪に近づかず、穢れた火を用ひないなどといふ風が殘り、かうして一年間を年一度の祭の支度に費し、かくて祭りを終ると、翌年の當番へと輪番を廻す。今は大方にすたれる傾きであるが、かうして何百年傳つたか知れぬ祭りこそ、日本の根柢だと自身は考へる者である。民間私の祭さへ、觀念的な精神だけの神拜ではないのである。

今傳る御門祭詞が、「古語拾遺」のいふところのもので、神武天皇鳥見の大祭の時のものであるか否かといふことは、勿論誰にもわからぬものであるが、それとおぼしい證據は考へられぬわけもなかつた。さうしてこの時の宮門祭は、勿論大殿祭に附隨したもので、後代のこの祭もやはり大殿祭に附隨して行はれた。

しかし今こゝでは、この祝詞を誌して、古意を云はうとするのでなく、我らが處生の教へのあり方についてうける教訓と感想を云ひたい。けだし自身の信にふれたいと思ふのである。國學といふのは、古意を生き貫かうとする學問であつて、古典に當つてそれを作品として扱ひ、その思想を研究する近代古典學や文獻學と異る眼目も亦こゝにある。しかも現代に於て、なほ古意が人心にも殘つてゐるといふことは、今こそ色々の面で明證の出來る事實となつた。さうして我々はこの事實を古學の立脚點とする。故に作品の成立の年月を云ふといふやうなことは、第二義と考へられるが、第二義とはかりそめにするといふことでない。眞淵などは相當嚴密にさういふ考證をしようとしてゐるが、宣長はその議論の忙しさ未しさを若干例證し、制作年月の如きは、もつと大方に考へた方がよいと評してゐる。

大體眞淵は學問上で堅苦しい面をもつ人のやうで、例へば神道的な宗派で、大祓詞などを日夕に唱へ、或ひはくりかへし奏上するやうな風習に對して、それは佛教者の經文よみからきた異國風だから、必ず排斥せねばならぬと强調したが、宣長といふ人は、それを良いとも惡いとも定めないで、さうしてゐることもよいことだと肯定してゐる。ことのついでに云へば、重胤の說では「天つ祝詞の太祝詞事《フトノリトゴト》」とある太の意味は、單なる美稱でなく繰りかへし誦すといふ意があると言うてゐる。しかしこれは民間個人祝詞奏上のことと關係ないのである。何となれば天つ祝詞の太祝詞が、くりかへされるものとしても、それは天つ神の詔勅によつて、くりかへせと示されたものをさす意味だからである。こゝに於てこの問題は、外から形を規定するものでなく、人心の内部に待つべきものである。

御門祭詞は大體に於て、鳥見靈時大祭の時の原型を傳へてゐるといふことを信じうる。しかも實にそれらは、高天原より傳つたものであつた。この御門祭の性質を知る上では、必ず大殿祭詞を味ひ、合せて「古語拾遺」の記述を知る必要があるが、要するに天つ高御位のしづまる宮殿の神を祭り、又そこは神に御坐す畏き天皇の大御靈の鎮りますところであるから、かねて重大な祭りである。故に祈年祭詞の中でも、この詞は大略そのまゝにのべられるのである。食膳と建物を旨と重んずることは、上代の風であり、今もこれを警むことが政治の根本である。延喜式の御門祭詞は右の如くである。

櫛磐牖《クシイハマト》、豐磐牖命と御名を申す事は、四方内外《ヨモウチト》の御門に、湯津磐村《ユツイハムラ》の如く塞《サヤ》り坐して、四方四《ヨ》角《スミ》より疎《ウト》び荒び來む、天の麻我都比《マガツヒ》と云ふ神の云はむ惡事《マガゴト》に、相まじこり相口《クチ》會《ア》へ賜ふ事なく、上より往かば上を護り、下より往かば下を護り、待ち防ぎ掃ひ却《ヤ》り、言ひ排《ソ》け坐して、朝は門《ミカド》を開き、夕は門を閉《タ》て、參入罷出《マヰイリマカリイヅ》る人の名を問ひ知らし、咎過《トガメアヤマチ》在らむをば、神直備大直備に見直し聞き直し坐して、平らけく安らけく仕へ奉らしめ賜ふが故に、豐磐牖命櫛磐牖命と、御名を稱辭《タヽヘゴトヲ》竟へ奉らくと白《マヲ》す。

この祭は既に云ふ如く大殿祭に附屬し、この詞は忌部氏の奏す祝詞である。この詞の初めに四方内外とあるのは、宮城の三重にめぐらした御垣の四方の御門といふ意味である。

この神の御作用《ハタラキ》は、常は御門に湯津磐群の如くに、嚴然と不動に位置してをられて、一度禍津日神がくれば、上下八方に働き、天に上り地にくゞりこれを追ひ却る。まことに靈妙の神であるが、その位置はいはゞ御門守に當らる。しかしつねに人の出入する門は、最も大切なところで、今日の常識では一見その任輕く低いやうであるが、こゝで參入罷出者らを肅然たらしめることは、制度肅正の根本となる。これは文武一切の生活にあてはまり、又個人の出處進退にも當る教へである。しかもその神の御狀を誌して湯津磐群の如く塞り坐すと形容してあるのは、まことに萬代の眞理をふくんでゐる。けだし大樣醇朴にして大愚といふ感が深い。湯津磐群とは多數の磐の群といふ意に解してもよい。別解もあるが、ともあれ不動磐石の大岩と考へるとよい。

されど我らより拜すれば、この神の位置作用は、今日に當つて、そのまゝ國の言論文學者の教へである。形ないものの出入罷出を守ることは我徒の任である。けだし今日國の文化の門口に坐して、湯津磐群の如くに泰然自若と御門守の重きに任ずる思想家文人は幾人あらうか。かゝる位置に坐すこの神の德用については、禍津日神の云ふ禍事に對して、第一には相まじこらず相口會へ給はずとある。これは禍津日神と同じ論理で爭論せぬとの意趣で、もつと俗に云へば、敵の云ふ惡口威嚇に心動かさず、こちらの口でその惡言をくりかへし云ふことをせぬとの意味である。心動かす故に、敵のいふ賣言葉を買ふこととなるのである。つらく思ふに、今日の報道宣傳には、この祝詞の教を守らず、又この神の德用に卽してゐない點もある。つねに敵の云ふ威嚇やわが不利を述べる相手の表現を、得々としてわが口で唱へて、それによつてわが國民の敵愾心を昂奮させ得ると考へてゐる。つまり我國人をして口喧嘩の語彙の豐富な三文詩人たらしめようとしてゐる。これは古來日本士人の潔しとせぬことである。國の言論に於ては、口喧嘩の語彙の豐富な遊俠が必要なのでなく、われの必要とするのは、嚴然として言ひ排ける志の言論である。けだしこの相まじこらず相口あへずとあるのは、言論態度としては、辯證法といふ言論技術と根柢の異るところである。されどそれは、たゞ淳朴に訥なる意味でなく、沈默といふ意味でない。しかも思想戰は、討論會や論理の演習會ではない。單なる論的説明の快をむさぼつてゐても何事もない。こゝで我々は、わが國の言靈の德用を深く考へたい。實力の伴はぬ言論のみでは、實際の敵をうち得ないと考へるものは、言靈の信に到らぬ者であるし、言論を口にして一切の實力を否定する者も、自然の道を人爲思想によつて歪める者である。

こゝに第一の條目の意味は、對手の論理で爭論せぬといふことで、これは對手の云ふところにいさゝかも心を動かされぬことである。ここに言論思想戰の要諦があり、我らの信奉する思想戰の極意は、口喧嘩の語彙を作りその達人を養ふことでなく、この御門の神の如き魂と人がらを、國民全般自他に養はんとするところにある。

かくて次の第二條では、この神の神異の活動が誌される。これは對手の論理を仔細に分析した上で、可能な活動である。言論文化の極意も亦こゝにある。この後に第三條の言ひ排けるといふ作用が成立する。この德用の確立は現下國の論壇に於て、我らの待望久しいところであつて、自分がひたすらこの神の神助を祈る所以である。

次に御門の開閉と參入退出者への注意は、常住の任務であり、この位置は御門守の一見低いと見られる役であるが、今やその重さがひし〳〵味へる。さうして一朝事あれば、さきに申した活動が起される。されど平素は御門守として、出入者を注意し、その咎過あるを神直備大直備に見直し聞直しとあるところも、今日の世俗に見ぬ神ながらの大様さである。さきには嚴然、靈異を合せ示し、こゝに來つて無限の大様さを現はさる。見直すといふのは、古來日本の日常生活を無限になつかしく、おもひやり深いものにしてきた德用であるが、近代の制度生活都會生活に入つて、この人情がいたく衰へた。私人の人つきあひで見直したといふ論理は、愛情深く、生甲斐を相互に思はせ、一般人情を高める原理の一つである。又聞直すといふ方は、今も世俗のなごやかな思ひやりの場合に活動する働きだが、封建以前の公私の裁判上で、人心道德向上の原理とされたものもその一つである。これは虛僞を肯定する妥協ではないのである。いふならば法三章的運用もこの一例である。

故にこの見直す聞直すといふ作用を司るのは、人爲人工でなく、大直備神神直備神の德用に他ならぬのである。こゝに於いて虛僞の餘地なく、わが國人はこれを虛僞と考へ來なかつたわけである。此が神道に生きる者の實相である。されば人を見直したといふ時の論理をしづかに反省感嘆した人なら、直ちにこゝにある大直日神の德用がわかること、思ふ。そこには人爲の合理以上の重大な働きに司られてゐたことに氣づくであらう。しかしこの祝詞に「大直備神直備に」とあるのは、その神の御名をさゝれたのでない。その働きの形容として申したのである。しかし見直し聞直すといふことは、みなこの神の御靈の働きである。

さて宣長はその學問と處生の根本信念として、直毘靈を考へた人である。この眞意について、舊來の哲學風の考へ方をしてきた者は、こゝをとつて論理とか方法論といふ點から苦心の上考へ進めるなら、さういふものと異る宣長の根本の信に、ほゞたどりつく可能性がある。

私は自身の文人としての立場に於て、殊さらにこの御門祭の詞を尊び、合せてこの神の御靈の神助を願ふ念切なるものである。さうして自分は神助を信じて、神に祈るのである。わが人格とわが文人の完成過程で、わが守護神の護符が入用なのである。人力意志によつて、思想人格を完成したのちに、思想運動として神を説くといふことは、已の文人にはなし難いことである。私は國の土俗の生立と、わが詩人の性によつて、必ず神助神護あるを信じて、神を祭る者である。かくの如くに神を祭つてきた者の子孫だからである。わが私の考へとしての忠義をなす上を願ふのでなく、わがなすまゝが道にかなひ、神のまゝなるやうに、神靈來り助けよと願ふのである。考へた思想の正しさに於て、それを言擧して、神靈の加護を乞ふには、わが現世は錯亂し、今や亂脈の兆を示し、またわが心は自らな慷慨に疲勞してゐる。神に人爲人工のお手傳ひを要請するやうな拜し方は、私のとり得ぬところである。今日の合理的敬神運動には、實のところそれに類するものが多いと思はれたのである。

さて御門守の神たちの御狀を思ひつゝ、小生は近き世の大西鄕を想起したのである。大西郷の重さは、けだしかゝる人でなからうか、その言行と思想精神は、かく思へば思ひ當るところ多いのである。

うちも外もうれたみごとのいやまして賤の重荷の耐ふるすべなさ

（後註）

「古事記」に、天石戸別神（亦名謂櫛石窓神亦名謂豐石窓神）此神者御門之神也とありて、「神宮本記」にも、御戸開神、天手力男命とあり、また「元々集」に引ける「麗氣記」にも、天手力男神、亦名扉門神《ミトアケノ》とあり。栗田寛「稜威男健」に、後世、大伴、久米と二つに分れて御門に仕奉る事は、神代よりのならはしにてあれば、其並び仕ふる事はいふ迄もなく、その並び仕ふる根源は、其祖天手力男神、國手力男神の天石窟戸の左右に在て、其御戸を引明け給へるに起りつと所思たり、と云ひ、平田氏の「古史傳」に、天磐門別神は天手力男神にして、天手力男神は大伴氏の祖ならんといへる推慮の説を諾ひたり。平田氏の説は、所謂天職相續の觀點より、大伴佐伯二氏の祖神を考へ及ばれしものにて、「古語拾遺」の記述に基きてその考を進められし如し。古人の讀史力の感歎すべきところ也。然るに栗田氏は、「天照大神、御天降記」といふ書の中の古傳を見て、この平田氏が古史傳の推説の證を知られし也。以上のことは、重き古傳と申すべくあれ、思ひかへしてここに誌し置也。

丹生大明神告門傳

はしがき

今年早春の某日、大阪星井氏が門下生なる坂田勇君、初めて拙宅に來り、近く入營するにつきて、師に從つて上京せる機會に訪れしなりと語る。あたかもその翌日は、小生も西下の豫定なりしが、その朝たま〳〵同じ列車に乘るなり。されど車中混雜甚しくて認め得ず。名古屋に下車し、車窓を求め來れば、漸く兩君を見出したり。わが坂田君に會ふこと僅かにこの兩度のみ。その程に、いよ〳〵隊に入るとて、一書以て小生に奬むるに、折あらば丹生都比賣神社の御事につきて誌し給へと云ひ來る。けだし坂田君は紀伊國天野の住なり。古は名高かりし天野大社生都比賣神社も、今は交通偏遠となり、御名漸く遠く聞え、詣ずる者もいとゞ稀となりゆけば、坂田君これを慨み、年ふりし木草ことごと繁りたりひとしほきよきこれのみ社と詠みて、この神と社の御事につきて、究め明めむとせしことどもを心に殘しつゝ、身は大君の命畏み御戰に征で行く心のほど述べ來りぬ。齡稚き人なれど、志やさしき兵士となりしならん。今いづこに在りて戰ふや。こゝにわが情に思ふことあり。そは確なる文書には無けれど、これが天野大社の神威は、我等が祖先の永年經營の趾に、いさゝかかゝはりあると思はるることそれなり。過ぎし承久建武よりはた正平を通じて、所謂宮方と稱へ南方と號して勤皇を致せるものは、高野山寺領と淺からぬ緣ありけり。されどこは實に、天野大社の神威なりけり。高野山領はかの空海が巧み企てて、卽ち丹生都比賣神の信仰とその社領を踏襲せるものなれば、承久より建武をへて久しき吉野の御代にかけて、わが宮方の勢立ちし土地ぞ、古に遡れば、丹生都比賣神竝に御子高野御子神の御巡幸の跡なりける。且つこの神は、神功皇后の三韓御征伐の御時に著しき神威を現し給ひ、元寇の國難にも神助下し給ひぬ。かく異國降伏に、奇しき功勳をなし給ふ、隱れもなく畏き大神に御座しませば、此度坂田君船舶の兵として出征するに當り、われに思ひ殘しゆくに、われも亦御軍の御爲に、はたまた君の爲めに祈らんとの念深きに、かてて加へてわが傳來の情あり。併せて此度に果さばやと、これが意趣をかねて、當社に殘りし古文祝詞の註釋を誌さむとせしは、昭和申十九年十一月の八日にぞありける。

此の告門は世にいと珍らしき古文なるが、初めて世に廣く知られしは、加納諸平が紀州の風土名勝を調査せし結果の一にぞありしならんと思はれたり。かく申すは、諸平が自ら此詞を書寫して、伴信友に贈りし書狀の後に、信友の自筆にして、天保三年九月到來、珍重珍重、可祕可祕信友と誌せし、そもそもこの古文の世に傳播せる始にはあるべき。かくてその後に本居內遠が紀伊續風土記の撰定に預りし時に、この詞の考を記しぬ。これ卽ち天野告門考附丹生氏文考一卷なり。近代に於ては、栗田寬がさらに諸書を參考校訂して、丹生大明神告門考證一卷を著しぬ。いづれも委しき考にて、わが註釋の及ぶところには非ざれど、この辭を世に表章せんと欲りし、先人の驥尾に附して、そこばくの愚意も加へむ、且つはわが情を展き、或ひは初學者の常識に資せむとなり。以下の註釋に、考といふは、本居内遠が天野告門考の説なり。考證とあるは、栗田氏が丹生大明神告門考證に云ふところ也。

丹生大明神告門

此は標記なり。元は告門とのみありしならん。告門の假字の古雅なるに對し、丹生大明神とあるは、何となく後めきたる文字なり、と考に云へり。丹生大明神は丹生都比賣大神を申奉れり。當社延喜式の名神大社なれば、大明神と書くに謂あり、名神を明神と書けるは、近き例にあらず。既に弘仁延喜の頃のことにも見えたり。日本後紀延喜廿一年神位記官符、本朝月令所引秦氏本系帳、日本紀略等に種々の例あり。名神ならぬ神をも、明神と書す例も、既に早く日本紀略に見ゆ。けだし式の名神は社格にて、うちつけに云ふべきには非ず。されば名を明と音通じて、名神を明神と呼びなしたりと決するにも如何にや。けだし俗には音を以て通用したるものも多からん。丹生都比賣神社は名神大社なれば、大明神に通用せりと云ひ得べし。されど一般には、明神は支那の語に本づき用ひしなるべし。中世以後は名神と誌すこと漸く少く、後世は明神のみにて、名神は全く無し。又明神、大明神を社格の如くに用ひし例あり。上野國神名帳に、式内の社を大明神と爲し、式外を明神と爲し、調所文書所載大隅國神名帳には、二位三位の社を大明神となし、四位五位を明神と爲したり、後世には大明神の稱を、吉田家の執奏を經由して、授け奉りしことあり。さてこの標記に云ふ大明神はかゝるいづれとも思はれず、たゞこの語の流布の後に、何と無しに誌せしならん。故に考に後世に加へしならんと云ふ也。

丹生大明神は、式の丹生都比女神社なり。紀伊國伊都郡に鎭り坐す。名神大社にて、月次新嘗の官幣に與り給へり。(三代實錄) 貞觀元年正月廿七日從五位下勳八等丹生都比賣神從四位下。元慶七年十二月廿八日從四位下勳八等丹生姫神從四位上。(扶桑略記、日本紀略) 延喜六年二月七日、授二紀伊國伊太祁曾《イタキソ》明神正六位上玉出島明神從五位上高野御子神從五位下一安德天皇壽永二年十月九日紀伊國丹生高野神奉レ加二一階一北條百錬抄亦出。玉海には壽永二年十月十日辛丑とあり。本田神名帳には、天神二社正一位高野御子神正一位勳八等丹生津比咩大神とあり。又諸神記といふ書に、寺家申狀云、丹生明神者伊弉諾伊弉冉之御娘高野權現者日神天照之御甥也云々とありて、元曆二天下諸神一階之時可レ爲二正一位一と見えたり。以上は當社神階の大略なれど、こゝに神階のことにつきて說明すれば、神に位階を賜ること古は知らず、始めて見えしは、東大寺要錄に八幡大神を三位に敍せらるとあり。品位を授けられし最初は、續日本紀天平勝寶元年十二月八幡大神に一品を、比咩神に二品を授けたり。また勳位を授けられしは同書寶龜二年十月戊辰越前國從四位下勳六等劍神《ツルギノカミ》と見えたるを始めとす。かくて平安時代に入りては、事ある每に進階せられたり。されど私に勸請する神は、本社の位階に準ずべきに非ず。但し朝廷の許可を得て、其靈を他所に分祀する神には本社に準じて同位を授けらるることもありき。伏見稻荷神社を他所に勸請する時、本社より同位の位記を授與するが如きは、後世の事なり。その他國守が管內の神社に假に位を授けて敕許を待つ間の借位といふ制あり、また後世卜部兼俱の一種の位記を爲りて敍位加階せる宗源宣旨と云ふあり。釋日本紀に先師說云丹生都比賣社者高野天野明神也とあるはこの神社にて、神功皇后征韓の御時に神威を著し給へる稚日女《ワカヒメ》尊を祀れる社なりと云へり。稚日女尊は伊弉諾尊伊弉冉尊の御子天照大御神の御妹にて、神代より當國和歌浦玉津嶋に鎭り坐せり。征韓の御時此神赤土の功勳を顯し給ひしかば、皇后凱旋の御後に、筒川藤代に鎭め奉れり。日本書紀に、功勳ありし神等の功勞に報ひ給はむとて、其の鎭り坐さんと欲し給へる處に、それぞれ鎭め奉りし由を誌す中に、稚日女尊誨レ之曰吾欲レ居二活田長峽《イクタノナガヲ》國一因以二海上五十《ウナカミノイ》狹茅《サチ》一令レ祭、とあるは、式の攝津國八部《ヤベ》郡生田神社にて、卽ち一神兩所に鎭り坐す例は少なからず。釋日本紀引敍播磨國風土記に息長帶日女命欲レ平二新羅國一下坐之時、禱二於衆神一爾時國堅大神之子爾保都比賣命　著《カミカヽリシテ》二國造石坂比賣命一敎曰、好治二奉我前《ミマヘ》一者、我爾出二善驗《ヨキシルシ》一、而比々良木八尋桙《ヒヒラギノヤヒロホコ》根底不レ附《ネソコツカス》國、越賣眉引《ヲトメノマヨビキノ》國、玉甲《タマヨロ》賀々益《ヒカヽヤク》國、苦尻有レ寶白衾《クシキタカラアルククフスマ》新羅國矣以二丹波《アカキナミ》一而將平伏賜《コトムケタマハン》、如此教賜於レ此出コ賜赤土《アカニ》一、其土塗二天之逆桙一、建二神舟之艫舳《トモヘ》一又染二御丹裳《ミアカモ》及御軍之著衣《マタミイクサノケセルコロモ》一又攪濁海《カキニゴシテウシホ》一渡賜之時、底潜魚《ソコクヽルウヲ》又高飛《タカトブ》鳥等《ドモ》不二往來《ユキカヨハ》一、不レ遮レ前、如是而平二伏新羅一已訖《コトヲヘテ》還上、乃鎭二奉其神於紀伊國管川藤代之峯一とあるを、さきの書紀の文と合せ考ふれば、書紀は生田のみを云ひて、これを洩せる也。尙この神かく異國降伏に功ありしが、弘安四年蒙古來寇の時にも、靈驗殊に著しく、勳功を著し給ひし故に、役後和泉國近木莊等を寄附せられし事あり。然るに長く高野山金剛峯寺に關してのみ人口に膾炙し、浮屠者の俗説によつて專ら知られ給ひしは、なか〳〵口惜しことなり。さて玉津島と御一體なりしことは、降り神事によつて知るべしと考證に云へり。こは每年九月十六日に神輿玉津島に遷宮なし奉る行事なり。玉津島は紀伊國造の齋き奉り、丹生神社は天野祝の齋き祀る所なれど、國造と天野祝部は、その祖先同系なり。さて管川より處々に移り給ひて最後に天野の地に鎭り給ひしなり。紀伊志略に天野神社一之宮丹生津姫神二之宮高野大明神三之宮蟻通大明神四之宮嚴島大明神、(百錬抄）壽永二年十月九日紀伊國丹生高野神奉レ加二一階一右天野村ノ中ニアリと見ゆ。紀伊國名所圖繪には一宮の祝惣神主丹生一《タンジヤウカズ》麻呂當社の神事を司るとあり、又他の三社の神主につきて、二ノ祝子丹生相見《アヒミ》某、三ノ祝子丹羽某、四ノ祝子松島某と見え、高野御子大神について、御子は彦と通ず、此高野彦にして、昔此地の領主なりしならんと註記し、この神は天野祝ノ遠祖ニシテ丹生津比賣大神イマダ此地ニ鎭座シタマハザリシ以前ハ天野ノ祝專此神ニ奉仕セシニゾアラン故ニ滿山ノ衆僧苟モ此神ヲ崇敬セザル時ハ大ニ祟リヲ受クトイフとあり、又、神職惣神主丹生一麻呂、(家は社地の坤にあり、又別器とて自器に非れば飲食せず、旅行にも家僕に器を負するを例とす）日本紀に天野祝と見え（小竹祝と合葬の事川北小竹宮の條下に見ゆ）神代より子孫連綿として稀代の舊家なり、當家は高野明神の末裔にして紀國造豐耳命を以て中興の祖とす、豐耳命は高野魂命五世孫天道根命の末裔なれば國造家と親姻篤しとなん、山上山下の鎭守遷宮の時すべて當家より執行す、家に古文の祝詞古系譜等を藏む、其文の古雅天下に類するもの多からず、又古文書數百編を藏すとあり、この文中に古文の祝詞と云へるもの卽ちこの告門なり。

告門は祝詞の假字なり。考には吉門とあり。吉は告の古體にて、告は乃里と訓めり。門は水門大門などの例多く、トと訓み、登の訓假字に用ひしなり。かくて中古以來は多く告門と字音にも呼び來れるさまなり。祝詞とは元來は神語を基とし、やがて神に申す詞となりしものにて、これを神に申す趣旨には、神の事依さしに仕奉る祈禱の上からと、仕奉りしさまを返事《カヘリゴト》申す謂の二途あり。かくて祝詞は祭政奉行の根本なれば、朝家の政令民用の綱紀悉くこゝに備はれりと古人も云へり。卽ち式の最も重きものとなす。且つすべてが神語なれば、この詞を誦する時必ずその辭のまゝに實現するを信じたり。これ言靈の玄義にて、後に到つて神の語なりとの意味を漸く失ふに到つて、言葉と語句そのものの靈魂を考へるに至つて、言靈の思想には著しく觀念化するに到れる端初となりぬ。けだし神語なる故に、その神の絶大の威力によつて、絶對の實現力をもつものなるを、これを抽象の語の靈魂より考へることは、後世の俗神道流にて、國際宗教に類似する一思想に異ならず。さて告門の語はいと古き假字なれど、大明神は後に加へし中古以降の語にて、元はたゞ告門とのみ呼びしならん。當社に藏する壽永年中の文書には、たゞ當社御吉門狀云とてこの祝詞を引ける由、考に見えたり。

懸幕《カケマク》毛《モ》恐岐《カシコキ》皇大《スメオホ》御《ミ》神《カミ》乎《ヲ》

幕は式ノ祝詞に卷《マク》と書けるに同じく、まくと云ふ詞の假字にて、人の口にかけて申さんも恐れ多きとの意なり。原本は毛をモ岐をキ乎をヲと作れど、他の祝詞の例に因つて改めたりと、考に云へり。皇大御神は卽ち丹生《ニフ》津比賣大神を申奉る。皇《スメ》はもと統る意にて、御國を統知らしめる天皇を申すより始まりて、皇統の神等《タチ》に用ゐ奉れるほどに、後は何れの神にもあれ、たゞ何となく尊び申す言葉となりしものの如し。されど鈴木重胤は、もとはうちつけに皇と稱へ奉る時には、天照皇大御神に限り奉りしなりと云へり。こは重胤が祝詞講義に說くところにて、古くは皇大御神と申せば、懸卷も畏き天照皇大御神御一方のみを稱へ奉る例なりしに、後代に至つて、外戚家の御祖神を皇大御神と稱奉つてより、そののちはいづれの神にもませ、ただその神を尊び申す詞となり、かくて古制紊れしなりと云へり。されどこゝに後世と云ふは、平安時代の初期を降らず、恐らくは奈良時代ならん。

歳中爾《トシノウチニ》月乎《ツキヲ》撰比《エラビ》月中爾《ツキノウチニ》日乎《ヒヲ》撰定氐《エラビサダメテ》

式祝詞に八十日日波在止毛今日能生日能足日などあると同じなり。かく言を重ね云ふは、古文のいとめでたきみやびなり。式祝詞の荒鹽之鹽乃八百道乃八鹽道之鹽乃八百會とあるも、かゝる古文の例にて、殊にうるはしき文辭なり。

銀《シロガネ》　金《コガネノ》　花佐《ハナサ》支開《キヒラク》　吉《ヨキ》日《ヒ》時乎《トキヲ》　撰定氐《エラビサダメテ》

萬葉集に、天皇の御代榮んと東なる陸奧山に久加禰花佐久とあり、金銀の出づるはめでたき日時なればかく云へるなり。上に引ける生日能足日の類なり。されどこの辭句は式祝詞などに見えぬ詞にて、古雅ならず、上古の詞とは聞えず。假令ひ銀花佐支金花佐久と云ふとも、なほ古雅と云ひ難し。天正年中に書寫せる日高郡某社の祝詞に、金花佐久吉日云々といふ文ありて、しかもその全文は佛語よりなるものの由、考に註さる。吉日時と云ふも、後《ノチ》めきて古雅に聞えず。

當年《ソノトシ》二月《キサラギ》ノ春御門《ハルノミカド》奉仕申久《ツカヘマツリマヲサク》
十一月《シモツキノ》秋御門《アキノミカド》

當年は諸祝詞に、某年某月某日などと書けるに同じ。その年を云ふなり。註文に二月春御門十一月秋御門とあるは、式祝詞の今年乃六月月次幣帛の下の註に、十二月者云二今年十二月月次幣帛一とあると同じ様式にて譬へば今年二月の祭ならば、昭和二十年止云年乃春御門仕奉と唱ふとの謂なり。十一月の月は暦の上では冬なるに、これを秋と云ひしは、古は一年を春秋二つに分ちて、冬の事をもおほらかに秋と云へる故なり。それらのことどもは、宣長の眞暦考を見て悟るべし。なほ古例あり。大嘗祭に嘗の字を當てしも、この例にて、大嘗祭は十一月中ノ卯ノ日に行はせらる。しかるに秋の祭を云ふ語なる嘗の字を用ひたるは、一年を春秋に別ちし古制の故なり。一年を春秋二つに分つ因は、旨として稲の播種と収穫にもとづき、一年を年と云ひ、稲も亦年と云ふことは、本はみな稲の成長に基けり。けだし神の事依さし給ひしまにまに、御國風に米作りを基とする御國なることは、皇御孫尊の天降りの御時の神敕によりて定れり。かくて神州の道に仕へ奉る臣道の大綱の一つに天降りの御時の神敕に仕へ奉るを以て根柢となすものなることは、御國の民の古も今もつねにしかと知るところなり。御門奉仕とは神前に侍候うて、祝詞を宣《ノ》る意なり。式祝詞に稱辭竟奉と云へるに結局は當れり。稱辭竟奉とは、俗に云ふお祭りすとの意にて、幣帛を奉り祝詞を申し祭ることの一切を云ふなり。

高天原《タカマノハラ》爾《ニ》神積《カムヅマリ》坐《マス》天石倉《アメノイハクラ》押放《オシハナレ》天石門《アメノイハト》忍開《オシヒラキ》給《タマ》比《ヒ》天《アメ》乃《ノ》八《ヤ》重雲《ヘグモ》乎《ヲ》伊《イ》豆《ツ》乃《ノ》道《チ》別《ワキ》爾《ニ》道《チ》別《ワキ》給《タマ》天《ヒテ》

高天原爾神積坐云々は、高天原に鎭坐す所の、その天石座天石門を押放れ押開き坐して、八重雲を別けて、降り給ふ由なり。神積は神留と書けるに同じく、聚の意なり。また皇御孫尊の天降り後も高天原に鎭坐す神のことを申す言なり。聚或ひは留の字を當てて、いづれの意もおほらかに兼ぬるなり。この告門の文のこのところは、詩歌の如くおほらかなる發想になる古文なり。くたくたしく語釋のつづきを解かんとなすよりは、この意を悟り、ことがら以て、その意味の大なるものを察すべきところなるべし。天石倉とは記文は式祝詞に天磐座とあるに同じく、天津神の鎭坐すくら座なり。神代御紀に皇孫乃離㆓天磐座㆒且排㆓分天八重雲㆒稜威之道別道別而天㆓降於日向襲之高千穗峯㆒矣とあり、又神武天皇御紀に、闢㆓天關㆒披㆓雲路㆒驅㆓仙蹕㆒とあるを對比すれば、こなたはすでにこの世のことなれど、その狀景歷然として、皇御孫尊の天降りも亦か〻るさまにて、高天原より地上に下り給ひしとおぼゆ。押放の押は押照押勝《オシテルオシカツ》といふ例の押なり。殘《ノコ》る隈なく平らかにおしならすの意より出づ。こ〻は磐座より完全に離れ給ふ意なり。卽ち押放れと訓むべし。丹生津比賣大神は、その御靈のみ天降られし故に、顯身《ウツシミ》は天に留り坐し、また磐座は天に殘れるなり。さてその磐座より離脱《ハナ》れ給ふにて、手もて押し放ち給へる如き意に非ず。天石門は此大神の御殿の戸にて、そを押開き給ふなり。忍を押とよむ例また多し。八重雲の八は彌《イヤ》の意にて幾重にも重れる雲を云ふ。伊豆は稜威《イツ》なり。道別は道を排行《ヒラキユク》意にて、八重雲を分け給ふなり。さてこの條は丹生都比賣大神の天降ります事を申せるなり。

豐葦原《トヨアシハラ》乃《ノ》美豆穗《ミヅホ》乃《ノ》國《クニ》爾《ニ》美豆毛《ミヅケ》給《タマフ》止志天《トシテ》

豐葦原乃美豆穗國は皇國なり。爾の字原本になし、考此を補ふと云へり。かゝる例他にも少なからず、一々註せず。美豆毛給の美豆は瑞なり。毛は穎《カヒ》にて稻の穗を云ふなり。カヒの約りきなるを、ケに轉じて云へるなり、二音四音に轉ずる例多し。卽ち瑞穗と言ふに同じ、稻穗を毛と云事は、毛付《ケツケ》、毛見《ケミ》、立毛《タチケ》など今もいと多し、と考に云へり。この考證はともあれ、美豆毛が稻穗に關係あるは明らかなり。されど此詞は古書にも見當らぬ、古言なるべしと考にも云へり。給止志天は、給はんとての意なり。すべての意は、皇國を豐年ならしめんとてなり。

國郡《クニコホリ》波《ハ》佐波《サハ》爾《ニ》在《アレ》止《ド》母《モ》紀伊國《キノクニノ》伊都郡《イトノコホリノ》奄太村《アムダノムラ》乃《ノ》石口《イハクチ》爾《ニ》天降坐天《アマクダリマシテ》

佐波は數《サハ》なり、國郡云々、かくこと〲しく云ふも古言の格なり。奄太村乃石口は此神の始めて天降り給ひし地なり。石口山口などの口は麓の意なり。奄太奄田通じて書く。今の慈尊院村にて、空海が慈尊院を建てしより、轉じて村名となりて、やがて古名を失ひしが、古老はなほ奄田と稱ふる由なり。今の三谷村酒殿神社の西南の方に當りて、石口瀧といふあり。怪巖奇石古樹に圍まれ塵外の勝地にて、古老傳へて丹生大神の始めて天降り給ふ所なりと云ふ。この瀧はまた七尋瀧とも宮瀧とも云ひ、社記にも崇神天皇御宇まで、ここに榊山社と呼ぶ一座の社ありし由を傳へたり。これを崇神天皇御宇に丹生大明神降臨し給ふと訛傳せり。されど榊山社が降臨の地なることは、文暦元年丹生惣神主解狀にも見ゆ。この三谷慈尊院は別村なれど、昔は通じて奄太村と呼びしなり。三谷村なる丹生酒殿神社は丹生都比賣神社の境外攝社にて、酒造の神として尊崇せらる。今の社記にもこゝを丹生都比賣大神降臨の地と云へり。

飛鳥の濫觴

飛鳥といふ土地が最も早く現れるのは、「出雲國造神賀詞」である。大穴牟遲神《おほなむぢのかみ》が大八洲國の現《あき》つ事顯《うつ》し事、事避《ことさ》けて、所謂國讓のことがことぐ〜く終《つ》つた時に、「皇御孫の命のしづまり坐さむ大倭國と申して、己命《おのれみこと》の和魂《にぎみたま》を八咫鏡に取り託けて、倭の大物主櫛牗玉命《おほものぬしくしみかたまのみこと》と御名を稱《たた》へて、大御和《おほみわ》の神奈備《かむなび》に坐《ま》せ、己命《おのれみこと》の御子阿遲須伎高彥根《あぢすきたかひこね》命の御魂《みたま》を、葛木《かつらぎ》の鴨の神奈備に坐せ、事代主命《ことしろぬしのみこと》の御魂を宇奈提《うなで》に坐せ、賀夜奈流美命《かやなるみのみこと》の御魂を飛鳥の神奈備に坐せて、皇孫の命の近き守神と貢《たてまつ》り置きて、八百丹杵築《やほにきづき》の宮に靜まり坐しき」。これが、飛鳥の土地の名の顯れた最古のものである。この「神賀詞」は出雲の國造家の神代よりの傳へごとであつた。「延喜式祝詞」として今ある成文體のものも、わが國の古典の成立期にはすでに定着してゐたことの十分に信じられる古雅な文體をもつてゐる。申すまでもなく古典の中でも最古のものの一つである。しかもこの祝詞のこゝに引用した部分は、他の神話、國史、古典の傳へない重い事柄であつた。その一つは大穴牟遲神が國讓の當時、すでに將來わが皇孫命が大和へ移られるといふことを豫め知つてをられたとあることである。今一つはその用意のため四柱の神たちを、大和の四つの土地に鎭《しづ》めおかれ、東遷後の皇御孫命《すめみまのみこと》の近き守り神にと心づもりしてをられたといふ事である。このことは他の古典に見ないだけでなく、大和東遷を遊ばされた神武天皇御自身すら、この遠世の神々の心づもりを何ら存じをられなかつた。それで東行の途中も色々に苦心され、果して大和へつくのか、一體大和はあるのか、どんな土地かおぼつかなく思つたりされた。この神のはからひを幽契といつてゐるが、幽契《かくりよのちぎり》は現世の人には、天皇にさへわからぬものであるとされてゐた。

大穴牟遲神のはからひで鎭ませられた神々の四つの場所のうち宇奈提《うなで》だけが「神賀詞」の中で神奈備といはれてゐない。宇奈提は今の金橋村雲梯《うなで》のあたりと考へられ、あるひは岡の高市御縣坐鴨事代主命神社にあてる。よしそこでなくとも、これは田荘の田作りにかゝはりある名であるから、神奈備のないやうな平坦地だつたのであらう。しかも今云ふ雲梯の地は、高市郡の平坦地にあり、大和國原の中心ともいへる平野の中央の村だから、古も神奈備といふほどの場所がなかつたのであらう。古の神奈備は規模も相當大きかつた。だからこの場合も書き落したわけではないと私は考へる。それで當時大穴牟遲命の御心にかなつた神奈備は大和で三カ所だつたわけで、勿論これは國原を抱きつゝむ地形を占め、橿原、磐余、飛鳥の平坦地を圍ふ配置をたてまへとしたものである。このうち大御輪の神奈備は大神《みわ》神社として、今日も古以上に榮えてゐる。葛木の鴨の神奈備の方は、山城、長岡への都移りのある以前の、奈良時代に早くも主力は山城の賀茂の方へと動いてゐた。鴨の神々は山城への都うつりと共にその都の主だつた守り神となられる。建角身《たけつぬみ》といふ神名は、大和の鴨の神々の一つのおや名であつた。神武天皇が熊野から吉野宇陀をへて、大和の國原へ出られる時の道案内をした八咫烏も、この鴨の神のその日の現身だつたのである。しかも今に傳へられた葛木の鴨の神奈備の址は、葛城山下の土地がらの大きく深いところである。

飛鳥の神奈備の方は今では何といふことなく、劍ケ池丘陵とも云ふ、甘橿丘、雷丘をふくむ一帶の低い廣い丘陵と考へられてゐる。近世の學者のとつてゐた雷丘一つをいふ形の考へは、影薄くなつたわけだ。それは古代の人の考へた神奈備といふものの規模が、實地の方から知られてきたからである。神奈備といふのは神々のこもつてゐられると信じられた森である。神賀詞に出た他の二つの神奈備に較べて飛鳥の神奈備を考へる時、これは當然な考へ方だが飛鳥の神奈備は、わが上代史では他に比すもののない重い場所だつた。その點、今考へられてゐる甘橿丘陵でさへ、その地形規模、他の二つの神奈備にくらべると、却つていくらか淺々しく、見較べの乏しさが感じられるのは詮もない。

飛鳥神奈備は「萬葉集」に歌はれた神奈備である。奈良奠都後もその思ひはいやましても衰へはしなかつた。それほど當時の人々にとつては大切な、心のふるさとであり、胸をどらせた遠世の世界、さうして又、はかりしれぬ神祕と智慧とめぐみの森であつた。畏き神々がうつゝに坐す場所であつた。

舊來飛鳥の神奈備を決定する時の最も大切な要素は、飛鳥坐神社とされてゐた。しかしそれは比較的簡單にきめられてゐた傾きがある。深く立入つて考へた人はなかつたやうだつた。今、鳥形山にある飛鳥坐神社は、もとは近ごろまで雷村とよんだ地にあつた。天長六年三月、神託によつて鳥形山へ遷された由が「日本紀略」に見えてゐる。延喜式の出來る九十年ほど以前のことである。近世ではこの飛鳥坐神社のもとあつた場所、そこを飛鳥の神奈備と考へた。飛鳥坐神社はそれにふさはしいほどの信仰上の重さと、社格の高さを延喜式の中で示してゐるからである。それは飛鳥神奈備の主座にふさはしい重さと見られた。

しかるにこの飛鳥坐神社の祭神は、中世以來の社傳では、四座、事代主命、建御名方命、高照姫命、下照姫命とあつて「神賀詞」にいふ賀夜奈流美命の御名は見えない。飛鳥神奈備を決定する筈の飛鳥坐神社の祭神が、「神賀詞」と合はないといふことは全く困る問題であつた。これを解決するために、本居宣長は「神賀詞」文句の、飛鳥の神奈備と宇奈提がいつの程にかとり違へられたのだとした。卽ち初めは「事代主命ノ御魂ヲ飛鳥ノ神奈備ニ坐セ、賀夜奈流美命ノ御魂ヲ宇奈提ニ坐セテ」とあつたものが、宇奈提と飛鳥の神奈備とが入れかはつたのではないか、宣長は「出雲國造神壽後釋」でこのやうに云つた。この解釋によつて中世の社傳は全うされるわけである。しかしこの神賀詞の訂正は果して如何であらうか。

延喜式「神名帳」を見ると、大和國高市郡の高市御縣坐鴨事代主神社は大社であつて月次新嘗に與る。「三代實錄」に、貞觀元年正月廿七日從二位より從一位に上るとある。これを「舊事紀」に「都味齒八重事代主神坐二倭國高市社一亦曰二甘南備飛鳥社一」とあるのは、飛鳥坐神社を指さない。飛鳥神奈備につき、古すでに傳承の混亂ありしを察するに足るものである。

この高市御縣坐鴨事代主神社は、同じ式内の高市御縣神社とは別社にて、高市御縣神社は名神大社月次新嘗に與る、「天武天皇紀」に見る壬申の時の高市社は、この名神大社の方である。現在雲梯といふ土地は金橋村にあるが、こゝには式内川俣神社三座（並大月次新嘗）があり、現在の祭神は八重事代主命となつてゐる。（松田定一「大和國神社神名帳」昭和十五年刊）なほ「大和國神社神名帳」では高市御縣坐鴨事代主神社は、高市村岡にありとし、又畝傍町四條に高市御縣神社をあげてゐる。さて「後釋」の說に從ふ場合の難點は、その所謂「宇奈提の地に坐せし賀夜奈流美命」の社を、此處と指し示し得ないことである。

飛鳥坐神社四座は並名神大月次相嘗新嘗、と式に見え、その社格では、飛鳥神奈備の主座として申し分ない。「類聚三代格」貞觀十六年六月廿八日の太政官符で、大社の封戸を以て小社の修理を助くべきである、其祖神貴くして封をうけ、その裔神微にして封無いやうな場合にあてるべしとした。その一例として飛鳥神之裔天太玉臼瀧賀屋鳴比女四社此等類是也云々とある。「伊呂波字類抄」は、賀屋鳴比女と賀屋鳴美は相通ず、美は女の義とする。なほこゝに見える天太玉は式の太玉命神四座、並大月次新嘗、とある神社であらう。この社格については「名神祭式」に名神大とある方が正しいと信友は云ふ。別に飛鳥川上坐宇須多伎比賣命神社といふのが式に見える。臼瀧、賀屋鳴比女とあつた社で、「大和國神社神名帳」では、高市村大字稲淵字宮山にあり、當時指定縣社だつた。格に云ふ四社の意味として、天太玉、臼瀧、賀屋鳴比女の三社の他の今一社は、飛鳥神を加へて四社の意也と信友の註するところである。弘仁十三年四月の官符にも賀屋鳴比女社、飛鳥の神裔神となつてゐる。これらは「神賀詞」の本文と矛盾する。

加夜奈留美命神社は式にも見え、この神は貞觀元年正月廿七日に正四位下を授かつてゐる。現在栢森《かやのもり》に鎭座する。こゝは岡より南の奥の山中、稲淵の上、高取山の中麓であつて、今日の飛鳥といふ常識から見ると、この山中を飛鳥神奈備といふのは如何かとも考へられ、加ふるに栢森の加夜奈留美命神社では、式の社格も低きにすぎるとするのが、こゝを飛鳥神奈備とされなかつた舊來の常識である。しかし高取山は、龍門岳のつゞきに位置し、今の飛鳥の平坦地に立つて見る時は南方の主峰、無下に一排し難い雄姿を示してゐる。山容としては大御輪や葛木の鴨にいさゝかも劣らないものである。さらにもし岡の高市御縣坐鴨事代主神社を、宇奈提の事代主命と見るなら、後の淨御原宮の遠大の計畫からして、あながち栢森を排するにあたらぬとも申し得る。

飛鳥坐神社の祭神は、中昔から近世まで、四座、事代主命、建御名方命、高照姫命、下照姫命となつてゐた。現在では「大和國神社神名帳」に、事代主神、高皇産靈神、大物主神、天照皇大神、卽、飛鳥三日比女命となつてゐる。この古い傳統の方の飛鳥坐神社四座祭神につき、鈴木重胤は「延喜式祝詞講義」の中で高照姫命、下照姫命同神なれば、高照姫命とあるのは下照姫命の母高津姫命の誤りであると斷定した。「古事記」の本文には、大穴牟遲神、胸形奥津《むなかたおきつ》宮の多紀理毘賣命を娶り阿遲鉏高日子根神を生む、次に妹高比賣命を生む。またの名は下光比賣命とあり、「舊事紀」には大己貴神、先づ宗像奥都宮に坐す田心姫命を娶り、味鉏高彦根神、妹下照姫命を生む、次に同じ宗像の邊都宮に坐す高津姫神を娶り、事代主神とその妹高照姫神を生むとある。この下照姫命は「日本書紀」に、亦ノ名高姫、亦名稚國玉《またのなわかくにたま》とあるのは、父の大國玉、顯國玉の稱に對し、國造りに動大なりしほども知られ、且つその下照姫の名は類ない美貌を示すものである。さればこそ、天若日子、天津神々の敕命をうけてこの國に使ひしつゝも、下照姫を娶り、八年になるも天にかへらず、つひに天つ神の使者雉名鳴女を射殺した返矢によつて身を失ふこととなる。わが神話では、海原の神の姫（海神の女は比類ない美貌と信じられた）と結婚した者でも、三年目に大きい嘆息を一つつくやうな倦怠に陥るが、下照姫の天若日子は、八年にして變らず、天つ神の敕命さへ忘れてゐたのであるから、下照姫こそまことにその名の示す如く、神話時代を通じて第一の美女といふべきであらう。

さて重胤のいふ、高照姫、下照姫、同一神といふことは、その師平田篤胤の説なりし阿遲鉏高日子根命と事代主命を同一神とする考へをうけついだ結果で、こゝに二人の母は重胤の考へでは同一神であり、一人の母を名を二つに分つて傳へたわけである。しかも「舊事紀」の傳へに從ふにしても、飛鳥神奈備の地には、大穴牟遲神と宗像の祖神との間に生まれた四人の子たちのすべてを祭つたこととなり、それは壬申の時に於ける宗像族と天武天皇との緣故並びにその勳功を考へると、まことに味ある史實といふべきだらう。「舊事紀」の系譜の場合は、阿遲鉏高彥根命は鴨の神奈備に坐したから、除かれたわけであらうと考へられるのである。

重胤の飛鳥神奈備の説は、飛鳥坐神社の舊地をそれにあてることを前提とし、「後釋」の説に從はず、卽ち敢へて「神賀詞」の訂正などをせず、賀夜奈流美命卽ち下照姫命といふ解釋を、詳細な論證考證を以て下したのは、然しながら果して如何であらうか。飛鳥坐神社の主神は、もともと賀夜奈流美命であり、これは賀夜奈流姫命であり、卽ち下照姫命といふのである。賀夜奈流美命は、その名他に傳はらず、「日本書紀」「古事記」にも見えない神である。しかし下照姫命ならば、稚國玉と稱へられた位であるから、飛鳥神奈備の主神としても他に比して見劣りしない。推古、皇極（齊明）、持統と立たれた飛鳥の大女帝たちの守護の女神としてふさはしくさへ感じらる。

中世以降その下照姫命が、相殿神となり、事代主命が主座となつたとしても、かういふ例は他にも少くないから、そのことはさして重大な問題でない。重胤は賀夜奈流美命の「賀夜は例の高屋にて、奈流は爾在にて阿陀加夜怒志の主《ぬし》に當り、美は比賣なること」、格文に賀夜鳴比女とあるのも一證とした。「神名式」に、攝津國東生《ひがしなり》郡難波坐生國咲國魂神社二座とありて、卽ち大國魂神の坐すに並びて比賣許曾神社、次に阿遲速雄神社が有り、（式神名帳記載同郡三社のみ）、其の比賣許曾神社を「臨時祭式」に、亦號二下照比賣一と見え、「三代實錄」貞觀元年正月廿七日、攝津國從五位上、下照比賣神從四位下と見えてゐる。これは大國魂、稚國玉（下照姫）の並び坐す例である、と重胤は云つてゐる。松下見林は、比賣許曾社は今の高津社なるべし、古宇豆は許曾の轉語也と云つてゐる。

重胤は「神賀詞」の傳統文を變へず、且つ飛鳥坐神社の中古以來の社傳も尊重して、こまこましい證をひき出したのである。しかるにこの中古以來近古に及んだ社傳は、「五郡神社記」に至つて變化し、明治以降は無造作に變化のまゝとした。さきにも云つた「大和國神社神名帳」の祭神名は、中古、近古のものと變り「五郡神社記」によつてゐる。

栢森《かやのもり》の式内加夜奈流美神社は、既記の如く「神名帳」に於ける神格の低さのために問題とされなかつたが、賀夜奈流美命が下照姫命であるといふ重胤の說に從ふなら、この神代無雙の美女が栢森の地を飛鳥神奈備とし、飛鳥を開かれたといふことに、もう一つ別の興味がある。それは下照姫命が栢森に坐したころ、その東の谷に丹生津姫の神が、かの上代史を一變し、その影響は中古から今に及ぶその偉大な御巡幸の時、しばらく立留られたということである。天野の古い祝詞には丹生津姫神の巡幸の道々が刻明にしるされてゐるが、この巡幸は要するに神々の天上の齋穂を與へて廻られたもので、從つて、一つの農道あるひは農業技術をもつて廻られたこととなる。さういふ道順で栢森の近く今いふ入谷《にふたに》（丹生谷）の地に立寄られ、その間この二女神に何かの交渉のあつたことを想像してみることは極めて興味深い。丹生津姫命は、こゝから南へ向ひ、古瀬の峽を宇智郡の方へ出られ、高野山麓へ向はれた。かくて成立した丹生明神信仰地帯は一種の農事組合ないし農事協會で、この地盤を弘法大師が頂戴したこと、眞言宗教團化の根因となる。

　この丹生の祝詞は、極めて珍重すべき古祝詞で、和歌山の加納諸平がこれを伴信友にかき送り、こゝに初めて世上に知られた時には、當時の國學者は驚喜したものであつた。高野山教團の基を拓かれた豐麗な丹生津姫命と、飛鳥の開き主と考へられる織麗無雙の美女賀夜奈流美命が、いづれも女性の神として隣合つて坐したことは、私に興味つきない神話の想像をよびおこさせるのである。

　國史に飛鳥の地名の現れるのは、十九代允恭天皇の遠飛鳥宮が始めであり、ついで二十三代顯宗天皇の近飛鳥八釣宮が定められる。三十三代推古天皇の豐浦宮、小墾田宮は今日の飛鳥地帯の中心地ながら、飛鳥とはよばれない。次の舒明天皇の飛鳥岡本宮、しかるに同帝の田中宮は飛鳥を呼稱しない。次の皇極天皇は飛鳥板蓋宮、今一つの方の小墾田宮は多分少し西よりで飛鳥と呼ばなかつたのでなからうか。齊明天皇の川原宮、岡本宮は、いづれも飛鳥川原宮であり、後飛鳥岡本宮である。この後へ天武天皇の飛鳥淨見原宮が出現し、持統天皇が後に藤原京を建てて淨見原宮を移されるわけである。思ふに飛鳥といふ呼稱は大名であるが、ある限定された地域のやうで、近飛鳥八釣宮を藤原京の東にある下八釣にあてるのは殆ど困難と見られる。かうした見地からすれば、飛鳥神奈備を、今いふ雷丘に限定した近世の國學者の說もあながちかりそめのものでなかつたことがわかるのである。

「萬葉集」の飛鳥は、飛鳥淨御原宮の飛鳥である。それはいはば飛鳥の最後の時代だつたのである。久しい以前に淨御原宮址といつてゐた土地から出た石偶は、その當時東京國立博物館がもち去つて遂に現地へ歸らぬものの一つとなつたが、この遺品は、淨御原宮より遙かに遠い悠久な神々の時代のものであつた。

近頃多くの風雅な若い人々が訪れる飛鳥について、その濫觴をなす物語を知る人は殆どゐない。「萬葉集」の故鄉だつた飛鳥神奈備にしても、なほ多くの問題が解かれないいま、に殘されてゐることは知らない。その神奈備の主神のこととなると、光彩陸離として、考へてゐるほどに心も遠くなる思ひがする。私は十數年以前、「祝詞」の校本を出した時、飛鳥神奈備については、一應宣長の「後釋」に從つたが、重胤の賀夜奈流美命を下照姫命とする說には情緒の戰慄を感じつゞけてきたのである。又かりに栢森が飛鳥神奈備であつても、ある意味で飛鳥の限定名稱に適合するところもあり、飛鳥の規槪を大きく邃くするだけのことである。式の社格の低さについても、辯ずれば、ありうる事で、大同年間に出來た齋部廣成の「古語拾遺」では、熱田神宮が朝廷の祭祀に與つてゐない缺禮を指摘してゐるやうな例も、由緒ある神に於ても必ずあつたことと思ふ。熱田神宮は弘仁十三年六月從四位下を授つてゐる。まことに低いと云はねばならない。熱田の隆盛は鎌倉時代ののちである。

飛鳥の濫觴は悠久の神代に始つた。この土地に都して、我國は民族史上最高の學藝と文學と藝術を作つた。都はさかえ、國は興り、丈夫は雄々しく、少女はやさしく、時の帝たちはつねに美しい戀をしてゐられた。わが國史の上で、最も美しくすぐれて立派な時代だつた。しかもその時代を守られた神の森、飛鳥の神奈備は、主神も場所も、三輪や鴨の神奈備のやうには分明でなくなつた。萬葉集の時代には、たゞ神奈備といへば飛鳥であつた。その飛鳥神奈備が、今は分明でないのである。明治神祇官によつても正しく祭祀されてなかつた。私が賀夜奈流美命を下照姫命とする重胤の說に心動かされるのは、飛鳥の開き主がこの神代第一の美女であつたといふことの心樂しさにあつた。日本の一番美しい文化と精神を歷史にとゞめた飛鳥の都が、わが神々のうちで一番美しい女神によつて拓かれたといふ傳へを、樂しんできいてくれる人々は必ず澤山にあると思ふ。しかし今では誰も知らない話となつた。誰一人も飛鳥と下照姫命の傳說を知るまい。しかも下照姫命の生涯は、人間の悲劇の經驗者である。神代に於てこの點も唯一人の神かも知れない。夫の天若日子を早く失ひ、しかも夫は罪を負つて死ぬのである。その上で夫を倒した神々の子孫の爲に、己が大なる父の命によつて土地を拓き、その守神となり、四代の大女帝の御代に十分な守護神の使命を果して、わが歴史に比類ない時代を記錄さす。こゝには悲劇と共に大義を尊ぶ精神がある。まことにそれが悲劇の主である。飛鳥の濫觴にさういふ美しい女神を考へることに、私はこの十數年來心動かされつゝも、强ひて決めて云はうとの決心はまだしてゐない。自然な、のつぴきならぬ最後の到着を私は思ふ存分に期待してゐる。私は思ひに戀ひを抑へさせてきたのである。

前號に誌したところは、記述が考證にわたり繁雜であつたが、要約すると、天孫降臨前の國讓りの時、大穴牟遲神が御子の賀夜奈流美命を飛鳥神奈備に鎭め、やがてこゝに來られる筈の、皇孫尊《すめみまのみこと》の近き守り神とせられたといふ、「出雲國造神賀詞」と傳へによつて、神奈備の起原についてのべることがその本筋であつた。

この賀夜奈流美命は、その御名の如く女神にいまし、下照姫命と同神なることを篤胤重胤の考證をひいて語つたのである。下照姫命はその美貌を稱へた御名であるが、御父の大國魂にならび、またの名稚國玉とも稱へられ、國造りに偉大なはたらきのあつたことを御名で稱へられた神である。

天若日子は天孫降臨の下見のためにこの國へ降つてこられたが、下照姫命を娶り、八年になるも高天原へ歸られない。そのうち高天原からきた使の雉をうち殺した返矢のために、自身も失せられる。やがて國讓の時には、下照姫命は御父大國魂の命によつて、皇孫尊の近き守り神として飛鳥の神奈備に鎭ませられる。この時御名も賀夜奈留美命ととなへられた。かくて飛鳥京數代の間の、大女帝時代に、その守護の女神として、わが國の最盛期を出現せられたのである。

この下照姫命こそ、神代地上に於ける第一の美女として知られ、しかも神ながら、最も人間的な不幸を荷つて飛鳥へこられた悲劇の女神であつた。この悲劇の女神が飛鳥の濫觴なることを、今では誰も知らない、この忘れられた神話を復原し、合せてこの神の坐した飛鳥神奈備、後の萬葉びとが最大の精神のよりどころとした飛鳥の神奈備を、この忘れられた神話を背景として、精神と地圖の兩者から考證するといふことが、その一文の次の目標であつた。

その上で賀夜奈流美命と高野山の守り神とされる丹生津姫命との關係を考證し、この二柱の女神の交渉にわたる點で、飛鳥びとの生命と生活の根源をなした失はれた神話を想像したいといふことは、前文でも少しふれたが、飛鳥びとの魂と生命の生成をあまねく考へる上では、忘れられた神話の囘復だけでは足りないといふ所以を、私は說かうとしたのである。これらのことを云ふについては普通の意味での考證のうらづけがなければならず、従つてそれを云ふために、大方に繁雜難澁と見られる一文となつたのである。

要するに飛鳥の濫觴が、一人の人間的な悲劇を負うた、神代の地上で最も美しかつた女神にあることを云ひ、その神のいました神奈備について、今日までかりそめに考へられてきたことを、一度たしかめてみようとしたのである。しかし私の最もたのしい且重大な興味は、この下照姫命と丹生津姫命が、隣りあつて住まはれてゐた日の神の物語、その失はれた神話の想像である。それが一層心ひかれたものである。以上が前號の要約である。

賀夜奈流美命卽ち下照姫命であるといふことについては、さきの文中では、たゞ重胤や篤胤の考證に從ふと云ひ、その內容には殆どふれなかつた。神奈備に關係する神社について、相當わづらはしい記述をして筋道を通さねばならなかつたから、ことさらに避けたことでもあつた。しかしこゝで改めて、大和の現地の傳へ事の若干にだけはふれておかうと思ふ。篤胤といふ人は、思ひ切つた云ひぶりで、神々の系圖をたてた人だが、下照姫命賀夜奈流美命同神の說の背景の一つとなるものの中には、大和の土俗の傳へた、多少混亂した上に、源にたどりえないやうな言の傳へもある。

文永年中に大神家次の撰した「大神分身類社鈔」に、飛鳥坐神社四座の祭神を、鴨都味齒八重事代主命、高照光姫命、木俣神、建御名方命とし、この社を遠飛鳥神社と言ふと記してゐる。つまり高市御縣坐鴨事代主社を近飛鳥神社と稱へてゐるのである。このうち事代主命以外の三神については、異說がある。「廣大和名勝誌」に引かれた大神土佐撰の「飛鳥社略緣起」には「四座、事代主神、高照比賣命、健御名方命、下照姫命」とある。「五郡神社記」は現在社傳の祭神をあげ、その飛鳥三日女神を、天照大神と註し、加夜奈流美命神社の祭神を高照比賣命とし、下照姫命は宇須多伎比賣命神社に祭らるとしてゐる。さきにあらましふれた如く、篤胤は、宗像の神の系圖と出雲の系圖を合せ、出雲國風土記などの援けによつて下照姫命高照姫命の同神なるを證したのである。

「大神分身類社鈔」は、加夜奈留美命神社一座高照光姫命と誌し、大和國高市郡飛鳥神奈備と註してゐる。文永年中には、飛鳥坐神社四座は嚴存してゐたにもかゝはらず、率川の社家の大神氏の間では、加夜留美命神社一座を神賀詞のまゝに、飛鳥神奈備と信じてゐたのである。この加夜奈留美命神社一座が、果して今云ふ栢森のその社であるか否かはともあれ、大神氏の傳承で、飛鳥坐神社卽ち飛鳥神奈備と見なかつたことは、この記事によつて明らかである。

なほ「五郡神社記」に「高市郡加夜奈留美命神社在二本社後南方一、爲二磐石神窟一、所謂飛鳥山前神奈備是也」とあつて、この本社とは飛鳥坐神社をさすのであるが、この記事の山前が如何やうにも解され、そのはていかゞはしく思はれるのは、さきの「大神分身類社鈔」にしるされた傳へを、附會する目的をもつものの如きけはひが見えるからである。しかしこの文のつゞきに「社家者説曰、茅鳴身《かやなるみの》命神社高照姫命」とあるのは、由緒のある傳へと考へられる。賀夜奈留美命高照姫命の同一神なるをいふ根據は大和の本地にも古來からあつたのである。

同じ「五郡神社記」に飛鳥川上坐宇須多伎比賣命神社一座は「在二本社東北方一爲二瀧瀬神窟一、所謂飛鳥川邊神奈備是也、社家者説曰、臼瀧姫命、下照姫命也」とある。この本社も同じく飛鳥坐神社であるから、さきの飛鳥山前神奈備以上に、この飛鳥川邊神奈備は不可解である。いづれ例の社家人の牽強であらう。式に飛鳥川上坐とあるのは、今いふ稲淵の地にしてふさはしいこと勿論である。しかし臼瀧姫命を下照姫命とするのは由緒ありげな古い傳へである。卽ち現地の傳へに於ても、下照姫命は飛鳥の土地に早くから久しく齋かれてゐたのである。

今の人が、かりそめに思ひ、何ら疑はなくなつて了つた飛鳥神奈備の所在について、飛鳥坐神社の影響の外で考へ、飛鳥川上流の一帶にかけて、稲淵から栢森あたりをいふものとの考へが、中頃のある時代に信じられてゐたといふ根據が、これらの土俗の傳への中にたしかにみとめられるであらう。

飛鳥神奈備を、飛鳥坐神社の舊地一帶の丘陵と見るのは、今にして云ふならば、何ほどの根據も未だ示されてゐないのである。その時代の飛鳥地帶の都の配置や、奈良へ都移りあつての後に歌はれた萬葉集の神奈備の歌から見て、神奈備を飛鳥川上流地帶と見るのは、むしろふさはしいとも思へた。古は神奈備のおびとされる川は、いづれも細流であつた。しかし細川といへば、音さやかな細谷川が頭に浮ぶ。そしてそれはあまりにも飛躍する想像説となつて、舍人皇子とつながりをもつのである。

しかし飛鳥川が古の人の考へで、果して稲淵川を本とするか、細谷川を本とするのでないか、これも茫漠とした話である。しかもそのいづれかによつて、飛鳥川上なる場所の決定は異動する。川上の稱が移動すれば、その神奈備もあらぬ方へ動かぬわけでない。栢森の加夜奈流美神社は、今いふ飛鳥川の本流稲淵川の文字通りの濫觴に鎭座してゐた。飛鳥の神はこの山深い臺地から、飛鳥川に沿つて飛鳥の展ける土地へ降りてこられたのであらうか。しかしあれもこれも何分にも心も遠くなるやうな太古の世の話である。

加夜奈流美命神社を、萱森（栢森）にあてたのは「大和志」であつた。この社は早くより荒廢し、「大和志」の當時には、葛神と稱へられてゐた。この社の復興に盡力したのは他ならぬ富岡鐵齋であつた。鐵齋の「公私事歴錄」中明治十一年の項に「大和高市郡栢ノ森村御鎭座、加夜奈留美命神社、右頽敗之上意外小祠ニ付書付ヲ認其由緒ヲ述シ縣江出ス幷ニ金五圓ヲ奉納村人區長社ヲ新築ノ擧ト成」とある。當時當地の米價では、金五圓はほゞ玄米一石の價である。

この鐵齋筆錄中に、賀夜奈留美命神社が意外の小祠なるに驚き、其の由緒を認めて縣へ差出したとあるのは、見逃し難い記事であるが、この鐵齋著述の當社由緒書については、私は未だ見るを得ない。當時大和國は堺縣の管內にあつて、縣令は稅所篤であつた。この人鐵齋と親交あり、また鐵齋の支持者となる。學識趣味に於ても拔群の人物であつた。鐵齋の誌したといふ由緒書も恐らく「出雲國造神賀詞」「延喜式」等によつて記述し、「大和志」によつて栢森の地を知り、これを認定したものと思はれる。果してさうであるならば、鐵齋こそ飛鳥神奈備を栢森の賀夜奈流美命神社に推定した初めての人といふべきかもしれない。

鐵齋はこの翌年、氣吹雷響雷吉野大國栖御魂神社二座の再建を計つてゐる。この社も延喜式内の大社で、殊に天武天皇の壬申亂關係の神社として、淨御原宮の成立に深い由緒をもつにかゝはらず、早く荒廢してゐたのである。「公私事歴錄」には「大和高市郡雷村方今廢社々地壹坪ヲ存、氣吹雷響雷吉野大國栖御魂神社二座、右再建ヲ欲シ明治十二年八月金貳拾五圓ヲ社寺掛江廻シ其區長江照會村方迄差出シ建築之擧ヲ謀ル區長諾ス」とあり、この欄外に「延喜式内大社當時其社蹟芝生ヲ聊存ス廢社ノ年月未詳」と朱書してある。

鐵齋が栢森とこの雷との二社の復興を計つたのは、飛鳥の濫觴と、その最後の最盛期の守り神の社を思つて、そのふかい史興と國魂を傾けたものであらう。鐵齋ならずして誰人がこれをなし得ようか。しかるに今日栢森は古の名殘僅かに止めるといへど、雷の方はつひに復興ならないまゝに、知る人も皆無となつた。近代の畫聖が、往年この二社の復興に、その情熱を注いだ事實など全く忘れ去られたことの一つである。

鐵齋は自ら學者を以て任じ畫師を稱さず、畫業は人倫修身の敎へを說く方便の具とした。日常坐臥、皇室を尊び、神佛を崇ひ、忠臣烈士に感動した、國風の趣味に生き、仁義道德の敎へを弘めるために畫技を弄すにすぎないとしてゐた。その人がらは最もあたりまへな日本人に共通した不斷の信義と信仰と愛情から形成されてゐた。

鐵齋はさういふ當時の一般國民に共通した心情に生き、その仕事をした。彼は善良な國民の大多數と共通する精神と感情の地盤の上で、その一代の大藝術を無盡藏に生み出した。だから近代日本の最高人であつたことに、何の不思議もない。そしてかういふ人ゆゑ、この人のみがわが畫史を通じて唯一人の畫聖と呼ばれるにふさはしいのである。

學者として一代の碩學だつた鐵齋は、「萬卷の書をよみ萬里の道を徂き、以て畫祖をなす」の句を自らの信條とした。この信條を謙虛に踏み行ひ、つひに一代に實現した唯一の東洋文人——それまた鐵齋の他にない。その信條こそ、實に東洋の文雅の人々にとつて最高の教へであり、又孤高の心境であり、同時に最低邊の生成の道であつたが、これを人生にあつて最高に實現したのは、東洋に於てすら、鐵齋唯一人である。「新しい畫家に言うて聞かしたい言葉は、萬卷の書を讀み萬里の道を徂き以て畫祖をなす、たゞこれだけぢや」、と彼は後年、人に問はれた時に答へた。(「書畫叢談」三ノ八)

鐵齋が尋常のすぐれた學者であつたとしても、何の意味もない、彼は描いたからこそ鐵齋だつた。さういふ議論もあるが、鐵齋の藝術と人物を尊重する人々は、さういふ思ひ上つた反抗をするまへに、鐵齋の生成の信條であり、つひには遺言となつた生き方を、謙虛に聞き學ぶべきでなからうか。私は鐵齋の人がらや、萬卷の書萬里の道といつたその信條のゆゑにこそ、彼の畫業も成立し、その藝術も生れたと考へるのである。鐵齋の目的としたものは、風懷、人格、精神、靈魂にもとづくもので、一言に目的といつても、この眞意に誤解あつてはならない。日本畫が墮落したのは、畫家が學問をしなくなつたからだと、鐵齋は最後まで、心から信じ、嘆いてゐたのである。

賀夜奈流美命神社再復の明治十年前後のことは、鐵齋自身で語つた談話筆記の中に見える。「明治九年に、大和官幣大社の少宮司を拜命し、赴任後國內の大社を巡視して、廢絕せる神社の再興を計畫し、次で和泉官幣大社の大宮司を拜命し、鋭意神社の頹敗を修して、土木の事に奔走した。何分神社の費用は定額があつて十分の修理することが出來んから、私は俸給などは自ら使用せぬのみならず、内職に書畫を作つて之をば氏子等に頒ち、其潤筆を以て神社修理の經費に充てて、やゝ意の如くなるを得た。たゞ本社のみに止まらず、其國の小社に至るまで悉く再興修理を企だて、同國の人は皆私の志を信じてくれた。明治十五年に、京都にゐた兄が死んで、老母に侍養する者がないので、心配してゐる折柄、一方に意に適せぬ事情が出來たから、病を以て職を辭し、それから此家に歸つて隱遁をなし、其後諸所の神社より再勤を勸めても斷じて應ぜん――。然し私の平生の素志であるから、神社の再興・名所の修理などには、皆應分の力を盡すが、夫も人に依てやることは好まん、皆獨立の考へをもつてやるので。」(「名家歴訪録」上)明治三十年八月十七日の談話で、鐵齋六十九の時である。賀夜奈流美命神社の修復は、この談中に和泉官幣大社とある大鳥神社大宮司奉職時のことである。鐵齋はこの大宮司任命の辭令書を掛幅にして保存してゐた、鐵齋はその當時でも、なほ斬髪せず、大たぶさに髪を結つてゐたと、その孫女の冬野は云つた。それのみならず、後に京都大學で講師などをつとめた息子謙藏にまで、ちよん髷を結はしてゐた。

談話中にもあるやうに、當時鐵齋は年々何百圓もの金額を神社復興に投じたのみならず、神寶のなくなつた社へは、珍貴の古物を一まとめに奉納したりした。これらの費用のために鐵齋は夥しい書畫を揮毫した。其の頃の作には「鐵崖」と款したものが多いが、それらの作中でも、まことに〳〵描いたりと嘆聲を發せさせるやうな豪放過激、しかも品格高いものにあつては、晩年の作に見ない氣分がある。それらは鐵齋の志を信じた氏子や敬信者の間にまかれたので、珍重されてゐるものもあり、忘れられてゐるものも多い。八十年の歳月の間に無くなつたものもさらに多い。當時のものには鐵齋の人間的迫力の最もはげしくほとばしり生れたやうな激しくて大様の書畫が多く、晩年のあの幽遠な魂遊びの趣は少いが、格別の清醇高貴な氣迫がある。

　鐵齋が栢森の加夜奈留美命神社を復興し、さらに雷村の氣吹雷響雷吉野大國栖御魂神社の復興を計つた事實は、私の飛鳥濫觴記の中に特筆したかつたことである。一は飛鳥濫觴の神社にて、二は飛鳥淨御原宮成立に最大の勳功を建てた吉野國栖の人々の大祖先の靈魂を祝ふ社だつた。しかも飛鳥淨御原宮は、飛鳥の最盛時を出現したが、同時に飛鳥の最後をとめたものであつた。

　丹生津姫命の巡幸の御時、賀夜奈流美命の栢森の隣谷に居られた期間があるといふことは、さきの文にしるした。この巡幸は吉野川上の丹生を起點として、龍門に出て、細《ほそ》峠、龍在峠をへて、入谷《にふたに》（丹生谷）へ出られてゐる。この入谷は、栢森の東隣で、こゝから西の方、葛の丹生谷へすゝまれた。葛は、天野《あまの》の祝詞に巨勢の丹生とある所である。土地名の殘つたところは、しばらくとゞまられるとか、何かの意味のあつた所である。丹生とは、聖なる水又は水神と解されてゐるが、丹生津姫命をその御姉なる天照皇大神にかこつけた信仰をもつ地帯も殘つてゐる。傳承の錯誤か、或ひは原初の混沌を現すものか、今は定め得ない。

しかしさらに極端な推測をして丹生津姫のニフといふことばに、たゞちに新嘗の意味があつたと考へられないだらうか。日本書紀全巻では、新嘗といふことを、ニハナヒ、ニハノアヘ、ニハナヘ、ニハヒ、ニヒへなど數箇によばれてゐる。これは舍人親王が各氏族の傳承を尊び如何に獨斷をさけられたかといふことを實證するもので、皇子の修史家としての合理精神に感服にたへない一面であるが、萬葉集東歌にはニヘといひ、ニフナミといふ語もある。宣長は、この爾布奈未の未は米の誤りかといひ、「和名抄」に下野國新田のよみがニフタとあるのも、ニヒタの意にて、ニフナミは東詞としてゐるが、あながちに斷定すべきか否か、卽ちニヒの語に新嘗の意があるのでないかとした先人に同調し、ニフが新嘗を意味せぬか、丹生津姫命は新嘗の女神を意味するのでないかとの疑ひを殘しておく。「播磨國風土記」では丹生津姫を爾保都姫と誌し、栗田寛は「三代實錄」元慶二年の條に見える大爾保神を爾保都姫とした。本居宣長は、ニヒは新の意に發するとした。

「丹生大明神告門《のりと》」に見える事實から云へば、丹生津姫は天上の稲種をもち運ばれ、その植ゑ方を教へられた神と見られるゆゑ、水を求めるといふことは當然で、從つて水の神として、水にかゝはりある信仰も生れるのである。米の生產に最も關係ふかい水の神は、人の子の產湯の神ともなる。ひいて生產を挑發する目的をもつた藝能の司神といふ信仰にも轉じる。わが國の神話と信仰に於て、天上の稲種の地上將來は、最も重大な起點であり又契點であり、國本も國の道德も、その稲を作る生活といふものに根基をもつものであつた。

それが根源では皇孫尊《すめみまのみこと》（天皇）の新嘗（大嘗）のまつりごとの内容である。

「丹生大明神告門」は、丹生津姫命の降坐を云ひ、次いで「川上水分《みくまり》ノ峯ニ上リ坐テ、國《くに》加々志《かゝし》給ヒ、下リ坐シテ、十市ノ郡丹生ニ、忌杖《いむつゑ》刺給ヒ、下リ坐シテ、巨勢ノ丹生ニ忌杖刺給ヒ、宇知ノ郡布々支《ふゝき》丹生ニ忌杖刺給ヒ、下リ坐シテ、伊都ノ郡町梨ノ御門代ニ御田作リ給ヒテ、下リ坐シテ、波多倍家多《けた》村ノ字堪梨《たへなし》ト云フ、並ニ天沼田ト云フ御田作リ給ヒ、下リ坐シテ、忌垣豆《いみかきつ》ニ、御碓《みうす》ヲ作リ、其ノ田ノ稲ヲ大飯大酒《おほいひおほき》ニ作リ、樂豊明《とよのあかり》奉仕《つかへまつり》テ、上リ坐シテ、伊勢津美《いせつみ》ニ大坐シ」このあとに紀國内巡幸の道順が長々詳細に出てゐる。十市郡の下二字は欠けてゐるが、丹生があてられ、これを、栢森の東隣谷の入谷とする考へは、近代の栗田寛もとつてゐる。國加々志といふのは、國内の水流、水脈、水質、泉、沼池、水田を眺められた意味で、水にわたるからかゝすといふ語となる。

丹生津姫明神の御像は、豊満艶麗な女性に描かれてきた。天野の社傳には、天照皇大神の御妹稚日女尊とある。同國和歌浦玉津島に鎭りましたのもこの神で、神功皇后三韓征伐の時、赤土を以て勳功を顯し給うたが、皇后凱還の後、伊都郡丹生の川上、管川、藤代に鎭め奉つた。その鎭座は、居らまく欲し給うたところであつた故であらう。爾來一神兩所に別れ立ち、御名も別に稱へ奉つた。

この玉津島と丹生大明神の傳へとは一つになるもの、あるひはもとは一つのものが二つにわかれたものであらうか。管川藤代奉祭後の傳承の分化だけは極めて分明である。要するに紀ノ川口から、吉野川上の丹生にいたる吉野川沿に、丹生津姫命巡幸によつて團結の象徴される生活圏組織があつたのである。

　丹生大明神が吉野の丹生川上から下り、十市の丹生へ入られ、賀夜奈流美命の隣村に御坐されたのは、偶然と云へず、この間に何かの關係交渉のないわけがない。しかしこの二方の美しい女神の交渉を語る傳へは、何一つもまだ見出されないのである。勿論國の公式の記録に現れず、草深い地方の祉の傳への中でいつか失はれた神話の斷片は、數限りないであらうが、皇都となるほどの地方で、殊にそれが甚しく、一瞬に亡びるほどなことのあるのは、そこが制度文明の變貌、政治動亂の中心となるからである。飛鳥もこの例にもれない。他ならぬ二方の女神の間にあつた交渉は、ことに私の心をうつものである。

　しかも丹生津姫命巡幸の道順とされてゐる紀川沿より、吉野川上に至る道は「古事記」の說く神武御東征の道順であつた。天皇は熊野から吉野川の河尻に出られ、それより吉野をへて宇陀に出られ、やうやく磐余の地に出られる。この古事記の東征道順では、吉野川上の地名は出ないが、丹生津姫命巡幸の道順にあつてゐるのが不思議である。「日本書紀」では熊野より山中の難路を越えて宇陀に出られたとし、ついで吉野を巡幸せられ、又宇陀に歸られ、その後吉野川上の丹生へ出て顯齋を遊ばすとある。書紀の記述詳細であるのは、傳承の混雜が多いからでもあるやうだ。異種の傳承を集合せられたからであらうが、さういふ例はもつと後の御代にも時々發見される。

　神武天皇が、丹生津姫命巡幸のあとを進まれたといふ考へ方は、奇怪に近いものだが、我國の道德、國本、祭祀、建國の精神から云ふと、然あつて不思議でないものであつた。

天皇はかくて中つ國を平定し、御名を磐余彦と稱へられたといふことは、御東征の終末目標として、橿原よりもつと深い重大なものが、磐余にあつたと信ずるより他ない。

後の磐余の鳥見山の祭りは、國土開發産業成就を、天つ神に奉告するもので、即ち米、酒を旨とし、粟麻などの類の物産を展陳して、天つ神の神敕に正しくかへりごと申されたのが、日本書紀にいふ申大孝の本義で、みおやのをしへに從ひしことを申すとの意味である。即ちこの祭りが大嘗祭である。後世でも大嘗祭の執行によつて、繼承の實定まるとしたのが、わが國體である。鳥見山の祭りによつてこの大嘗の本質と原始を示され、こゝに建國の精神が、確認せられた。かくて神武東征の精神は、丹生津姫命巡幸と軌を一つにし、即ち丹生津姫命の遊ばされたまゝを、終着の場所こそ違へ、同じ道から進まれて、同一の事を遊したといふことゝなる。その道は同じだつたのである。わが國本は、高天原より將來した米を作る生活にあり、その生活が萬世一系天壤無窮であると信じられてきた。

入谷に入られた丹生津姫命と、栢森に坐した賀夜奈流美命との間でかはされた幽契があつたとすれば、この悲劇の女神は、御父なる大國魂の定めを守られて、この山深い栢森の社で、やがて磐余の地から、こゝ飛鳥の國原へ移つてこられる皇孫尊を、しづかに見守りつゝ、待たれてゐたのであらう。すでにその頃には皇孫尊の子孫たちと、出雲の神の子孫の女性との交渉は、いくへにもいりこんで、血のつゞきあひをふかめてゐたのである。

今の飛鳥淨御原の宮あとに立つて、周邊の山々を眺めると、栢森は、西南の近山のなだれの間の、山あひふかくしづもつてゐる。その飛鳥故地の東方に一きは高くそびえるのは櫻ケ辻と呼ばれる山頂である。高い土地が神聖ならば、一番に目をひく所である。

　この山の麓に栢谷（カヤンタニ）といふ地名のあるのは、そこに栢の林があつたといふ名殘か、賀夜奈流美命のゆかりか、誰にもわからない。その村名の高家《たいへ》にしても、萬葉集の高屋《たかや》とされてはゐるだけのことである。もと〳〵たかやといふのは賀夜である。この高家の栢木《かやのき》氏の姓にしても、樹木の栢であるか、栢谷の栢か、賀夜奈流美命にゆかりの名とも云へば云ひうるものであつた。

　萬葉集に見える高屋は、その御歌より見て、舍人親王の居住の地と考へられる。もし「日本書紀」御撰の地といふものを推定するなら、この高屋以外に何ら足がかりのつく土地も名も見つからぬ。大原の古りにし里と云はれた村落より數町の上、八釣から少し上つた高地一帶の名である。

　家々の傳へた多種の傳承を系統づけ、最も古い神代の傳へは、別傳としてなるべく多くの傳へを殘さうとした、しかし近代に入つてからの諸氏の傳承は、一貫した正史の史觀を以て極力整理統一せんとされた。かうした見識の高い修史は、諸氏の强力な壓力や脅迫や誘惑の中で、それに抗する威重によってなされねばならない。學識人物共に備り、その上に高貴の權威を生れながらにもつ無雙の丈夫でなければ出來ないことであつた。舍人親王は、この國始つてこの方の大事業を、都移りののち、古りし都となつた故郷で遊してゐた。この歴史家の修史を支へたものは、國法でなく、教學觀でなく、はるかに强く正を强ひる神奈備の無言の威力でなかつただらうか。強力な多くの氏族に對しても、神奈備の靈異の力は、比べやうもなかつた。それは皇子の修史の最大最高の背景でなかつただらうか。

舍人親王の修史の故地を云ふ根據となるものは他に何一つもない。たゞ賀夜奈流美命の御名を帶するこゝ高屋だけが、萬葉集にあらはれた唯一の親王ゆかりの土地である。くがたちのやうな靈異な裁判の、なほ威力の名ごり保つてゐた時代である。飛鳥の神奈備の威力は、皇子の力となつただらう。それは他の氏族の祭る神々よりはるかに偉大な力をもたれてゐた。今來《いまき》の蠻神もそのまへには微々たるものであつた。

大國魂よりことよさゝれた賀夜奈流美命の最後の靈異は、その日の親王の上に申し分なく現れたかもしれない。親王のゆかりの土地名をよみ合はせると、山人《やまびと》のやうにと、自身で申されつゝ住みつかれてゐた場所として高屋だけが顯れた。本來の山人は神聖な神人であつた。飛鳥京で山人と云へば穴師大兵主の神人である。この山人は詩歌藝能に深いかかはりがある。

思ひ切つたひとりよがりを云はうとするのではない。僅かなゆかりを求めて、私は古の大なる人を恭しく禮拜追慕しようと思ふだけのことである。高家の今の產土社は祭神の傳承を失つてゐる。こゝが多武峯の支配下にあつた中世以來のことであらう。

櫻ケ辻や高屋のあたりに、賀夜奈流美命の飛鳥神奈備を求めるわけではない。しかしこゝにも、賀夜奈流美命のゆかりはあつたやうに思はれる。それがさらに舍人皇子ゆかりのものであらうか。天武天皇の皇統が斷絶するのは、舍人親王薨去の年から、三十年ほどの後であつた。天武天皇の皇子なる舎人親王こそ、飛鳥の最後に、わが國の精神と文化の上で、二つない偉業を、あとも明確に不滅に残るものとして、完成せられたのである。

いづれにしても、飛鳥びとは、その飛鳥の土地で、下照姫命の御名を唱へて、この悲劇と美の女神を祭つてゐたのである。その事實は古い飛鳥坐神社や臼瀧社などの傳承の中にちりこめられて現れてゐる。その神の系譜をと、のへて、下照姫命は賀夜奈流美命に他ならずとし、「神賀詞」の傳へのまゝに、飛鳥神奈備の主座としたのが鈴木重胤であつた。

私は萬葉びとの美と精神の、生成と形成に當つて、飛鳥の土地に、めざましく尊ばれた神として、この最も美しくあらせられた悲劇の女神の齋かれてゐた事實を、古びとの美と精神をあまねく回顧する上からも、なつかしく考へたいと思つたのである。

時代精神や時代文化の成立に當つて、神が信じられたか宗教が國是とされたかは、文化史上の一つの觀點であつた。しかるに、飛鳥びとの最も信じた神、つまり飛鳥の神奈備の主神が、何であられたかといつたことは、かつての萬葉學でとりあげられたことのない主題であつた。ギリシヤ最盛期の文化は、神を信じて生れたもので宗教の信仰によつたものでない。ローマの政治と文化は宗教にもとづくものであつた。飛鳥びとは神奈備の神を拜したが、天平びとは異國渡來の華嚴教學に學理哲學としての魅力を感じ、平安初期に入ると、その教學を、國家主義的宗教に組織した。しかも平安中期では、來迎する阿彌陀佛を、肉身をもつた傳承の民族神と同一視するまでの神と見た。鎌倉の武力による支配者は禪宗を宗教として尊重したが、その頃の武家にあつてさへ、その女人たちは、地藏菩薩を神として遇してゐる。いづれも時代の風としてうなづかれることであらう。豐臣秀吉が、宗教としての吉田神道を採用信仰したことは、彼の政策から見たとき、まことにふさはしいことであつた。

萬葉びとの飛鳥神奈備への思ひは、すでに素朴な信仰より進んで豐麗な詩と精神の美のうらづけを現してゐた。このやうに云つても、今日に殘された推古白鳳の文化を見れば、當然のことではないか。それにもかゝはらず、飛鳥の神奈備が萬葉びとの心の支へであり、心のふるさとであつた所以をかうした角度から考へ見ることを、今までに一度も誰によつてもなされなかつたのである。飛鳥の神々は忘れられてゐたのである。その最も美しい守護神なる悲劇の女神も、豐滿な美しい水の女神も。

飛鳥びとの心を今とり出していふ時は、下照姫命の忘れられた神話だけではすまない。私がことさらに丹生津姫命の入谷入御を重視し、この神と賀夜奈流美命の二神の交渉をさらに重大な失はれた神話といふのは、稲の實をもたらし、水を求めて、正しい國のくらしの道を教へてゆかれた、その神の巡幸を、強く印象づけたいからであつた。飛鳥の萬葉びとの心とくらしは、この忘れられた神話と失はれた神話とによつてすこやかに美しく支へられてゐたのである。これが飛鳥の産土の神話であり、土俗の失はれた神話と私は考へた。飛鳥びとは、丹生津姫命と下照姫命の交歡の上に安んじ、身も心も生きてゐた。彼らは下照姫命だけを祭つたのではなかつた。萬葉びとといふのはさういふものだつた。

私は賀夜奈流美命の悲劇と運命をさらに潤色する筋道をおぼえてゐた。しかし舍人皇子の國史編纂によつて、夢の飛鳥は終焉したのではないか。私は神奈備の地理上の考證から始めて、それが飛鳥びとの精神と美の背景として存在したところについての考證へと移行した。私は神々の系圖をと丶のへ、誰にも無味乾燥としか見えないやうな、神名帳の社名を照し合せてゆく生硬な記述によつて、忘れられた神話と失はれた神話を復原してみようとした。神名帳に誌されたたゞの社名をとり出し、その組合せを、土地名の過去帳に照し合はせ、そこにいくつかの艶麗優雅な神々の物語をよみがへらせようとしたのである。これ以上の敍述は空想のふけりとなる。私の賀夜奈流美命の飛鳥神奈備考はこ丶で終るのである。

年の初め

年の初めのめでたさを、終りなき世のためしとして祝うた。明治から大正生れの人びとならよくおぼえてゐる。しかし終りなき世といふのはどういふ意味か、多數の人は一種のことばのあやくらゐに思ひ、あまり考へてみなかつたのでなからうか。語句の意味は、永遠といふことである。秦の始皇帝が、秦國が永遠につゞくと考へ、またそれを願つて、一世二世とかぞへようとしたが、三代とつゞかなかつた。しかし今日でも、誰でも、東でも西でも、永久にとか、永遠のといふ言葉を氣輕にいつてゐる。

さういふ永遠といふ觀念についてのわが國の古い代々の考へ方では、願望や祈念でなかつた。それを生活として行つてきたのである。これが國の道だつた。觀念とか祈願として、つまり人の欲望から、永遠をいふものなら、さういふことはあり得ない。年の初めに、多くの人が嘘を云つてゐるといふことになる。

天上と地下を、ゆききして循環してゐるのが、水である。雨と降る水は、天から地におちて、また天へ還つていく。この循環現象を日本の神話は知つてゐた。だから地下の泉からわく水も、天津水《アマツミツ》と考へた。そして天つ水をさがすのが、最も重大な祭政の根元だつた。この水によつて、米を作つて人が生きてゆく、この生活の様式を、素朴に永遠と考へた。これが日本の神話の根柢の思想であり、また構造であり、いひかへると構想である。

もともと東洋の思想の特質の一つに、諸行無常は大きく考へられてゐた。しかし無常観を観念化して、これに片よると、本當の日本のくらしと、その道徳の根本と本態が理解されないこととなる。日本人の基本のくらしだつた、永遠の生活といふものについてきづかず、無常ばかりをいふのは、嘘を云つてゐるわけではないが、眞實をいつてゐるともいへない。無知が嘘をいふ結果となるわけである。ところでわれわれの知識は、この天地の間にあつて、濱の眞砂の幾粒くらゐにしか當らない。東洋人は、さういふ無の觀念から出發して、文學學藝を始めた。少くとも私らの青年時代はさういふ傳統の下にゐた。

年の初めといふ、としといふ言葉は、米のことである。人の齢《ヨハヒ》をとしといふのも、米がもとである。米がもとといふことは、食つた米を意味し、人が社會において共同生活をしてゐるといふことをもととしたうへで、米作の年度をかぞへるのである。かぞへ年は、だから簡單にいふと、一年に一度とれる米を一とし、それをいくつ食べたかといふ勘定である。この點、満年齢とは、考へ方としてまつたく異るものである。かぞへ年は、共同生活をもとにして考へられたものだが、満年齢は個人の生きた日數といふものに立脚する。つまり個人主義の考へ方である。米にもとづき、米作りといふ共同生活にもとづく年のかぞへ方からして、共同生活の一年を無事おくり、また新しい出發がよみがへりとして始まる、この永遠の泰平といふ観念に、年の初めのめでたさがある。

　米をつくり、それによつて生きてゆく生活といふものが、人生において永遠のものと考へたとしても、今だつて反對できないと思ふ。米を玄米のまゝ食ふときは、パンの生活とちがつて、ほゞ完全食に近いといふことも、今日の榮養學で實驗の結果として出てゐる。麥すなはち、パンの生活では、必ず家畜と牧場が必要だつた。牧場が必要だから、廣大な土地を支配するといふ繩張の必要と、侵略排他の考へ方が、生活の必要からして起つてくる。人一人がまともに暮して、耕作できる水田は五段（五十アール）で十分、欲ばつても、一人で五町（五百アール）は作れない。この米作りを基本とするとき、民族の生命に無常といふものはない。個人の諸行は無常でも、ふるくからの神話的生活は永遠である。この永遠の生活を守るものが、神を祭る主體であり、國體の實體といふべきものとして、永遠につゞくと信じたのが、日本のふるくからの考へ方だつた。明治以來よくいはれた國體の精華は、つまり米作りにその基礎があつたのである。

　天道は循環し、永遠であるといふのが、東洋の基本の考へ方である。わが國の祭りが、秋の取入れのあとで行はれたのは、酒にかもして、神に上るといふことが、その事實だつたのである。天を祭るといつても、わが國では抽象的に天を祭つたのでなく、高天原の神々に米や酒を上ることが、祭りだつた。それをするのが天降りのときの神々とのとりきめだつたのである。そのときにいふことばがあつて、それが祝詞《ノリト》といはれるものである。その祝詞は何ごとをいふかといへば、この米は自分らの行つた農事の成果である、その農事は天降りのとき、神から親しく申しつけられたことを、神とともに、神にかはつて行つたのである、と申すのである。これで祭は竟る。これが「ことをへまつる」である。

米や酒を供へ、このことばをいふとき、祭りは成り立つのである。ふるいむかし、陰暦のころの正月は米作りの完成したあとの季節で、そのゆゑに永遠のあかしが十分意識されるといふことがあつて、めでたいといふ實感が十分だつたのである。だからむかしの人は、何の意味もなくめでたいといつたわけでない。今日ならこれは嘘でないかと疑ふ人があるかもしれぬが、人がむかしながらの正統の暮しをしてゐるとき、農事始めに當る年の初めは、永遠のよみがへり、として、めでたいものだつたのである。

舊暦時代なら、大歳の夜は晦の深い闇である。月は規則正しく復活をくりかへし、つねに永遠に若がへるといふ考へ方が、月讀《ツクヨミ》ノ命《ミコト》といふ觀念である。古い時代の正月は、冬至を二月もすぎてゐるから、日長は青年期にはひつてゐるわけである。年の初めがめでたいといはれたのは、米作りを中心としたくらしで、むかしの暦からいふと十分な意味があつたのである。しかし、今日それが嘘の話となつてゐるとはいへない。

今の暮しから失ひ忘れてしまつても、血の中に原始の記憶として傳つてゐると考へるのは間違ひでない。だから、今日めでたくないやうな暮しをしてゐる人々も體の中の血の記憶に、暮しの原型にあつためでたいといふ觀念を十分もつてゐると考へたはうが、大方に正しいのである。

日本の神話では、いはゆる天孫降臨といふ、高天原から皇孫命《スメミマノミコト》が天降《アモ》りされるとき、神聖な稲穂を、天上の神からこと寄《ヨ》さされた。そのとき神敕があつて、この米を作つてくらしのもととするなら、地上においても、また、天上の神々と同じくらしの風儀ができる。地上の國もみな、天上の神々の國と等しい神國となるだらう、と教へられた。この責任を神に對し負ひ給ふのが皇孫である。すなはち、天皇陛下である。このことを西洋風の原罪といふ思想と照合すると、天降《アモ》りの精神において、まつたく異ることがわかる。わが國の神話には原罪の思想はないのである。

　わが國の神話は、このやうに農耕の神話である。多くの民族神話は、闘ひや、爭ひから、ときには自然の證明から始まる。しかしわが國の神話は、絶對平和の根柢を生活として教へる神話である。この神話をもつとも精密に傳へたのが、延喜式祝詞《ノリト》である。封建末期の國學者鈴木重胤大人は、延喜式祝詞は日本の國の憲法だといつてゐる。

　私は日本の神話が、農耕といふ文化と、その道徳の生活にもとづいてゐることをありがたく、尊く思つてゐる。かういふ民族神話は、どの民族もどこの國ももつてゐない。その尊さを、他に比較していふことを、今日の私の愛國運動と考へた。わが神話の尊さが比類ないといふことは、誇りをもつてくりかへすことである。

　高天原で米の種をいたゞいて地上に降り、これを地上でつくるなら、地上でも神々の生活、天上の生活ができるといふのが、日本の神話の根本だつた。これが實現されたのが、神武天皇の肇國である。その肇國の實體は、土地を拓《ヒラ》いて米を旨とした農耕を成就し、その成果を神の大前に上つて、大孝を申されたことにある。この大和櫻井の鳥見山で行はれた祭りが、肇國の大嘗祭だといふことは、封建末期の國學者も大よそは知つてゐた。わが國の歴史時代を通じて、天皇の御位は大嘗祭を行ふことによつて、名實具はるとしたのは、この神武天皇肇國の故事にならふからである。このとき大孝を申すと、「日本書紀」にしるされてゐる點に注意せねばならない。この語義はふるいむかしから、御祖《ミオヤ》の教へに従つた由を奏上されたとよんできた。天降《アモ》りの時の神敕をつひに實行しましたといふ證を立てられたわけである。

　このことからわが國の天皇はつねに一つであり、つねに皇孫であるといふことが理解される。つまり天皇は天降りのときの神敕を實現する中心であつて、代々をへてもつねにこの意味で一つなのである。このつねに一といふことが、永遠の證である。神話の生活の實現の中心としてその存在は唯一である。このことが、いはゆる萬世一系といふことばの意味であり、同時に天壤無窮の意味でもある。くだいていふと米作りを生活の根本とし、その生活から生れる道徳によつて生きてゆくといふことが、萬世一系天壤無窮の實證的な意味である。いつさいの權力も榮華も欲望も無常だつたが、米作りは萬世一系の永遠のものであるといふ考へ方である。米作りの生活は、牧畜の生活と異つて本質的に争闘や侵略や殺生を伴はない、平和の原理生活である。つまりこの世の中で、平和の根柢となる觀念は無數にあつて、平和だけが實現しないが、平和の根柢となる生活は、ただ一つしかない、日本の神話の米作りといふ、天上生活を地上に實現することである。これが國體の觀念であることは、皇大神宮の祭祀を見てもわかるし、天皇陛下の最も根源的な年中行事を拝してもわかることである。天皇は天降り神話をこの世に實現しつゝ、現實に米作りをなされることがその御本質なのである。米作りは祭りの生活なのである。

かういふ意味で、天皇は働くことを實行遊ばされるが、所有といふこととは絶對無關係なのである。天皇は財産をもたれないといふことは、國史上の眞實であり、天皇の御本質を申す時の第一項だつた。天皇は所有權と無縁で、神話を地上に實現される中心の御存在である。これは祭りの主宰といふ意味だつた。しかも神話の實現といふのは、米作りといふ素朴な生活を意味してゐる。これがわが神話であり、わが國で道といはれるのはこの生活である。このやうな平和な神話をもつ民族は、日本以外どこにも存在してゐまい。

年の初めのめでたさと、それが終りなき世のためしである理由は、大凡以上の如くである。門松は神を招く標と考へられ、農事始めに苗代に木を插し、田神を招く風儀は、今日も行はれてゐる。

稚國玉

一

出雲の國造の神賀詞は、延喜式巻八に入つてゐる。格別に大事な傳へごとだつたのである。國造の新任の時に朝廷に奏上した祝詞だつた。再度上京して奏上されるので、二度目の方を、かへりごとの吉詞《ヨゴト》といひ、御祝儀に對する復奏である。

これは國讓りの時の古事のまゝを、くりかへしてきたのである。國造家の祖先代々のまめごころを、代替りごとにたしかめるものであつた。この祝詞の文は、延喜式祝詞の中でも、特に古調の尊いものに屬し、まさしく神語である。人爲の文章ではとてもと思はれる古文である。その修辭文脈には、太古出雲人の好んだしらべが濃厚に出てゐる。古事記の出雲の神がたりのあたりとくらべるとわかる。文章の法を學んで、まねてつくれるものでなく、おのづからのものである。近世の國學復興期の擬古文で、この出雲系統の文章起承の法をまねたものはない。出雲びとの文學は、藝能面にかたむくので、元祿以後の國學者の文藝氣質と、何といふことなく、すれちがつたのである。同じころの俳文を見ても、氣風のよい俳諧調にも出てこない。平安中期ごろの都で、田舎から入つていつた祭文（祝詞の祭文）の語句はこびに、多少色合の出たものがあるが、調子がひくいから、まねたとは云へない。この古文を理解して、たのしみ、うれしとして作られたものではない。

元祿の國學や、芭蕉以後の俳人は、祝詞の文章を心をこめて學んでゐる。特に芭蕉である。これも芭蕉が不思議な人だつた一證である。芭蕉と宣長は、近古を通じてもつとも不思議な人である。鈴木重胤の「祝詞講義」は、人間わざを超えた仕事だが、この本の中で重胤は、事にふれて感迫り、宣長は神の如き人だつたと感嘆する。その感嘆する場所が、まことに光輝くばかりのところで、文學を讀むよろこびは、かういふ古人の感動にふれる時に、しみじみと身うちにとほる思ひがする。引敍するには長すぎるので、かくかく云々と記述できないのが殘念だが、いつか誰かが、「祝詞講義」をよんで、このよろこびにあふ人が必ずあるだらうと、私は願つてゐる。

この重胤がまた不思議な人だつた。元祿の國學復興以降の文學者の中には、今日から見て不思議な人が少くない。比較すればわかる學識の上で、まづ人間わざを超越してゐる。記憶力が超人である。構想力もすばらしい。重胤の「祝詞講義」を見ると、重胤といふ人は、神々の系譜をことごとくそらんじてゐる。神々の地理も、神社の所在も、土民の傳承もみなそらんじてゐる。それが大凡人間わざでない。むかしは書物が乏しく、索引書といつたものがなかつたので、學者としては記憶力が必要不可缺で、この記憶力の旺盛といふことが、構想力の伸張擴大や發明の說の原因となつたのである。

記憶や暗算を輕蔑した文明開化以後の敎へ方は、文學世界から、廣大な構想や、興味津々の發明を失はせた。我々の現在から見て、先代の驚異の文人は、封建時代風の教養の方法を身につけてゐた人たちである。さういふ人々は、學者としての志に於ても、みな抜群不動の英雄だつた。

二

出雲國造の神賀詞の中には、大和の三つの神奈備が出てゐる。その第一が大御和《オホミワ》の神奈《カムナ》備《ビ》、次が、葛木《カツラギ》の鴨《カモ》の神奈備、賀夜奈流美命《カヤナルミノミコト》の飛鳥の神奈備、三つである。

大穴持命は國讓りをへられ、八百丹杵築宮《ヤホニキツキ》にしづまりいますまへに、ゆくさき皇孫命《スメミマノミコト》が大和國へうつられることを幽契によつて知つてをられ、豫め大和の四ケ所に、皇孫命の近き守り神として、神の社を定められた。

神賀詞では、この時、大穴持命は、己命《オノレミコト》の和魂を八咫の鏡にとり託《ツ》けて、倭の大物主櫛《オホモノヌシクシ》𤭖玉命《ミカタマ》ととなへ、大御和の神奈備に坐《マ》せ、御子の阿遲須伎高彦禰命《アヂスキタカヒコネ》の御魂を葛木《カツラギ》の鴨の神奈備に坐せ、事代主命《コトシロヌシ》の御魂を宇奈提《ウナデ》に坐《マ》せ、賀夜奈流美命の御魂を飛鳥の神奈備に坐せて、「皇孫命の近き守神《マモリガミ》と貢《タテマツ》り置きて」、それをすませて杵築宮へ隱靜《シヅマ》られた。この「皇孫命の近き守神と貢り」といふのは、後に神武天皇が大和に都を定められ、さらに代々の皇孫命がここに都されることを豫め知つて、この處置をされた。かうした神の豫知を、わが古典では「幽契」といふ語でしるし、「かくりよのちぎり」と訓んできた。この幽契があつたことは、天降られた皇孫は御存知でなかつた。神武天皇も勿論御存知でなかつたのである。

このうち宇奈提を神奈備といはないのは、そこが大御和の神奈備のやうに、木々の茂る山といふ相がなかつたからである。宣長は、事代主命といふ、大穴持神につぐ出雲の重い神が、神奈備でないところに御坐すのは如何かと思はれたのか、これは神賀詞の書寫中、賀夜奈流美命ととりちがへたのでなからうかと申されてゐる。この考へ方には、現存の飛鳥坐神社が事代主命であることも影響したのでないかと私は思つてゐる。

平安時代後期の都の學問では、もう宇奈提の實地はわからなくなつてゐた。このことはずつと近世にまで影響し、元祿國學復興のころの學者も、大和の古典地理をよく知らない。主として書籍で知つたのである。さういふ點で少し、不都合なことがあつた。宇奈提といふ土地は、大和平野の中心の地點である。奈良と吉野の中間よりやゝ南だが、三つの神奈備からはほゞ等距離の平野の中心である。橿原宮のほゞ西で、三つの神奈備の中央あたりに位置するから、土地の開拓とか、都の守りといふ點から云へば、この四つの社の配置は絶好のやうに私は感じるのである。大和平野の中央に事代主命が位置されるのは、この神の重さから云つて、ふさはしいと感じたことである。

三

賀夜奈流美命の御名は、神賀詞に見える以外、他の古典にはあらはれない。この點も宣長は氣にされたのかもしれない。しかし重胤は平田篤胤の考證を追つて、さらに細密にしらべ、出雲の下照姫に他ならないと考證された。そしてこれは大和の土地の神道者の、古から傳へた傳承であつた。重胤は、大和の古蹟をよく歩いてゐる。一所に長く滞在し、又その滞在を、年をおいてくりかへしてゐる。

細心緻密な古典の學びと、縱横に攻究された傳承の實地調査が、重胤の學問の重みである。それに對して異議をいふ用意のあるやうな人は、昔も今もない。まして思ひつきや、頓智頓才は、まぐれで當ることもあるが、さういふものは、賭け事に似てゐて、學問や文學ではないのである。學問文學といふのは、深慮細心さらに悲壯のもので、その發明のよろこびは天上のものである。

賀夜奈流美命の神社は、現在は、高市村の大内陵あたりから見て、南に聳ゆる高取山の北面、栢森《カヤノモリ》に鎭座される。

この地を飛鳥神奈備と考へると、他の二つの神奈備と規模もほゞ相かなふ。明治以來云ひなれてきた甘樫丘あたりの地形では、神賀詞の觀念にあはない、他の神奈備とつり合はない。これは土地感覺から云ふのである。重胤の考證によれば、この賀夜奈流美命は下照姫で、この神社は太古のまゝに傳はつてゐる。この點は大和の古傳にも云ふところである。

神賀詞の三つの神奈備のうち、何千年、信仰不變にして、今日ますます旺んなのは大御和の神奈備にて、今の大神《ミワ》神社である。この神社の由來については、日本書紀の一つの傳へでは、大穴持命の幸魂、奇魂の宮をつくつて住みつかれたところとある。この大神の、幸魂、奇魂は、ある時、あやしき光で海を照らして、大穴持神の御前にあらはれた、神の稱へだつた。大御和以外の二つの神奈備は、現今は繁榮の狀態ではない。

重胤が飛鳥神奈備を知り定めたあと、明治初年、富岡鐵齋は一人でその復興に盡力した。大畫人の鐵齋先生である。同じ頃、これも廢社となつてゐた、壬申の時の由緒の大社なる、雷《イカヅチ》村の氣吹雷響雷吉野大國栖の御魂神社の復興も考へられた。高額の金子を村長に供與されたが、下照姫の社は昔のまゝで、雷の社は今も見る影もない。飛鳥保存の論議の中でも今人は忘れてゐる。鐵齋の考へ自ら率先實行されたやうな、歷史の復興顯彰の考へ方はなくなつたのである。

國讓りの時、天上から出雲へ交渉にきた最初の使者は、天津國玉《アマツクニタマ》の子の天稚彦《アメワカヒコ》だつた。神々の期待にふさはしい天上の「たけき人」だつたが、この天稚彦は、大穴持神の女子《ムスメ》、下照姫と結婚して、八年しても、天上へ復奏しない。天上の神たちは、雉名鳴女《キギシナナキメ》を使として、様子をさぐらせられると、天稚彦は矢で射殺した。矢は雉の胸をつらぬいて、天上へとゞいた。その矢さきに血のついてゐるのを見て、神々は事の次第をさとり、天上から矢を投げかへされた。矢は天稚彦にあたつた。下照姫が、天稚彦の死をかなしんでなかれた聲は、天上にまでとゞき、父なる天津國玉は吾子の死を知つたのである。

下照姫はその御名の顯すやう、當時この地上の神々の中で、第一の美女であつた。天上の重い使命を托された天稚彦ほどの神が、なれ親しんで八年も復奏を忘れて了つた程だつた。下照姫は、高姫、高照姫とも申した。下照るも高照るも同じ現象の名だといふのが、太古の人の發想である。下照姫の御父の大穴持命の御名は五つあつた。大國主、大國魂、葦原醜男、八千矛神、これらは、勳《イサヲ》や威力を現はしてゐる。職能役に近い意味もある。またこの神を別に顯國玉《ウツシクニタマ》と申上げた。これは大神のすべての功業威光を象徴するやうな大きい御名である。この神の御子は百八十一神あつたが、その中で下照姫は、稚國玉《ワカクニタマ》と稱へられた。御父神の顯國玉に對應して、この稚國玉は重い御稱へであるが、ことばのひゞきに、美しいもの、可憐なものを感じさせる。稚國の語は、わが國のとなへだつた。國稚くといふことばは、日本人の民族のこゝろの象徴の語だつたのである。わが國はいつも稚い國と信じてきた。「初國《ハツクニ》小さく造らせり、狹野《サヌ》の稚國《ワカクニ》なるかな」と云ふ語は、神がこの國をつくられた時の國の姿だつた。なつかしい古語である。

　この稚國玉が飛鳥神奈備の主神だつた。御父の顯國玉から「皇孫命の近き守り」として、この神奈備を事寄《コトヨ》さされたのである。稚國玉は神代の地上第一の美しい女神だつたが、夫なる天稚彦の死によつて、人間の世にある悲劇の第一番の經驗者であつた。この女神が、飛鳥の神奈備へ赴き、やがて來られる皇孫命のために、用意してまつてをられるのである。わが夫を失つた因緣や、恩讐のことなど全く慮外とした心境にをられたわけである。

　飛鳥神奈備が國の歷史や文藝の上へ輝かしくあらはれるのは、萬葉集に於てである。主として飛鳥淨御原宮の御代からであつた。そしてこの時代から寧樂京の御代にかけては、わが國の未曾有に榮えた時代だつた。さらに御一人一人が偉大であらせられた女帝が、つぎつぎに御位を踐まれた時代であつた。この時の人の心に、一番になつかしまれた飛鳥の神奈備の主神は、下照姫だつたのである。下照姫が飛鳥の守神だつたのである。これは重胤が「祝詞講義」にしるした、わが古典の註釋の中でも、最も美しい、しかも悲しい、さうしてわが國がらの何であるかを、最も高い調子で人の心にしみ入るやうに說きあかされたものだつた。下照姫の幽契を考へると、わが國がどんな國だつたかといふことが、しみじみと思はれるのである。

こゝで附言したいことは、紀伊國天野の丹生神社の、古い祝詞にのべられた、丹生津姫御巡幸の神語である。この丹生の祝詞は、加納諸平《カナフモロヒラ》がうつして伴信友に送つたのが、世に出た始めといはれてゐる。丹生津姫が紀國に天降り、吉野川上の水分、今の小《ヲムラ》の丹生川上中社に到り、こゝを起點として、龍門岳の北側を通り、入谷《ニフタニ》に入られる。この入谷は、下照姫の飛鳥神奈備の東隣である。丹生津姫の御巡幸は、農耕米作りの技術と新嘗の儀禮を、次々の土地へ教へて歩かれたものである。このことは「丹生告門《ノリト》」のしるしてゐるところだつた。こゝでわが附言といふのは、遠い神々の御代に、ある日ある時、天上の神々のうちで第一番に美しい女神と、國つ神々の中の照りかゞやく美女とが、隣りあつて住まはれ、天上の幽契のまゝに、いつか大和國へこられる皇孫命《スメミマノミコト》（天皇）のために、土地をひらいて、守りの神の役をつとめられてゐたといふ、今では忘れられた神話の思ひ出の確めである。飛鳥から寧樂へとつゞく、わが大女帝たちの御代の、御身近の守り神は、この御二方の女神であつた。この古典のつたへを、私はなつかしい國ぶりと思ふ。わけても稚國玉とたゝへられた下照姫の御一代は尊い。さうして飛鳥神奈備と下照姫とを考證された重胤の、いかめしい學問の、そのこゝろに流れる詩情に、しばらく吐息をついて感嘆禁じ得なかつたことである。

四十六年十一月

親國史

大和の國の枕詞に、「そらみつ」といふのは、諸說あるが、天降りの時に神々が大空の上から見られたと說くのが、感じ方としてなつかしい。この感じは少年の頃に、誰からか、簡單にさう教へられたからのやうにも思ふ。我々の少年の頃は、本を讀んで、そこから何かを硏究するとか、批評するとか、また感想を言ふことを下地にしたやうな、そんな讀み方は、學校を始め、一般に行はれてゐなかつた。稚い子供心では、神々が大空から一直線に降りてこられたといふ話をきいて、夢ごこちになることが出來た。その神々は、自分らの祖先にすぎないといふのが、永劫、わが國の神話である。かけまくも畏き神々といつても、わが親の親の、何萬億年むかしの遠御祖だつた。これがわが民族神話である。さうした大昔の親だつた神々が、何かの時にわが家に歸つてこられる。今日の今、家の門のあたりを通つてをられると聞いて、戸を閉ぢておそれを感じるのは、國際宗教の絕對神に對する恐怖の感じと全くちがふといふことに氣づいたのは、年重ねたはるか後だつた。

少年が近代の學問から、天降りの神話を疑ふ頃に、それは神々が大きい鷲のやうなものに乗られて、空から降りられたことと、かういふ説明をきくのは、明治大正の少年の合理主義の考へ方だけでなく、近世の初頃には、名ある儒學者の説いた神話解釋だつた。それは往年のその時代の大學者の知惠だから、これを知つた時は、私は失笑したが憎まなかつた。しかしかういふ失笑に慣ひする「合理的」解釋は、いつの時代にもくりかへされた。その時節の、新しい解釋とか、新知識としてうけとられた。これが情報文化といふものである。舊來は佛家の人々がさんざんくりかへしてきた方法である。現今では、「科學」の名でそれをしてゐる。いづれ次の代の人々の失笑をかふこと、火を見る如く明らかな史實である。今日私らが、どれほど警戒し、自戒しても、「近代」にそだつた自らゆゑ、必ずかういふ過を犯してゐる氣がする。

古典の解釋といふ點では、どれほどに用心しても、知らず知らずに「近代」の考へ方が入る。「近代」しか知らない西洋の人々には、こんな苦勞や反省はないのだが、それは果して幸といへるものであらうか。世の救ひにはならぬ。我々は「近代」をも知つてゐるから困る。しかし困るのは、まだ十分にその謀略と仕組を知つてゐないからといふ點と、考へたり書いたりする時の、我々の今日の言葉が混亂させられてゐるからといふことが大きい原因である。

明治から大正にかけてのわが國の近代文化が、全く淺薄だつたのは、言葉の傳統を失つたからである。西洋の言葉を正確に感じとることも難事だが、昔から共通に使はれてきた深奧の意味ある言葉を學ぶことをしなかつたことが、困つた結果となつた。聲から聲へ傳へた傳統を忘れたのである。明治から大正にかかる頃の、新思想と新思潮の淺はかさは、今日から見ると、全く驚くにたへないものだが、しかし今では、これが我々共通の負目となつてゐる。近昔宣長大人が、「漢ごころ」をさらりと棄てて、始めて、御祖の古ごとを悟らうと申されたことは、その頃ではもう、代々の儒佛の他に、南蠻から流れ込んだ西洋風の論理をも、ひつくるめての話である。少し時代が降つた篤胤大人となると、正面きつて、かの夷狄心を服《まつ》ろはさうとされたやうな氣迫が、却つてわざはひとなつたやうな口惜しさがある。

幸ひなことに、我が國の御祖の古典は、古事記・萬葉集・式祝詞だつたから救はれた。これが「般若心經」や「大學」だつたら、事の處理は簡單な困難ですまない。「大學」の冒頭「明明德」の「明德」の說き方一つでも、少し戒心をゆるめると、佛說と近代科學說が混入する。「祝詞」の高天原に「神留」の解說に、さういふ表相的說き方の混同理解といふ傾向が出ぬといふ保證も實は難しい。鈴木重胤大人の「祝詞講義」のよみ方にしてさへ、かういふ點での用心が必要だ。それを讀む今日の我々の側に、十分の自戒が必要だといふ意味である。まことの虛心になり得たら、犯すことのない冒瀆のあやまちだが、虛心になり得ない知識の穢を我々はもちすぎてゐるのだ。

饒速日ノ命と、その主たる神々が、天上から降つてこられたといふ傳說の原地は、大和の國中にはいくつかあつた。命の上宮といふ土地もあり、ある時代から、御陵と思ひ込んできた古墳もあつた。おのが家こそその神々の子孫だと思ひこんできた舊家もあつた。わが國ではこれは、不遜にも不敬にもならないのである。また正直さう思つてゐてくれることに、私は喜しさを感じる。

天地初發の時に、高天原に成りました三柱の神は、その御名はあるが、形も色もなく、申す如き無の如きである。あしかびの萌ゆる「如」くに別天神《ことあまつかみ》の二柱が成りましたとあるが、この「如」といふ言葉には、重大で深い意味がある。今日の論理學で説明することも出來るが、それには複雑な作業が必要である。普通萬人の云ふ「神います如く」とか、「神の如し」といふ場合と通じる「如」だが、ある時代には「神います如く」に神を拝するのは、未熟の信仰だ、むしろ冒瀆だといふやうな、思ひ上つたことを、人が人に説いたことがあつた。我々の今生にいます神神、わが御祖の神々は、「如く」であるゆゑにはるかに光彩輝くのである。永遠の實感もわく。この實感も亦「如」である。この「如く」の信實なる理については、何千年來の昔の人々が、却つて精緻に論理的な解説をかさねてきた。しかもわが國では、國民感情の間で、幸ひ「神學」にならなかつた。「神學」は絶對神の意志に人民を服從させることをいふ一箇の指導理論で、これは明らかな人爲のわざである。わが國民感情が「神學」に無頓着だつたのは、鄕民が古神道の祭りの生活に今生を營んできたからである。

わが神話は、天地未だ分れぬさきの「高天原」に成りました神から始まるので、先人は天地分れてのちの「高天原」を、この物語りとして語り傳へる時の便宜上から、後に定まる「高天原」を、神のお住みの場所としたのだ、かういふ説き方をされた。しかし天地未分の時に、すでに「高天原」があつたといふ考へが古人に無かつたとは云ひ切れない。今日の「近代」の學藝常識では、生命の發現も、人間の發生も、學問の論文とせぬ約束になつてゐる。言語の發生についての學術論文は、「近代」のアカデミーの學問體系の外に扱はれる。近代學では人間の現身の五感の、ほんの皮相しか扱へぬことが、學深き人々の常識となつてゐるのである。

大空の上からこの國土をながめるといふことは、今日は容易に出來る。天孫降臨後の皇孫の御政事の事始めは、國見だつたといふことを古典は誌してゐるが、これは國內を巡幸して、高山の上から國原を眺められたのである。これはやがて、天皇陛下の重い御政事の一つとなるが、わが國では鄕民も、同じくわが鄕中の國見をしたのである。春秋の好日の遊事だつたやうである。しかも我國俗では、祭事は大なる遊事にも通じる。新嘗の現實を見てもわかるだらう。

朝廷に於ける天皇陛下の御祭儀も、皇大神宮の大節祭も、鄕民のよろこばしい祭禮も、皆一樣にして等しきをなし、それは新嘗の一事にあつた。ここにわが國體の精華がある。上も下も、神も人も一つである。私はかく信じてゐる。これの祭事は、道であつて、道はただ行くものである。この道を、神代のまゝに行つてゐる國と民があれば、それがいづこであつても、我國と同じ神の國の本性をもちつたへた國である。さういふ國の鄕民は、わが國に親しみをもち、尊敬の心を喜びの色としてあらはすと思ふ。等しなみだからだ。その國と人とは、また我國と同じに、美しい風景の國と私は信じる。この「國」は國ツ神の國と同意にて、土地といふ意味の「國」である。神々が大空の上から始めて、この島國を眺められて、大倭の朝廷の宮居の場所を定められた時は、親しみの心と喜びの心を、いとしい土地といふ感情からうけとめられたと思ふ。この神話の感情が、萬葉集の根幹詩情である。中昔のやうに、「敷島の道」といつた理として説かれてはゐない。これが「萬葉集」である。後代末世の感動を基盤として、「敷島の道」の説き明しには、別の尊い志がある。この詩情は最も美しい地上の神の姫を、稚國玉ととなへ奉つた思ひにも通じる。下照姫は亦名高照姫とも稱へ、下とは對蹠の高、上にある高を、下と「一如」と見た古人の、この古心がはたらかなければ、萬葉集の歌の抒情の因子は理解されない。上でもあり下でもある。といふ感情は、こちらとあちらとを、ゆくとかへるとを、一つとする。出て行く客は、客の方から云へば（わが家へ）歸るのである。花が咲き下の道を照らすのは、その道に立つ人から見れば、高で照つてゐるのだ。ここには説明も辯解も不用、照りの、上に立つ如く、下に立つ如く、といふのが、一番素直で素朴な判斷である。決定のない、それの不用の判然である。原始この方の生命の流れの不斷の一點に於て、今生といふものを、點として考へた時、「如く」は虚構だらうが、觀念上の虚構といつたものとは、全く別の世界のものであることに氣付くと思ふ。もし今生が、生の果にあるのか、死の上にあるのか、かういふ假説の虚構で考へたなら、これが途迷ひである。私は生死觀の觀念論に興味をもたないのである。古い時代の日本の風儀では、生死の決着も、終末も、行儀作法の一つの形にしてしまつたやうに思へる。また大方の郷民の場合、さういふ安らかさで、今生から他界へちらばふもののやうに觀察される。

平田篤胤は、他界と現世の間の往來の道に興味をもつてゐた。それでゐて詩情こまやかでないのは不思議である。篤胤翁が、强烈に說破の論を立て破邪の筆を振はれたあとに、私はそこばくの議論をもつてゐるから、改めて延喜式祝詞の「御門祭」の詞を心裡に奉るのである。御門祭の詞は特に古い詞ではないが、淨御原宮よりは、はるか遠い代のものであらう。御門祭の詞はまことに尊い古語で、我々の今生の戒めともなり、道の教への言葉に黐すことも出來るのである。たまたま篤胤翁の性格や論法を思つた時に、私はこの御門祭の詞に切實の感情のわくものがあつた。何かの機緣を味つた人がこゝにゐるなら、ただちに御門祭の詞を讀むのが、時宜にあふことと私は思ふ。國を思ふと己が口でいふ人、神を祭ると言ふ人は、己自分の考へで神語を讀み、我流で解釋を定めるまへに、少くとも鈴木重胤翁が生命をかけて著述された「祝詞講義」を敬拜して讀み學ぶべきだと思ふ。

私は今日の國文と國史の學風が頹廢した原因は、學問の根義なる謙虚の精神が失せた故だと思ふ。私は國史を學ぶ志をもつと語つた一人の大學生に、ならば、宣長大人の「古事記傳」と、鹿持雅澄大人の「萬葉集古義」と、さらに鈴木重胤大人の「祝詞講義」のこの三册を學ぶがよいと教へた。これは己自身の經驗によるものである。學問としては「小學」の過程であるが、「大學」のいたりつくところより又たちかへるところである。國と人とに對する親しみの情のないところに、史を學び文を學ぶといふ、今人の志のなり立つわけはない。

拙文の題辭は、親ㇾ國が史也と訓んでほしい。親國の語は親民を抱くにて、こゝにのみ永遠の國史があると愚考したのである。わが神代の傳へでは、國は地であり、山河はこの我が私と同胞である。いづれも神々の愛子であると、親の聲が子に傳へてきた。これが「古事記」の意味である。

六月晦大祓有感

六月《ミナヅキ》と十二月《シハス》の晦《ツゴモリ》の大祓《オホハラヘ》は、わが國の年中行事の中の、大きい節だつた。今日でも何となく盛んに行はれてゐる。人形《ヒトガタ》をつくることと、大祓の詞《コトバ》を唱へることは、大方の人が知つてゐる。しかしその理や內容を考へることはうすい。大祓の詞について、神學的な解釋をすることは、封建時代にはかなりさかんだつた。一般の國民生活の中へ、教說としても入りこんでゐた。ここで封建時代といふのは、南北朝、室町時代から近頃迄である。大正改元頃から、これがうすれた。

わが國の古神道《カムナガラ》と、近昔以來の所謂神道とには根本の變化がある。近昔以降のものは、古語のみ殘された、外來思想である。大昔からわが國は外來思想の攝取に寬大だつた。これはわが歴史の美點であるが、そこに多少缺點のともなふことも當然である。われら日本人は、もともと多數民族が一つに融和した歴史的産物である。わが朝廷は、この「日本人」をつくる大根子だつた。それが歴史的事實として、朝廷の政治である。

また日本國土の氣風は變化のある大樣だつたので、異民族も外來人も、一つに融合して、ただの日本人となつたのである。さういふことを、誰かが考へてしようとしたのではない。自然にさうなるやうなしくみがあつたのである。日本人はこのしくみを、極めて大様に了解して、これを神ながらと思つてゐる。これが古神道といはれるものである。驚くべき偉大だが、また極めてあたりまへのことを考へたのである。

大祓の詞によつて、罪の意識を、神學的に說くことは、江戸時代になつて、異樣にさかんになつた。その頃の學者たちが、祭祀としての新嘗を、政治の眼目とするやうな思想は、單純すぎて未開だと思つたのである。

わが國の新興宗教は、早くも鎌倉時代この方、ことばの上で神道の色彩がつよい。この頃よりの新興宗教にはいづれも外來思想の影響が多く、大祓の詞をもととして、罪穢の觀念から、教學をたてた例が多い。「延喜式」から考へられるわが古神道の構造と思想の中では、大祓は新嘗を行ふための祓で、極めて末梢的な地位である。大祓詞が、古代の文章として、特別にすぐれた絕品だといふことは、この場合別の話である。大祓の詞を、日本の神道の根本教典のやうにしたことは、わが國の古神道の自然の考へ方をゆがめたのである。

公卿、武士など、すべての官僚には、大祓の詞のもととなる考へ方は必要なものだが、百姓の生活には殆ど無關係のものである。

無關係な場合が、最も神ながらにかなふのである。

大祓の詞を、神學的に解釋することは、江戸時代に殆ど完全にて、當時の一般市民の間でも、一種の常識に化してゐたほどである。今日、大祓の行事は一應さかんであるが、一般の人々は、大祓の詞の解義などには無關心である。それは例へば、祓の始めをなされる瀬織津比咩《セオリツヒメ》と云ふ神が、皇大御神《スメオホミカミ》の荒御魂にて、これが八十枉津日神《ヤソマカツビノカミ》であるといつた傳承を、教學的に解明するために、論理を弄するなどといふことに、無關心だといふ意味である。別の例で云へば、人の惡行を罪とせず、その疵を穢としたといふやうな點もさして考へない。

六月晦大祓、十二月も同であるが、この大祓は、朝廷内外につかへるすべての人々から、農に從事する大御寶の全部のために、それらの者が一年間に犯した罪穢を、一括して祓ふことで、天皇陛下がそれらの罪穢を悉くひきかついで、祓つて下さるといふのが、この大祓の本意である。六月の晦の日の夕日の降《クダチ》の大祓に、四國の卜部《ウラベ》どもが、大川端へ祓《ハラ》ひ却《ヤ》る。これより後は、天が下に罪といふ罪はないぞと、天皇陛下が宣られる。それで心安らかになつたのが日本の大昔の心術だつた。

祓といふことは、物を購つて代金を拂《ハラ》ふ如く、同じことばである。天皇陛下が、國全體を御一身にひきうけて、その祓を、六月と十二月の大節季に祓つて下さるといふのが、大祓の意義で、それ以上の何でもない單純明瞭な考へ方だつた。この古神道では、新興宗教はなりたたないといふことから、大祓の詞の人工的解釋が次々に現はれるのである。

「延喜式」に誌されたわが國の古神道の姿は、すべて、このやうに簡單明瞭である。これが國際宗教の複雑な哲學や教學にくらべ、素朴で未開のものだと考へたことは、大へんな誤りだつた。あまり氣づいてゐないが、我々の歴史的な不幸の因である。一番自然なものの大事さに氣づかず、人工の才智を羨望したことが、不幸の因だつた。

しかし近代の國際競争場裡では、かうした才智能力は、一國を保ち、他國に負けないで生き殘つてゆくために必要だつた。

「延喜式」のわが國の祭祀では、新年《トシゴヒ》と月次《ツキナミ》が大本で、これは新嘗《ニヒナメ》をなすについて行はれるのである。年々の新嘗の中でも、御代の始めにされるものを特に大嘗とよんだ。そしてこの新年と月次の詞《コトバ》には、米をつくる仕法をのべてゐるのである。國の成立の基本としての、かういふ單純な考へ方は、とても他國の宗教に對抗できないと思つたことが、我々にある種の不幸と不吉を負はせたのである。我々から、無心といふ初心を失はせて、神道と稱する宗教をつくつた考へ方である。

われわれの祖先が傳へた神々の思想では、生命が發現し、天上の生活が行はれ、後に天から地上へ降つてきた。この時その中心だつた皇孫尊《スメミマノミコト》が、天上の親神からうけられたみ教へといふものは、言葉として四つほどあつた。しかもその肝心は、地上のこの國を、天上の高天原と同じ風儀にする方法を教へられたのである。これが「延喜式」の祭祀の内容であり、またわが國の建國の理想である。

この地上を天上と同じにする仕法は、水田に米をつくり、これを生活の基礎とすることであつた。新嘗《ニヒナメ》を行ふことにて、新嘗は卽ち祭で、この祭と政が一つだといふのが肇國の理念である。

「延喜式」の祝詞には、この米作りの仕法を、天上で行はれたままの手振りとして誌されてゐる。この米作りの始めをなすことが、皇孫尊なる天皇陛下の最高第一義の御任である。米を作ることが、生活の基本にて、それをなせば、地上の國も、天上の神の國の風儀と同じになるといふことが、この國を神國となすといふ意味で、この國と民が選ばれた神國であるといふのでなく、天上の生活の風儀を地上に實現すれば、地上も神國となるといふのが、神々の契りだつた。

水田に米をつくり、新嘗をすることが、地上に天上の風儀を實現する仕法だと、我々の祖先の神々は教へ、代々の鄕人はこの神々の教へをうけつたへて、建國の理念としてきた。その大本の皇孫尊が天壤無窮にて、萬世一系といふことは、この米作りといふ天上のくらしの實相をのべたのである。權力や財力といふものは、無常にて、盛者必滅と云つてもよいが、天上の米作りは天壤無窮にて萬世に一貫すると信じた。

皇孫尊は天皇陛下の御先祖であるが、天皇陛下は幾萬年を經ても、いつも唯一人にて、永遠につづき、いつも皇孫尊《スメミマ》だといふことが、我國の傳來の國土思想だつた。今上の天皇陛下といふ御存在は、今上であるが、また永遠に唯一人の皇孫尊だといふ考へ方は、複雑難澁に説くこともできるが、最も單純に生命觀としてさとるのが、國風の考へ方である。

皇孫尊の天降りの時、天照皇大神が皇孫尊に神鏡を賜はつた。そして、この鏡を見ることは、朕《ワレ》を見ることだと教へられた。鏡で見るとは、己自身の顏がうつるのである。そのわが寫像が、親なる皇大御神だといふ意味は、單純明解の眞理であつた筈である。それは親しみを現す。鏡に於て、親なる神と、皇孫尊が御一體だといつたやうな、論理的遊戯をする必要はないのである。

　複雜になつてゆく世の中に、單純明解で素朴無智な眞理を止めておくといふことは必要である。眞理は止まるものである。止於至善といふことばは、東洋のものにて、西と東を別つ大なる肝心である。止を知らざるものは、物の富裕を追つて、つひに心の富裕を悟らない。

　わが國の傳へでは、皇孫尊は米の種子を天上の神々から事依《コトヨ》されて、この國へ降られたのである。ここに神國實現と天壤無窮を誓祈せられた。「事依さし」はすべてを與へられたのでも、委托でもない。かうして所有權といふ上で、わが國の天皇陛下は、無所有といふことが御本質となる。延喜式祭祀の構造がかうなつてゐる。先人はこの延喜式祝詞の詞を以て、皇國無窮の憲法だと云つたのである。これは封建時代の觀念である。

　皇子皇后は財產を所有され得るが、天皇陛下は天下を知ろしめすが、物について無所有である。天子の尊さといふことはこの點にある。しかも、事依さしとか、無所有といふことは、日本人の傳統的な土俗生活の舊來農家の制度感覺の中にあつた。今もなほその名殘りを感情的にとどめてゐることを私は知つてゐる。

元旦神代偲

近い昔には、祭りとは、種々の御馳走を作り、餅をつき、うれしく酒を澤山に飲みあかすことだつた。近村の祭りによばれるといふことは、さういふ御馳走に招かれることである。そのことを、けふはよばれだ、といふやうに云つてゐた。

多くの人が集まつて、神とともに、同じ御供を食べることが、祭りの意義だつた。それには新嘗《ニヒナメ》が大もとである。祭りといふことは、新嘗だつた。農を生存の本としてゐた時代は、新嘗が即ち祭りだつた。新しくとり入れた米で、酒をつくり、餅をつき、飯に炊いて、村中で先祖を祭り、取り入れを祝ふことが祭りであつて、この新嘗は、人と神との相嘗《アヒナメ》とされてゐた。

新嘗は、高天原に始つた風儀だつた。高天原の神々の生活も、そのしめくゝりが、新嘗であつた。この米作りの風儀のまゝを、地上の豊葦原ノ中ツ國で行ふべしといふのが、天孫降臨のみぎりの天上の神の約束ごとである。この約束は、此國の萬世一系と天壌無窮の約束であつた。これによつていつかこの地上も、天上と同じになるといふことが、わが神國觀に他ならない。地上が高天原と同じになるといふことは、この國土も神々の國となるといふことである。わが國人の傳承では、神代といふのは、人が神だつた御代といふことである。地上のこの國も、天孫降臨のみぎりの神の教へを守りつゞけるなら、やがて神の國と同じになる。その時、人は神である。かういふ觀念の信實が、上古の時代にはあつた。こゝで云ふ上古とは、わが國人が、すでに孔子の思想も、釋迦の教へも、老子の哲學も、十分に理解しをへてゐた天武天皇の御代のころをさすのである。

萬葉集の七ノ巻の雜歌「久方の天照る月は、神代にか、出で反《カ》へるらむ、年は經につゝ」この歌のこゝろは、かうした上古人の信實がなくては解釋できないのである。この歌のこゝろは、月は永遠にして、不老不死のものだといふ觀念をもとにしてゐる。月は年を經ていつか、この地上が神代のまゝになつた頃にも、なほ出で反へるのだ。それには極めて久しい年をへなければならぬが、月は不老不死ゆゑ、その頃までも地上を照しつゞけ、その日にあふだらう。人である自分らには、それが出來ない。人は不老不死でないからである。大體このやうに解釋される。

村が共同體だつたことが、新嘗の祭の必須にて、一つといふ關係だつた。この時、古來から云つてきた相嘗といふ言葉には、今日の思想觀から見て深い意味がある。高天原で神々がなされてゐた米作りを、その手ぶりの通りに、地上でも行ふといふことが、わが建國の根本の教へにて、肇國の精神だつた。その手振りは、延喜式祝詞の祈年《トシゴヒ》と月次《ツキナミ》の辭にのべられてゐる。米作りが國の常人《ツネヒト》の生活であり、この生活の全體が、即ち新嘗の祭りにつながる。それは一筋のみちである。別つことも、分け途切ることも出來ない。祭政一致といふ考へ方は、この意味で、單純明解な國の常人の事實だつた。中世以後の神道家のいふやうな、もつて廻つた觀念論の政治學とは何の關係もない。高天原の齋庭の稻穗を事寄《コトヨ》された皇孫が、御祖母にあらせられた天照皇大神から、この鏡を見ること吾を見る如くあれ、との神敕を賜つたことは、天降《アモ》りの時の皇孫の御齡が、生れ給うて數時《トキ》といふ、嬰兒であらせられたことを見ると、格別に觀念論的な意味をつける必要がない。皇孫が成長せられて、御祖母神を慕しいと思召された時、この鏡を見よと曰《ノタマ》はれたのである。その鏡にうつるのは、皇孫の童顏のみであるが、その己が御映像の中に、御祖母の大神の俤を見るといふことは、泪ぐましくなつかしいことだが、同時に身の迫るやうな切實な教へとなる場合もある。遠くに遊學する書生に、その母が、我を思へばこの鏡をみよと鏡をさづける。子は鏡にうつるわが顏の中に、母を見る時、弱氣を强氣にかへ、卑屈より勇氣にめざめ、惡を去り善につくにちがひない。わが顏の中に母がいまし、祖先がいまし、そのさきの神々がいます、といふことは、平常人の尋常の心術であるが、この心情は慈愛のきびしさを併せふくんでゐる。

　天孫降臨の時には、高皇産靈神が、眞床追衾《マトコオフスマ》で生れましたばかりの皇孫を覆はれ、堅固な御座におのせして、天上から地上へ天降りさせられる。高皇産靈神と稱へ奉る、わが神代の最高神が遊ばされた御業績として誌されたものは、この一事のみである。かういふところから、日本の神話の思ひを考へねばならない。しかしかういふことは、近來誰も教へなかつた。これはから心にゆがめられてゐた實例である。
天皇陛下の御卽位は、この天降りの形を、そのまゝ行はせられるのである。演劇として行ふのではなく、顯齋《ウツシイハヒ》のやうに行はせられ、今上はそのまゝ皇孫とならせられる。御世を萬世に傳へても、天皇はつねにたゞ御一人、天降りの皇孫であるといふことは、この間の事實にもとづく。上御一人は、いつの御代の今上も、天降りの時の皇孫であらせられるとの意味である。わが國では、誕生の嬰兒は、遠世の先祖と、未來の子孫を、その生命形成の日に同時に意味してゐる。この考へ方が、わが常人の思ひである。今上卽位が、そのまゝ天降りをなされるものにて、そのあと大嘗を行はせられるのは、天上の齋穗を地上に植ゑ、御教へのまゝに米を收穫した事實を、その取入れた實物を展陳して天上の神に奉告される意味で、例年の新嘗を特にこの年は大嘗ととなへるだけのことである。大嘗も相嘗である。賜饗と誌すのは、たゞ漢風の文字の書きぶりにすぎない。

以前の教育者が、素朴な云ひ方で、神話を解讀することをしなかつたことは、それが國學の先師たちの云つた漢意《カラゴコロ》である。由來、眞理や信條は、大空を昇る朝日のやうに、明々白々のものだつた。今上陛下が、昭憲皇太后の五十年祭に詠み給うた御製は、「わが祖母《ソボ》はきせる手にしてうからからのあそびをやさしくみそなはしたり」。こゝに御追慕遊してゐるのは、明治末から大正初年の、皇室御內儀のおん趣きであるが、御製の風韻は、わが下々《シモ〲》の家庭風儀にもかよふのである。こゝに古今一つなりとの國風の感情をたしかめ、神話觀を素心に戻す安堵としたいと思ふ。

生民の道が、衣食を先とするのは、古來よりの通則であつて、わが國の傳承では、天上で神々は米をつくられ、天照皇大神は蠶をかつて機を織り給うた。日本の政治の基本は、米作だつたのである。米作の生活には、かぐはしい道德があつた。戰後の風俗で、米食を遠去けたのは、アメリカ文化の侵入が一因であるが、正食觀を忘れて、殺生侵略食を進歩と敎へたのは、道義判斷の衰退の結果である。古來の米作は、土地を母と觀念し、土地を養ふことを農村共同の主旨としたが、麵麭食となる生產は、土地を荒廢させるものである。近代の生活の構造は、個人生活を贅澤にするが、心を豐かにはしない。近代の成立には、その根柢に巨大な侵略と多殺の戰爭があつたからである。市場を開拓するものも、市場を維持するものも、すべて兵力であつて、兵は必ず戰ひをよぶものである。廣大永久な平和は觀念によつて成り立つのでない。平和である生活の形式を先に求めなければならない。戰爭によつて進步するのが近代であつた。かうした近代を批判する考へ方は、鎖國時代から大東亞戰爭に亙つて續いてきた、わが國の知識人の道德觀の一つの流れであつた。こゝでわが國人は、わが建國の精神を改めて回想すべきだと思ふ。

米を尊んだのは、それが美味にして、滋養の食品だつたからである。それを栽培するには、特に冒險も過勞も必要でなかつた。たゞその作業は、自然に對し絕對的にまで從順なものであつた。颱風は國土と國人に、時に强烈な災害を與へたが、水田を維持し、草木の繁茂を助けた恩惠は甚大だつた。この畏き神は、最高の荒魂と、最高の和魂を併せもつてをられるのである。この古代日本人の思想は、大祓詞にのべられてゐる。わが國人の生活の信條は、自然に從ふのである。自然の地形を變革し、人工の造營を誇るのは、わが古の國風でない。自然を變形造成をすることを、わが祖先は人道と考へなかつた。この國風は、わが神語《カミガタリ》では、草木も土も火も石さへも、同じ生命の同胞である。わが神語は、生命の發生を神と云うてゐる。生命の無きところから、始めて生命が出現したことを、神の始めと考へた。米といふ種子の中には、稻の形はないが、これが土と水に交つて稻となり、さらに米となる。この循還の觀察が、神の發見であつた。神は無であり、永遠であつた。

普通の人の味覺については、學問上では殆どわかつてゐないが、年老いた人の味覺が衰へるのは、事實である。若い人は體によつて飢餓を知るが、老齡となれば、飢餓の知覺は衰退し、體がそれを教へてくれないから、飢餓感を飛躍して無力狀態に陷るといふ例が多い。

老人の味覺が衰へた時、老人は食物に對して別のことを思ふ。その食品の由來について、誰人の贈物か、誰人の生產か、どこの土地の產物か、さらに進んで、そのものの歷史や、回想とたぐつてゆくと、そこに若年の純一な味覺と別箇の思想上の味覺が生れるのである。この事情は、大なるものへの恩惠と、なつかしい歷史の觀念のもととなる。こゝに到つて、歷史といふのは、恩惠の回想となる。權力の爭奪や、殺戮の陰謀を回想することだけを歷史と考へさせたのは、いづこいつの教育者であつたか、私はそれを知らうとの考へもない。

明治大正とつゞいた日本の近代的生活の中心には、なほ鎖國封建の教育と、生活のしくみの大半が殘つてゐた。その頃の田舍の町では、生活の上で必要なもののすべてが町内にあつた。酒、醬油、糀、豆腐、昆布、麩、菓子、せんべい、蒟蒻、湯葉等、身の回りの食品を製造する工場がすべてそろつてゐた。大工、左官、瓦屋から、建具屋、紺屋、塗下駄工場、製材所、鍛冶屋等、生活に必要なものを作る所はみな町内にあつた。さうして子供らは、學校を終ると、町内の工場を遊び歩き、そこで學校で習ふことの出來ない大切なことを次々に教はつた。學校の授業以上に熱心に執拗に學んだ。それは興味があつたからである。町全體が工場であり、そのまゝ別箇の學校であつた。

　この食卓の米はどこの田で、誰某が作つたものだ。さういふ話は自然に食事の團欒の中で出てくる。今の代のまへの先代の話も出てくる。あの鍛冶屋の父親はどんな性質の人だつたか、その先の代にはどんなことをしたか、そんな話をしてゐた團欒《マドヰ》では、新聞の話題など出ない。日常の食物を攝り、器物を扱ふ間に、恩惠と歷史を、觀念としてでなく、體につくものとして、子供らは自然に教へられ育つた。かうしていつか感謝といふことを知るのである。老齡の味覺の芽生えは、子供の時に、すでに體の中に入つてゐたのである。子供はそれを意識しない。老齡も、さういふ幼年を丁寧に解析して回想の中に位置づけようとすることは稀である。それでよいのだ。かういふ、情緒の生活は、鎖國封建時代の雰圍氣が、生活の中にひた〳〵と殘つてゐた頃の事情である。わが國の歷史では、菅公が鎖國をすゝめられて源氏物語が生れ、江戸の鎖國によつて蕉門が出現したのである。その蕉門第一の高弟去來翁の句に、「年浪のくゝりて行くや足の下」とある。

〈解説〉

或る日の鳴滝終夜亭

高藤冬武

残暑漸く鎮まった九月の末つ方、一日奈良に遊び、秋影に映える法隆寺の甍をあとにして京都に戻り来れば、日はまさに暮れんとし夕闇にそそり立つ仏塔のしだいに車窓に迫るにつれ、與重郎先生の東寺晩景が思い出された。「時々、この塔はすばらしい情景を支配しつゝ、その中心にしづまつて、旅窓の眼に入つた…さういふすばらしい時は大てい逆光線の中に、黒々と巨大にしづんでゐる時だつた…そこには比類ないつよいものが靜かにあつた。人生永劫の寂寥を思はせるやうな切なさであつた」(『東寺の塔』)。駅頭に降り立ち、人の列に混じりやや暫しタクシーを待つほどに、背後から弾んだ声で名を呼ばれた。振り向けば保田典子夫人であった。奈良でのお茶会の帰りと言う。同じ電車に乗り合せていたわけである。二年ぶりの再見であった。和服に身を包み常に変らぬ含羞の清楚なお姿ながら、茶会の余韻か外出の心弛びか、どことなく匂い華やかに立ち添い、このような麗らかな声に接したのは何年ぶりのことであったろうか。直日君を亡くして以来、それは見るもいたわしいほどの、逆修に悄然沈痛の形振であった。控目に横に佇まう碧眼金髪の女性が私の同行者と知るや、「髪が異人のお人形さんのように綺麗だ」と朗らかに感嘆されたが、久しぶりに接する明るさがその表情に見てとれた。ここで遭遇するも何かの縁かと、また御機嫌の麗しさに甘える気持もあり、一夏、神社仏閣は飽くほど見てはきたが、これが日本の家、現に人が日々の暮らしを営んでいる伝統的な民家と言えるものに足を踏み入れたことも家内を覗いたこともない、帰国も迫っていれば鳴滝の屋敷の佇まい、暮らしぶりに触れさせてはくれぬかと、遠慮を忘れて言い出せば、遠来の異国の客をもてなすはこちらも嬉しいとすぐに応じてくれた。

昭和四十六年（一九七一）九月三十日朝、詩仙堂見学もほどほどに約に従い鳴滝へと急いだ。長屋門を潜り抜け三打して案内を乞い上框の三和土に立つ。谷崎潤一郎の『陰翳礼讃』（仏語訳）を読んだ時すぐにこの瞬間が思い出されたとは同行のエレーヌ嬢の後年の述懐である。それまでの訪問は直日君命日の前後に限られていたので、雨季、昼なお暗く、木立の鬱翠、淫淫湿湿の幽景しか知らぬ身には、ひっそりと佇む身余堂の四辺の秋気澄景は驚きであった。四季折々の風情景趣のいかばかりかと床しがり、『日本の文学史』冒頭の、敷き松葉朝光晩照の影を思い懸けた。「住家と暮らしぶりは文人墨客の文藝上の一事業、見識の表れ」という誇りがあらためて実感された。

「ベルギー人、仏文学を専攻する大学三年生、浮世絵、北斎の類の日本像を懐いての初来日、新宿の街を見て仰天、落胆失望の色を見せたが、上野の博物館を観覧、日光に遊ぶに及んで機嫌を直す。母国は二言語、仏語と蘭語に分断され、両者確執、言語戦争の相を呈す。生地は蘭語圏のガン(ヘント)、奈翁の百日天下の間仏王の亡命先となり、またメーテルリンク、ヴェルハーレン、ローデンバック等のフランス語詩人が生まれ育った町でもある。家庭内では仏語を母国語とし外では蘭語による教育を受けた二言語使用者」と、この訪問の主役、エレーヌ嬢を紹介すれば、開口一番、「夢はどちらの言語で見るか」とお聞きになり、ひとしきり外国語を話題にされた。挨拶ということに触れ、挨拶は定型できまった表現の羅列だからどんなに難しい長々しい式礼でも一度覚えてしまえば使うに困難はない、外国語もこの類のやりとりに納まっている限り我彼の言葉の齟齬は生じまいが…と言われた。『日本浪曼派の時代』に次のような一節がある、「私は長らくドイツ語を學びつゝ、ドイツ語を國語にいひかへる技術を全然習得できなかつた…私が一番困つたことは、外國語を日本語にいひかへることだつた」。この点を詳しくお尋ねする機会はなかったが、こういうことではないかと思っている。〈古池や蛙飛びこむ水の音〉、これを仏語なり独語に「いひかへ」てみる。〈古池〉、〈蛙〉、〈水の音〉という日本語の内示的意味は伝わらず、その外示的意味が「いひかへ」られるだけである。〈鶴〉を仏語に置き換えれば動物の〈ツル〉という外示的意味は間違いなく伝わるが、清楚、長寿の内示的意味は仏語の内示的意味「うすのろ、街娼」（同じ場所にじっとして待っているの意に由来する）に取って代られる。これが抽象名詞、観念、思想となると外示的意味の伝意も怪しくなる。日本語から外国語への「いひかへ」で生ずる苦衷は逆もまた真、詩人の直感が先生を「いひかへ」の窮境に陥れたのではなかったか。先の芭蕉の句を、例えば仏語に訳せば、尾篭な例で恐縮だが、〈犬が歩いてきて電信柱に小便をした〉と同じ類の情景が伝達されるに等しい。

膳に並ぶ焼物、それに盛られた珍羞の翻訳説明もしどろもどろに汗をかかせられたが、初めてそれら珍羞を口にするエレーヌ嬢の反応に先生は童心の関心と好奇心を示された。豆腐は初回から抵抗なく食することができたとの言を伝えると、豆腐は自ら主張する味がないから嫌いにはなれまいと返された先生独特の修辞が今に懐かしい。期末試験で河内小阪に四時に行く要があり、いとまを告げると、「まあ、よろしいがな」と引き留められ、書斎へと場所を移された。

噂に聞く「終夜亭」へ招き入れられたのはこれが最初にして最後であった。もちろん、エレーヌ嬢もてなしの好意であり、私には思わぬ余得であった。書屋、簡素清閑を極め、有るは佐藤春夫全集の二、三巻書棚に並ぶだけ、早秋の淡く優しい光が外の緑に揺れていた。「北窻浄机」、書斎は一日の光の変化が最も少ない北面に設けるべしとはこのことかと感心すれば、知っていたかと相好を崩された。抹茶が供され、談しばらくあり、遠来の客に揮毫をせんと筆を執られた。〈あづさ弓春のこの日の花しづめわれはもかざす花の一枝〉。典子夫人から読みと語義の講釈を受け、仏語の翻訳を添えるよう言われた。花鎮を知らぬこちらの無知をどう思われたか、今さらながら恥ずかしい。落款に珊瑚の赤い粉末を少量振りかけ余分を払い落とし定着させ朱肉の変色を防ぐという処置を初めて披露され物珍しく目撃した。その時の指先の動きは今も目の前にある。河内小阪の時間も迫ればいとまの挨拶もそこそこに、新丸太町通へ走り車を拾い、阪急西院駅へと急いだ。今を去ること三十年有余のことであった。

最後の鳴滝参堂は昭和五十六年（一九八一）八月十日のことで、体調すぐれず余り款待はできぬがとのことであったが、年に一度の趨拝、迷惑を顧みず九州から上洛した。かなりお悩みの様子で挙措進退もひどく懈げで、さすがに口数も少なく、御酒も召し上がらず、粥を所望された。腕のふとした動きが胸から背の神経に触れるとこぼしていたが、ご自身は神経痛と納得されていたようで、こちらもまさか病魔に巣くわれていようとは思いもしなかった。早々に切りあげお別れしたが、上框に立たれたまま、外の庭には出てこられなかった。十数年例にないことであった。それから二月もたたぬ十月四日、訃報を告げるラジオのニュースはまさに晴天の霹靂であった。

戦後教育を受けた身には、有名な〈去年今夜侍清涼〉も無縁、知るは〈東風ふかば……〉だけだったが、職を得て九州福岡、菅原道真ゆかりの地に移り住むに及び、道真がまじわり親しむべき懐かしき存在となり、その詩文集『菅家文草』、とくに左遷以後の作を集めた『菅家後集』に親近することになった。先生は『日本語録』に一句を挙げて道真論を展開しその本質は感傷詩人とした。高山樗牛を援用した次の一節がある。「道眞の詩には「涙痕あり歎聲あり」しかもそれらはすべて彼の自らの事情に關したもので、自然を歌つたものに於ても、みな道眞の心中の悲哀を說明するものに外ならないと、樗牛は云ふが的評である」。秘かにこれに勇気づけられ、道真の謫所の心悲に我が心悲を重ね、拙訳を添え寒中見舞状としたことがあった、

牀寒枕冷到明遅　臥シ戸寒ケク、夜明クルニ遅シ
更起燈前獨詠詩　マタ起キテ、寒燈ニ詩ヲ詠メバ
詩興變來爲感興　詩興ハ自ズカラ物思ウ心ニ変ジ

闢身萬事自然悲　我ガ身ニマツワル万事即チ悲シ

今年は菅公神忌千百年に当たり、地元の太宰府もさることながら、大萬燈祭に賑わう北野天満宮を訪れた。念願の国宝、「北野天神縁起」に対面できたのは幸いであった。上七軒のきれいどこによる日本舞踊奉納にも遭遇した。もう何十年も昔のこと、仲間四人、酔いの勢いにまかせ保田邸を夜襲したことがあった。全共闘運動全盛の時代、保田與重郎が彼らに注目され、その著作が読まれその亡びゆくものの〈美学〉が共感を呼んでいた時代であった。ご機嫌よく、深夜の闖入者の相手になってくれた。朝方の仮寝後、辞して北野神社に寄り梅を見て帰った。境内に立つやこのことがふと思い出され、ならば今回は北野から鳴滝へ詣りなんと、白梅町から懐かしい嵐電に乗った。かみの池、文徳天皇陵に立ち目をやれば木立に埋没して身余堂の影はみえなかった。前回、同じ場所から冬の弱い夕日に映る邸を眺望したのは二十年も前のことであった。樹木の成長に歳月の久しきを見た。不意の訪問なれば戸口にて立ったまま典子夫人に久闊を叙し近況を伺い寸時退出した。

来し方に思いを遣り、主なき身余堂の寂寥に胸を痛め、道真の〈感傷〉を旅の慰めとして福岡に戻って来た。

保田與重郎文庫 27　校註　祝詞　二〇〇二年七月八日　第一刷発行
二〇二三年十二月二〇日　第三刷発行

著者　保田與重郎／発行者　山本伸夫／発行所　株式会社新学社　〒六〇七―八五〇一　京都市山科区東野中井ノ上町一一―三九　TEL〇七五―五八一―六一六三

印刷＝東京印書館／編集協力＝風日舎

　ISBN978-4-7868-0048-1

〈保田與重郎文庫全32冊〉

1 改版 日本の橋
ギリシア・ローマと日本の橋の比較を論じて世評高い表題作。「誰ケ袖屛風」「木曾冠者」等
解説▼近藤洋太

2 英雄と詩人
昭和十一年刊、事実上の第一評論集。ドイツロマン派を中心に西欧文学に触発された文章
解説▼川村二郎

3 戴冠詩人の御一人者
日本武尊の悲劇を詩人の運命として描いた表題作ほか「更科日記」「明治の精神」等十篇
解説▼饗庭孝男

4 後鳥羽院（増補新版）
後鳥羽院と芭蕉を軸に詩人の系譜を辿り、日本文学の源流と伝統を求めた斬新な国文学史
解説▼井上義夫

5 ヱルテルは何故死んだか
ゲーテの青春小説を独自の視点から論じ、西洋近代の本質を鋭く洞察した文明批評の書
解説▼山城むつみ

6 和泉式部私抄
讃仰してやまなかった王朝随一の女流歌人の芸術と性情を伝える歌を抄して註解に及ぶ
解説▼道浦母都子

7 文學の立場
「文明開化の論理の終焉について」「アジアの廃墟」はじめ昭和十五年前後に書かれた文章
解説▼井口時男

8 民族と文藝
庶民の本能の裡に受け継がれてきた民族の文学的関心と感動の質を明らめようとした六篇
解説▼佐伯裕子

9 近代の終焉
昭和十六年末の刊で、時局に触れて自らの態度所感を陳べた時評的な文章十六篇から成る
解説▼桶谷秀昭

10 蒙疆
昭和十三年五月から六月にかけて佐藤春夫と朝鮮、北京、満州を旅した折の見聞を誌す
解説▼谷崎昭男

11 芭蕉
著者終生の課題であった芭蕉を、隠遁詩人の系譜を思い、自らの処世を重ねつつ論じる
解説▼真鍋呉夫

12 萬葉集の精神（その成立と大伴家持）
詩歌創造の契機と大伴氏の歴史に思いを致し萬葉集成立の経緯事情を明らめんとした大冊
解説▼森朝男

13 **南山踏雲録**
天忠組に加わった国学者伴林光平の遺文に詳細な註を施し、草奔の士を追慕した文を付す
解説▼高鳥賢司

14 **鳥見のひかり／天杖記**
祭政一致考、事依佐志論、神助説の三部から成る。流行の神道観に抗して古道の恢復を説く
解説▼奥西　保

15 **日本に祈る**
世相、言論状況に堪えつつ再び筆を執った保田が昭和二十五年、戦後初めて世に問うた書
解説▼吉見良三

16 **現代畸人傳**
独自の歴史感、人間観に即して人間とは何かを問い、戦後に再登場を果した記念碑的な書
解説▼松本健一

17 **長谷寺／山ノ邊の道／京あない／奈良てびき**
故里奈良に愛着しつづけ、後年京都に移り住んだ著者が、知悉する風土と故事を案内する
解説▼丹治恒次郎

18 **日本の美術史**
自づから表われた造型に美の本態を見、創造する日本人の精神に思いを馳せた比類ない書
解説▼久世光彦

19 **日本浪曼派の時代**
同人誌「コギト」に拠り、「日本浪曼派」を創刊した頃の交友と、戦前の文学事情を回想する
解説▼新保祐司

20 **日本の文學史**
文人の祈念と志に立ち返って、日本文学の血統を明らかにし、真の古典の命を教える通史
解説▼古橋信孝

21 **萬葉集名歌選釋**
身に親しい地名の読みこまれた歌や、由縁愛着のある歌を鹿持雅澄の解に学びつつ味わう
解説▼前川佐重郎

22 **作家論集**
敬慕する春夫、朔太郎はじめ伊東静雄、三島由紀夫など同時代の文学者に触れた文章を収録
解説▼高橋英夫

23 **戦後随想集**
同人誌への寄稿や一般紙誌の需めに応じた文章など、保田の戦後を窺わせるエッセイ収録
解説▼ヴルピッタ・ロマノ

24 **木丹木母集**
歌を命とし、歌に思いを秘めてきた保田が公刊した唯一の歌集は歌とは何かを問いかける
解説▼山川京子

保田與重郎について

明治43年、奈良県桜井町生れ。大阪高校を経て昭和6年、東大文学部入学、同人誌「コギト」をはじめる。昭和10年、中谷孝雄らと「日本浪曼派」を創刊、同誌は後に佐藤春夫、萩原朔太郎らが加わって文学運動の観を呈した。昭和11年には「日本の橋」「英雄と詩人」を刊行、文芸批評家として活発な執筆活動を展開する。戦後しばらくはジャーナリズムに黙殺されたが昭和30年代後半に再登場、全共闘世代にも影響を与えた。昭和56年、71歳で歿。